Novo Avenida Brasil 2

Curso Básico de Português para Estrangeiros

O GEN | Grupo Editorial Nacional – maior plataforma editorial brasileira no segmento científico, técnico e profissional – publica conteúdos nas áreas de ciências humanas, exatas, jurídicas, da saúde e sociais aplicadas, além de prover serviços direcionados à educação continuada e à preparação para concursos.

As editoras que integram o GEN, das mais respeitadas no mercado editorial, construíram catálogos inigualáveis, com obras decisivas para a formação acadêmica e o aperfeiçoamento de várias gerações de profissionais e estudantes, tendo se tornado sinônimo de qualidade e seriedade.

A missão do GEN e dos núcleos de conteúdo que o compõem é prover a melhor informação científica e distribuí-la de maneira flexível e conveniente, a preços justos, gerando benefícios e servindo a autores, docentes, livreiros, funcionários, colaboradores e acionistas.

Nosso comportamento ético incondicional e nossa responsabilidade social e ambiental são reforçados pela natureza educacional de nossa atividade e dão sustentabilidade ao crescimento contínuo e à rentabilidade do grupo.

Novo Avenida Brasil 2

Curso Básico de Português para Estrangeiros

Emma Lima
Lutz Rohrmann
Tokiko Ishihara
Samira Iunes
Cristián Bergweiler

- Os autores deste livro e a editora empenharam seus melhores esforços para assegurar que as informações e os procedimentos apresentados no texto estejam em acordo com os padrões aceitos à época da publicação, e todos os dados foram atualizados pelos autores até a data de fechamento do livro. Entretanto, tendo em conta a evolução das ciências, as atualizações legislativas, as mudanças regulamentares governamentais e o constante fluxo de novas informações sobre os temas que constam do livro, recomendamos enfaticamente que os leitores consultem sempre outras fontes fidedignas, de modo a se certificarem de que as informações contidas no texto estão corretas e de que não houve alterações nas recomendações ou na legislação regulamentadora.

- Fechamento desta edição: 19.01.2022

- Os autores e a editora se empenharam para citar adequadamente e dar o devido crédito a todos os detentores de direitos autorais de qualquer material utilizado neste livro, dispondo-se a possíveis acertos posteriores caso, inadvertida e involuntariamente, a identificação de algum deles tenha sido omitida.

- **Atendimento ao cliente: (11) 5080-0751 | faleconosco@grupogen.com.br**

- Direitos exclusivos para a língua portuguesa
  Copyright © 2023 by
  Publicado pelo selo **E. P. U – Editora Pedagógica e Universitária Ltda**
  Uma editora integrante do **GEN | Grupo Editorial Nacional**

- Travessa do Ouvidor, 11
  Rio de Janeiro – RJ – 20040-040
  www.grupogen.com.br

  Reservados todos os direitos. É proibida a duplicação ou reprodução deste volume, no todo ou em parte, em quaisquer formas ou por quaisquer meios (eletrônico, mecânico, gravação, fotocópia, distribuição pela Internet ou outros), sem permissão, por escrito, da E. P. U – Editora Pedagógica e Universitária Ltda.

- Revisão técnica: Cely Santavicca Valladão de Freitas

- Capa, projeto gráfico e diagramação: Priscilla Andrade

- Ilustrações: Marcos Machado

- Imagens capa: tifonimages, Nopphon Pattanasri, Bogdanhoda, Estradaanton, Photos Danny, monkeybusinessimages

CIP-BRASIL. CATALOGAÇÃO NA PUBLICAÇÃO
SINDICATO NACIONAL DOS EDITORES DE LIVROS, RJ

N843
2. ed.
v. 2

Novo Avenida Brasil : curso básico de português para estrangeiros, vol. 2 / Emma Eberlein O.F. Lima ... [et al.] ; ilustrações Marcos Machado. - 2. ed. [Reimpr.]. - Rio de Janeiro : E.P.U, 2023.

: il.
"Inclui áudios"
ISBN 978-85-216-3761-5

1. Língua portuguesa - Estudo e ensino - Falantes estrangeiros. 2. Língua portuguesa - Compêndios para estrangeiros. I. Lima, Emma Eberlein O.F. (Emma Eberlein de Oliveira Fernandes), 1939-. II. Machado, Marcos.

21-74578

CDD: 469.824
CDU: 811.134.3(81)'243

Meri Gleice Rodrigues de Souza - Bibliotecária - CRB-7/6439

Sobre os autores

Emma Eberlein O. F. Lima, Mestre em Letras pela Universidade de São Paulo (USP) e professora de Português para estrangeiros. Diretora Pedagógica da Polyglot Ensino e Publicações Ltda desde 1986. Autora de muitos livros didáticos de Português para estrangeiros.

Lutz Rohrmann, Coordenador de projetos de livros didáticos. Coautor de vários livros didáticos de Alemão e Português para estrangeiros.

Tokiko Ishihara, Pós-doutorado em linguística na Universidade Paris Nanterre. Professora do Departamento de Letras Modernas da Universidade de São Paulo (USP).

Samira Abirad Iunes, foi Doutora em Língua e Literatura Francesa pela Universidade de São Paulo e professora do Departamento de Letras Modernas da mesma universidade. Autora de muitos livros didáticos de Português para estrangeiros.

Cristián González Bergweiler, Professor de Português e Alemão para estrangeiros.

Material suplementar

Este livro conta com o seguinte material suplementar:

- Áudios: diálogos e textos de audição e exercícios orais, além do conteúdo de Fonética (requer PIN);

- Manual do Professor (com acesso exclusivo para professores).

O acesso ao material suplementar é gratuito. Basta que o leitor se cadastre e faça seu *login* em nosso *site* (www.grupogen.com.br), clicando em Ambiente de Aprendizagem, no menu superior do lado direito. Em seguida, clique no *menu* retrátil ☰ e insira o código (PIN) de acesso localizado na primeira orelha deste livro.

O acesso ao material suplementar online fica disponível até seis meses após a edição do livro ser retirada do mercado.

Caso haja alguma mudança no sistema ou dificuldade de acesso, entre em contato conosco (gendigital@grupogen.com.br).

Recursos Didáticos

Símbolos utilizados em Novo Avenida Brasil:

 Texto gravado

 Escreva no caderno

 Exercício de leitura

 Escreva sobre você mesmo

Apresentação

A presente edição é uma versão atualizada do método **Avenida Brasil - Curso básico de Português para estrangeiros**.

As grandes modificações que o mundo viveu ao longo dos anos desde a primeira publicação de **Avenida Brasil**, bem como as alterações que o cenário dos estudos linguísticos sofreu, levaram-nos a repensar e a reorganizar a obra. A grande modificação é a nova distribuição do material, levando o aluno do patamar inicial de conhecimento ao final do nível intermediário.

Para colocar nosso material mais próximo das diretrizes do Quadro Europeu Comum de Referência (*Common European Framework of Reference for Languages*), decidimos reparti-lo em três níveis, correspondentes a A1 (Volume 1), A2 (Volume 2) e B1+ (Volume 3).

Para facilitar a utilização do método, resolvemos, além disso, integrar o antigo Livro de Exercícios ao livro-texto. Assim, a primeira parte de cada um dos três livros deve ser trabalhada em aula. Na segunda parte do volume, o aluno terá exercícios numerosos e muito variados, correspondentes, cada um deles, a cada uma das lições da primeira parte.

Outra alteração introduzida no método foi a racionalização da sequência verbal de modo a suavizar a passagem do Modo Indicativo para o Modo Subjuntivo. Com essa mesma intenção, também as atividades e os exercícios relativos a esses itens sofreram modificações.

O método utilizado é essencialmente comunicativo, mas, em determinado passo da lição, as aquisições gramaticais são organizadas e explicitadas.

Optamos por um método, digamos, comunicativo-estrutural. Assim, levamos o aluno, mediante atividades ligadas a suas experiências pessoais, a envolver-se e a participar diretamente do processo de aprendizagem, enquanto lhe asseguramos a compreensão e o domínio, tão necessários ao aluno adulto, da estrutura da língua.

Sem dúvida, o objetivo maior do **Novo Avenida Brasil**, agora em três volumes, é levar o aluno a compreender e falar. Entretanto, por meio da seção **Exercícios** (segunda parte de cada um dos três volumes), sua competência escrita é igualmente desenvolvida.

O **Novo Avenida Brasil** não se concentra apenas no ensino de intenções de fala e de estruturas. Ele vai muito além. Informações e considerações sobre o Brasil, sua gente e seus costumes permeiam todo o material, estimulando a reflexão intercultural. Desse modo, ao mesmo tempo em que adquire instrumentos para a comunicação, em português, o aluno encontra, também, elementos que lhe permitem conhecer e compreender o Brasil e os brasileiros.

O **Novo Avenida Brasil** destina-se a estrangeiros de qualquer nacionalidade, adolescentes e adultos, que queiram aprender Português para poderem comunicar-se com os brasileiros e participar de sua vida cotidiana.

Os autores

Como usar o seu Novo Avenida Brasil

Novo Avenida Brasil – Curso Básico de Português para Estrangeiros chega à 2ª edição amplamente revisto e atualizado, ao passo que preserva a vanguarda da metodologia que o consagrou.

O livro é destinado a principiantes, de qualquer nacionalidade, que queiram aprender o Português como é falado no Brasil, de maneira didática.

Os três volumes cobrem todo o conteúdo básico, levando ao final do nível intermediário o estudante totalmente principiante. Apresentam e desenvolvem temas comunicativos por meio de diálogos, exercícios, textos para audição ou leitura, e atividades para ampliação de vocabulário. Oferecem, ainda, atividades variadas e interessantes para a aplicação e fixação do conteúdo. A fonética é, também, cuidadosamente tratada nesses três livros.

Cada volume é dividido em duas partes, chamadas "Livro-texto" e "Livro de Exercícios", que auxiliam o estudante principiante a atingir os níveis A1, A2 e B1, estabelecidos pelo Quadro Europeu Comum de Referência para Línguas (QECR) e pelos parâmetros do Certificado de Proficiência em Língua Portuguesa para Estrangeiros (Celpe-Bras).

Este **Volume 2** trata de abordagens de partes do corpo humano, trabalhos, roupas, vida em família, regiões, natureza, com revisões fonéticas, soluções, vocabulários, textos gravados e gramática. Equivale ao nível A2 do QECR.

Conectado com o mundo dinâmico e em constantes transformações, o **Novo Avenida Brasil** atualizou seus recursos didáticos, desenvolvidos para promover a interatividade e ampliar a experiência dos leitores. Tudo cuidadosamente construído sobre os pilares de seu célebre método de aprendizagem.

O uso de iconografia nas principais seções busca facilitar a identificação de cada um dos recursos didáticos apresentados no livro.

Veja, a seguir, como usar o seu **Novo Avenida Brasil**. Os professores poderão encontrar informações estratégicas, que poderão ser aprofundadas no *Manual do Professor* que acompanha os três volumes. Se for aluno, aproveite e tire as dúvidas com seu professor. Será mais um passo para o seu aprendizado.

Boa leitura!

> Em cada Lição serão trabalhados os aspectos que envolvem a **Comunicação** interpessoal e a **Gramática**, essencial para a construção da aprendizagem do idioma.

> Cada Lição divide-se em duas partes: **Livro-Texto e Livro de Exercícios**.
> Recomenda-se trabalhar o Livro-texto em aula e utilizar o Livro de Exercícios para fixar os conteúdos, como atividades individuais para os alunos.

Sumário

> O livro traz uma lista dos temas que serão vistos em cada uma das Lições deste volume.

Temas	Comunicação	Gramática	Livro-Texto	Livro de Exercícios
Lição 1 Partes do corpo, saúde, esporte, características de pessoas, arte brasileira.	**Corpo** Descrever pessoas e coisas; expressar gosto; falar sobre a saúde, caracterizar pessoas; expressar simpatia, antipatia.	Verbos: ver, ter que; adjetivos; superlativo absoluto; plurais.	1	73
Lição 2 Trabalho: direitos, horários, situação das mulheres, empregos, profissões.	**Trabalho** Dar opiniões, tomar partido, confirmar, contradizer, definir.	Verbos: pretérito imperfeito forma: -ar, -er, -ir, ser, ter; uso: rotinas, descrição de duas ações no passado, contraste pretérito perfeito e imperfeito.	11	79
Lição 3 Roupa, significado social da roupa, convites: diferenças interculturais.	**Roupa** Descrever algo, oferecer ajuda, expressar desejo, preocupação; aconselhar.	Verbos: pôr, vir, ir + vir, vestir (-se); futuro do presente.	21	89
Lição 4 Família, festas, imigração para o Brasil.	**Vida em família** Descrever, definir parentesco, desejar felicidade, sorte.	Verbos: trazer, levar + trazer, saber, dizer; Pretérito mais-que-perfeito, composto e simples, Futuro do pretérito.	33	95
Lição 5 Turismo, turistas, poluição, ecologia, natureza.	**Turismo e ecologia** Expressar gostos, preferências, rotinas, experiências; expressar certeza, incerteza, possibilidade, esperança, preocupação, necessidade, aconselhar.	Verbos: Pretérito Perfeito Composto do Indicativo. Advérbios em -mente; outros advérbios. Pronomes indefinidos; alguém, algum, algo, ninguém, nenhum, nada. Dupla negação.	43	109
Lição 6 As regiões do Brasil, estereótipos, influências na cultura brasileira, tradições.	**O dia a dia** Caracterizar, descrever algo; comparar; expressar simpatia, antipatia.	Verbos: voz passiva com ser; voz passiva com –se. Particípios duplos. Pronomes indefinidos: todo/a, todos os/todas as, tudo, cada.	55	117
Revisão			67	125
Fonética				131
Apêndice gramatical				135
Textos gravados				141
Soluções				149
Vocabulário alfabético				159
Fontes				175

Uma seção especial foi dedicada à **Fonética**, ferramenta que deve ser usada pelo professor desde o início do curso e indispensável para o aprendizado da língua.

Essencial para a compreensão e plena aprendizagem do Português, a Gramática mereceu um apêndice dedicado à fixação de temas como conjugação de verbos, estruturação das frases e concordância verbal e nominal.

Os áudios que acompanham o **Novo Avenida Brasil** apresentam aos leitores a língua falada, viva, e seus diferentes sotaques. Ajudam também a perceber as "regionalidades" e a compreender a cultura múltipla do país.

Sumário

Temas	Comunicação	Gramática	Livro-Texto	Livro de Exercícios
Lição 1	**Corpo**		1	73
Partes do corpo, saúde, esporte, características de pessoas, arte brasileira.	Descrever pessoas e coisas; expressar gosto; falar sobre a saúde, caracterizar pessoas; expressar simpatia, antipatia.	Verbos: ver, ter que; adjetivos; superlativo absoluto; plurais.		
Lição 2	**Trabalho**		11	79
Trabalho: direitos, horários, situação das mulheres, empregos, profissões.	Dar opiniões, tomar partido, confirmar, contradizer, definir.	Verbos: pretérito imperfeito forma: -ar, -er, -ir, ser, ter; uso: rotinas, descrição de duas ações no passado, contraste pretérito perfeito e imperfeito.		
Lição 3	**Roupa**		21	89
Roupa, significado social da roupa, convites: diferenças interculturais.	Descrever algo, oferecer ajuda, expressar desejo, preocupação; aconselhar.	Verbos: pôr, vir, ir + vir, vestir (-se); futuro do presente.		
Lição 4	**Vida em família**		33	95
Família, festas, imigração para o Brasil.	Descrever, definir parentesco, desejar felicidade, sorte.	Verbos: trazer, levar + trazer, saber, dizer; Pretérito mais-que-perfeito, composto e simples, Futuro do pretérito.		
Lição 5	**Turismo e ecologia**		43	109
Turismo, turistas, poluição, ecologia, natureza.	Expressar gostos, preferências, rotinas, experiências; expressar certeza, incerteza, possibilidade, esperança, preocupação, necessidade, aconselhar.	Verbos: Pretérito Perfeito Composto do Indicativo. Advérbios em -mente; outros advérbios. Pronomes indefinidos; alguém, algum, algo, ninguém, nenhum, nada. Dupla negação.		
Lição 6	**O dia a dia**		55	117
As regiões do Brasil, estereótipos, influências na cultura brasileira, tradições.	Caracterizar, descrever algo; comparar; expressar simpatia, antipatia.	Verbos: voz passiva com ser; voz passiva com –se. Particípios duplos. Pronomes indefinidos: todo/a, todos os/todas as, tudo, cada.		
Revisão			67	125
Fonética				131
Apêndice gramatical				135
Textos gravados				141
Soluções				149
Vocabulário alfabético				159
Fontes				175

XIX

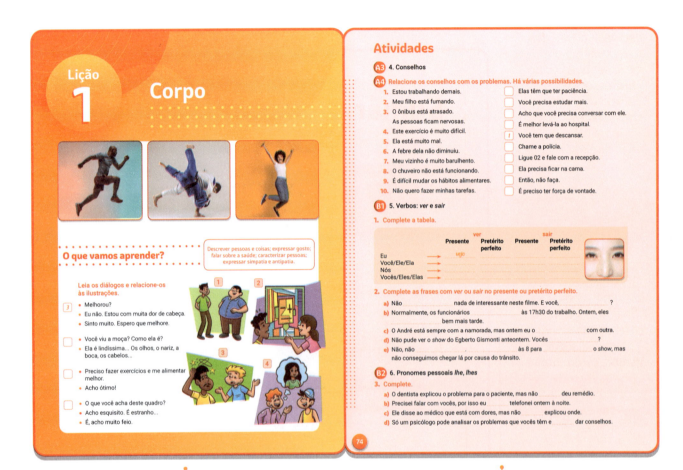

*Ricamente ilustrado, o **Novo Avenida Brasil** destaca os aspectos lúdico e didático, tornando o aprendizado do Português mais interessante e intuitivo. Desenhos exclusivos e imagens icônicas completam a experiência na jornada da leitura.*

> O ícone representado por um fone de ouvido indica que existem áudios disponíveis para aquele tema ou seção. Ouça! Acompanhe!

 A1 Acho lindíssimo

- Este quadro é muito esquisito.
- Eu acho genial. É muito interessante.
- Eu não entendo nada de pintura, mas acho muito estranho.
  Olhe que pernas e pés enormes! Você viu o braço e a mão como são grandes?
  E a cabeça é minúscula.
- Mas é um quadro moderno.
- Tudo bem, eu sei que é moderno. Mas não gosto. Acho feio.
- Mas eu acho lindíssimo. Olhe direito. O corpo é longo e liso. No rosto só se veem os olhos e o nariz.
  É tão interessante...
- Mas não tem boca...

Abaporu, 1928
Tarsila do Amaral (1890-1973).
Quadro que deu origem ao movimento literário chamado Antropofagismo. Provocou grande agitação cultural no final de 1920.

Descreva um dos quadros ou a escultura e dê sua opinião.

Este quadro tem ....
....
....
....

Morro Vermelho, 1926
Lasar Segall (1891-1957). Nasceu em Vilna, capital da Lituânia, onde se dedicou desde cedo à pintura. Em 1923, mudou-se para o Brasil, continuando a pintar ativamente, usando então temas brasileiros.

Monumento às Bandeiras, 1953
Escultura em mármore. Obra mais famosa de Victor Brecheret (1894-1955), escultor, nascido na Itália, desenvolveu no Brasil intensa atividade artística.

A3 Será que vou ter um infarto?

- O senhor não tem nada grave por enquanto. É só uma gripe.
- Mas, doutor, ando com muita dor de cabeça, dor nas costas. Ando muito cansado ultimamente.
- O senhor está muito nervoso e fuma demais. Isso não é bom.
- Estou com febre, doutor. Estou preocupado com o coração. Será que vou ter um infarto?
- Muito bem, vou lhe explicar qual é a sua "doença": o senhor está fora dos padrões saudáveis. O senhor tem que se alimentar melhor.
- E o coração?
- O senhor precisa parar de fumar. E tem mais, tem que fazer ginástica.
- Mas...
- Vou prescrever um remédio para a gripe e também uma dieta balanceada. Nada de sal, açúcar e gorduras em excesso, senão vai piorar.

LEMBRE-SE
* parar de fumar
* parar de beber
* tomar remédio
* tomar comprimido
* tomar injeção
* fazer dieta

Em cada Lição você encontrará quadros com lembretes que destacam algo bastante relevante sobre o idioma. Fique atento!

1. Complete com informações do texto.

Problema:	Recomendação:
1. Estou com sono.	*Não fique assistindo à televisão até tarde.*
2. Estou com dor muscular.	*Cuidado com a postura. Procure um médico.*
3. Estou com dificuldade de respirar.	*Pare de fumar.*
4. Estou muito gorda.	
5. Estou gripado.	
6. Não estou enxergando direito.	
7. Estou com cólica.	
8. Estou de ressaca.	
9. Meu dente quebrou.	
10. Ai! Queimei meu dedo neste ferro quente.	

2. Fale com seu/sua colega.

Ando	triste preocupado, a. cansado, a.	O senhor A senhora Você	tem que precisa	tomar remédio. ficar em casa. parar de fumar. beber menos. ir ao médico. ir ao dentista. trabalhar menos. tomar uma injeção. ...
Estou com	dor de cabeça. dor de estômago. dor de dente. dor nas costas. dor no pé. febre/tosse/gripe.			
Estou	resfriado			

A2 1. Organize as partes do corpo de cima para baixo, da cabeça aos pés.

1. a cabeça
2. o cabelo
3. o rosto
4. os olhos
5. o nariz
6. a boca
7. as orelhas
8. o pescoço
9. o peito
10. as costas
11. a cintura
12. a barriga
13. a perna
14. o pé
15. os dedos do pé
16. os dedos das mãos
17. o braço
18. a mão
19. o joelho
20. cotovelo

Este ícone indica que você deve exercitar a habilidade da escrita, que compõe a prática e a trilha de aprendizagem da língua.

2. Fale sobre estas esculturas. Dê sua opinião sobre elas.

1. Oscar Niemeyer — Eu acho esta escultura muito interessante.
2. Aleijadinho — Eu não gosto desta escultura! Que estranha!
3. Sonia Ebling — Acho muito linda!

© Sonia Ebling

Ao encontrar este ícone, faça uma pausa para a leitura proposta. É mais uma importante habilidade do idioma a ser praticada. E o Novo Avenida Brasil selecionou amostras muito especiais e representativas do Português.
Divirta-se enquanto aprende!

A3 Os direitos dos trabalhadores

1. Leia as passagens da Constituição Brasileira e resolva as questões.

CAPÍTULO II
DOS DIREITOS SOCIAIS
Art. 7º São direitos dos trabalhadores urbanos e rurais, além de outros...:

IV – salário-mínimo, fixado em lei, nacionalmente unificado, capaz de atender a suas necessidades vitais básicas e às de sua família com moradia, alimentação, educação, saúde, vestuário, higiene, transporte e previdência social...

VIII – décimo terceiro salário com base na remuneração integral ou no valor da aposentadoria;

IX – remuneração do trabalho noturno superior à do diurno...;

XIII – duração do trabalho normal não superior a oito horas diárias e quarenta e quatro semanais...

XVII – gozo de férias anuais remuneradas com, pelo menos, um terço a mais do que o salário normal;

XVIII – licença à gestante, sem prejuízo do emprego e do salário, com a duração de cento e oitenta dias;

XIX – licença-paternidade, nos termos fixados em lei...;

XXIII – adicional de remuneração para atividades penosas, insalubres ou perigosas na forma da lei;

XXIV – aposentadoria...;

XXVII – proteção em face da automação na forma da lei...;

XXX – proibição de diferença de salários, de exercício de funções e de critério de admissão por motivo de sexo, idade, cor ou estado civil...;

XXXIII – proibição de trabalho noturno, perigoso ou insalubre aos menores de dezoito anos e de qualquer trabalho a menores de quatorze anos salvo na condição de aprendiz...;

1. Procure estes números no texto. Sublinhe-os: 180, 44, 18, 14, 8, 13º, 1/3
2. Trabalhe com o dicionário. A que se referem os números?
3. Para você, quais desses direitos são muito importantes? Quais não são?
4. Quais direitos fundamentais dos trabalhadores brasileiros são muito diferentes dos direitos dos trabalhadores de seu país?
5. No Brasil, é grande a diferença entre o texto da Constituição e a realidade. E no seu país?
6. Trabalhe com seus/suas colegas. Que outros direitos podem tornar o trabalho mais agradável?

180 se refere às mulheres que vão ter um filho. Elas podem ficar 180 dias sem trabalhar, ganhando o mesmo salário.

Eu acho importante ter férias todo ano porque...
Eu não acho importante...

NÃO MAIS DO QUE 20 HORAS SEMANAIS

13

Para os professores, em especial, a divisão das lições por blocos cadencia* a sequência de temas a serem ministrados e quais elementos devem ser desenvolvidos naquele determinado momento.

A: apresenta o vocabulário, os elementos básicos de comunicação e as estruturas.

B: tem como meta conscientizar e automatizar as estruturas já vistas.

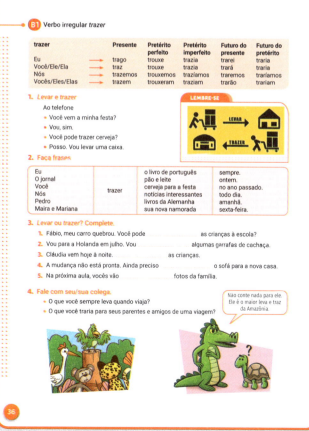

---

*Os blocos são sequenciais e recomenda-se obedecer a ordem alfabética, de A a E.

C: amplia e retoma os elementos de comunicação, o vocabulário e as estruturas estudadas.

D: apresenta textos de leitura e de áudio, tendo em vista a expansão da compreensão escrita e oral do aluno.

E: concentra-se na ampliação e no trabalho do vocabulário.

Para conhecer outros conteúdos de **Português como Língua Estrangeira** (PLE), acesse o *site* https://www.grupogen.com.br/catalogo-portugues.

Há mais de 60 anos, a Editora Pedagógica Universitária (E.P.U.) é pioneira na publicação de livros sobre PLE que, com metodologia consagrada, conquistaram o mercado mundial e são referência.

C2 Seu trabalho

Entreviste seu/sua colega. Depois, transmita aos outros colegas o que ele/ela disse.
- Onde você trabalha?
- Qual é a sua profissão?
- Quanto tempo faz que você trabalha?
- Quantas horas por dia você trabalha?
- Quais são as atividades típicas do dia a dia?
- Gosta de seu trabalho?

carreira? benefícios? segurança? localização? instalações? colegas? férias? promoção? salário bom? horário? chefe? ...?

local de trabalho
escritório, indústria, loja, escola, casa, hospital, banco...

horário de trabalho
meio período, horário flexível/móvel, período integral, horário fixo

profissão/ocupação
dona de casa, técnico em eletrônica, motoqueiro, operário, engenheiro, vendedor, comerciante

trabalho na área de vendas/informática/confecções/...

D1 A mulher no mercado de trabalho

1. Leia os textos.

Até algumas décadas atrás, não cabia à mulher ganhar o sustento da casa. O marido era o grande provedor. As viúvas ou as mulheres da elite empobrecida, para sustentar-se e a seus filhos, faziam doces e roupas por encomenda, arranjos de flores, bordados, davam aulas de piano...

Essas atividades, no entanto, não eram muito valorizadas e, geralmente, eram malvistas pela sociedade. Mas, a partir dos anos 1970, as mulheres foram conquistando, com muita determinação, um espaço maior no mercado de trabalho.

Atualmente, no Brasil, as mulheres são 44% da força de trabalho. Deixaram de ser apenas parte da família para, em muitos casos, tornar-se a provedora dela: 50% das mulheres que trabalham são responsáveis únicas por seu lar e sua família. Essa evolução deve-se, em grande parte, à redução da família brasileira: há 40 anos eram 6,3 filhos por mulher; agora é 1,8.

Esse fato possibilitou à mulher estudar mais tempo, e dedicar-se a outros papéis, além do papel de mãe e dona de casa, proporcionando sua independência financeira e emocional.

Apesar disso, ainda 90% das mulheres que trabalham têm uma segunda jornada.

Na área do trabalho feminino, há dois pontos extremamente negativos. O primeiro é que a mulher que trabalha tem rendimentos menores que o homem, os dois trabalhando na mesma função – 30% menos do salário masculino, notadamente em atividades menos qualificadas. O segundo é que é difícil para a mulher conquistar altos postos. Para alcançá-los ela precisa provar que sua competência é maior do que a de todos os seus concorrentes homens. Percebe-se nisso preconceito que dificulta seu progresso na carreira. Vai levar ainda algum tempo para que ela seja, finalmente, aceita, sem restrições no mercado de trabalho e possa desenvolver-se ombro a ombro com os homens.

"Lugar de mulher é na beira do fogão" é frase conhecida, mas completamente desatualizada. Ridícula até!

2. Qual é a afirmação correta, de acordo com os textos?
☐ Mais de 50% das mulheres trabalham.
☐ Metade das mulheres que trabalham sustentam sozinhas sua família.
☐ É impossível à mulher alcançar altos postos na empresa em que trabalha.

E1 O significado das cores

1. Associe as cores às palavras.

1 trabalho 2 seu país 3 silêncio 4 piscina 5 calor 6 criança 7 BRASIL 8 segunda-feira 9 ecologia

a branco b amarelo c vermelho d roxo e preto f verde g azul h rosa i laranja j marrom k bege

10 coração 11 frio 12 açúcar 13 noite 14 férias 15 loucura 16 PRAIA 17 amor 18 frutas...

2. Relacione.

1. receber bilhete azul
2. ter um branco
3. dar um sorriso amarelo
4. ter carta branca
5. estar no vermelho

☐ ter total liberdade
☐ estar em dificuldade financeira
☐ perder o emprego
☐ ter um lapso mental
☐ ficar constrangido

3. Como você pode descrever uma cor? Observe o exemplo.

Ex.: azul — verde — amarelo — marrom
azul-céu   marrom-café
azul-piscina
azul-bebê
azul-hortênsia
azul-turquesa

Sumário

Temas	Comunicação	Gramática	Livro-Texto	Livro de Exercícios
Lição 1 Partes do corpo, saúde, esporte, características de pessoas, arte brasileira.	**Corpo** Descrever pessoas e coisas; expressar gosto; falar sobre a saúde, caracterizar pessoas; expressar simpatia, antipatia.	Verbos: ver, ter que; adjetivos; superlativo absoluto; plurais.	1	73
Lição 2 Trabalho: direitos, horários, situação das mulheres, empregos, profissões.	**Trabalho** Dar opiniões, tomar partido, confirmar, contradizer, definir.	Verbos: pretérito imperfeito forma: -ar, -er, -ir, ser, ter; uso: rotinas, descrição de duas ações no passado, contraste pretérito perfeito e imperfeito.	11	79
Lição 3 Roupa, significado social da roupa, convites: diferenças interculturais.	**Roupa** Descrever algo, oferecer ajuda, expressar desejo, preocupação; aconselhar.	Verbos: pôr, vir, ir + vir, vestir (-se); futuro do presente.	21	89
Lição 4 Família, festas, imigração para o Brasil.	**Vida em família** Descrever, definir parentesco, desejar felicidade, sorte.	Verbos: trazer, levar + trazer, saber, dizer; Pretérito mais-que-perfeito, composto e simples, Futuro do pretérito.	33	95
Lição 5 Turismo, turistas, poluição, ecologia, natureza.	**Turismo e ecologia** Expressar gostos, preferências, rotinas, experiências; expressar certeza, incerteza, possibilidade, esperança, preocupação, necessidade, aconselhar.	Verbos: Pretérito Perfeito Composto do Indicativo. Advérbios em -mente; outros advérbios. Pronomes indefinidos; alguém, algum, algo, ninguém, nenhum, nada. Dupla negação.	43	109
Lição 6 As regiões do Brasil, estereótipos, influências na cultura brasileira, tradições.	**O dia a dia** Caracterizar, descrever algo; comparar; expressar simpatia, antipatia.	Verbos: voz passiva com ser; voz passiva com –se. Particípios duplos. Pronomes indefinidos: todo/a, todos os/todas as, tudo, cada.	55	117
Revisão			67	125
Fonética				131
Apêndice gramatical				135
Textos gravados				141
Soluções				149
Vocabulário alfabético				159
Créditos				177

Lição 1

Corpo

O que vamos aprender?

Descrever pessoas e coisas; expressar gosto; falar sobre a saúde; caracterizar pessoas; expressar simpatia e antipatia.

Leia os diálogos e relacione-os às ilustrações.

[3]
- Melhorou?
- Eu não. Estou com muita dor de cabeça.
- Sinto muito. Espero que melhore.

[ ]
- Você viu a moça? Como ela é?
- Ela é lindíssima... Os olhos, o nariz, a boca, os cabelos...

[ ]
- Preciso fazer exercícios e me alimentar melhor.
- Acho ótimo!

[ ]
- O que você acha deste quadro?
- Acho esquisito. É estranho...
- É, acho muito feio.

A1 Acho lindíssimo

- Este quadro é muito esquisito.
- Eu acho genial. É muito interessante.
- Eu não entendo nada de pintura, mas acho muito estranho.
  Olhe que pernas e pés enormes! Você viu o braço e a mão como são grandes?
  E a cabeça é minúscula.
- Mas é um quadro moderno.
- Tudo bem, eu sei que é moderno. Mas não gosto. Acho feio.
- Mas eu acho lindíssimo. Olhe direito. O corpo é longo e liso. No rosto só se veem os olhos e o nariz.
  É tão interessante...
- Mas não tem boca...

Abaporu, 1928
Tarsila do Amaral (1890-1973).
Quadro que deu origem ao movimento literário chamado Antropofagismo. Provocou grande agitação cultural no final de 1920.

Descreva um dos quadros ou a escultura e dê sua opinião.

Este quadro tem ....
....
....
....

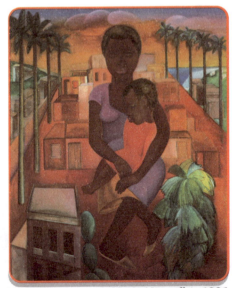

Morro Vermelho, 1926
Lasar Segall (1891-1957). Nasceu em Vilna, capital da Lituânia, onde se dedicou desde cedo à pintura. Em 1923, mudou-se para o Brasil, continuando a pintar ativamente, usando então temas brasileiros.

Monumento às Bandeiras, 1953
Escultura em mármore. Obra mais famosa de Victor Brecheret (1894-1955), escultor, nascido na Itália, desenvolveu no Brasil intensa atividade artística.

A2 1. Organize as partes do corpo de cima para baixo, da cabeça aos pés.

1. a cabeça ....
2. o cabelo ....
3. o rosto ....
4. os olhos ....
5. o nariz ....
6. a boca ....
7. as orelhas ....
8. o pescoço ....
9. o peito ....
10. as costas ....
11. a cintura ....
12. a barriga ....
13. a perna ....
14. o pé ....
15. os dedos do pé ....
16. os dedos das mãos ...*a*......
17. o braço ....
18. a mão ....
19. o joelho ....
20. cotovelo ....

2. Fale sobre estas esculturas. Dê sua opinião sobre elas.

1. Oscar Niemeyer

Eu acho esta escultura muito interessante.

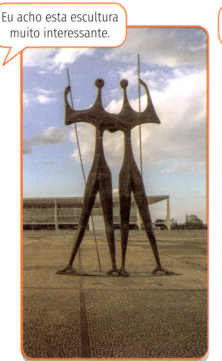

2. Aleijadinho

Eu não gosto desta escultura!

Que estranha!

3. Sonia Ebling

Acho muito linda!

© Sonia Ebling

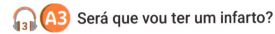

A3 Será que vou ter um infarto?

- O senhor não tem nada grave por enquanto. É só uma gripe.
- Mas, doutor, ando com muita dor de cabeça, dor nas costas. Ando muito cansado ultimamente.
- O senhor está muito nervoso e fuma demais. Isso não é bom.
- Estou com febre, doutor. Estou preocupado com o coração. Será que vou ter um infarto?
- Muito bem, vou lhe explicar qual é a sua "doença": o senhor está fora dos padrões saudáveis. O senhor tem que se alimentar melhor.
- E o coração?
- O senhor precisa parar de fumar. E tem mais, tem que fazer ginástica.
- Mas...
- Vou prescrever um remédio para a gripe e também uma dieta balanceada. Nada de sal, açúcar e gorduras em excesso, senão vai piorar.

LEMBRE-SE
* parar de fumar
* parar de beber
* tomar remédio
* tomar comprimido
* tomar injeção
* fazer dieta

1. Complete com informações do texto.

Problema:	Recomendação:
1. Estou com sono.	*Não fique assistindo à televisão até tarde.*
2. Estou com dor muscular.	*Cuidado com a postura. Procure um médico.*
3. Estou com dificuldade de respirar.	*Pare de fumar.*
4. Estou muito gorda.	
5. Estou gripado.	
6. Não estou enxergando direito.	
7. Estou com cólica.	
8. Estou de ressaca.	
9. Meu dente quebrou.	
10. Ai! Queimei meu dedo neste ferro quente.	

2. Fale com seu/sua colega.

Ando	triste preocupado, a. cansado, a.			tomar remédio. ficar em casa. parar de fumar.
Estou com	dor de cabeça. dor de estômago. dor de dente. dor nas costas. dor no pé. febre/tosse/gripe.	O senhor A senhora Você	tem que precisa	beber menos. ir ao médico. ir ao dentista. trabalhar menos. tomar uma injeção. ...
Estou	resfriado			

4

A3 Estou péssimo

- Então, Arlindo, melhorou da gripe?
- Que nada! Estou péssimo. É o regime. Este médico quer me matar de fome.
- Calma, no começo é sempre assim. Depois você se acostuma.
- Isso é o que você pensa. Já faz uma semana e não emagreci nem um quilo.
- Você tem que ter paciência. Uma semana é muito pouco.
- Mas eu não aguento de fome. Estou fraco, estou passando mal.
  Vamos à churrascaria?
- Ah, não! Sinto muito.
- Droga!
- Coitado! Espero que fique bom logo.

Estimo sua melhora.

Espero que fique bom logo.

Você	melhorou? sarou? está bem? está melhor?	Estou	bem/melhor/ótimo mais ou menos mal/péssimo
		Ainda	estou...

B1 Verbo irregular *ver*

LEMBRE-SE
O pretérito perfeito de *ver* é todo em *i*.

1. No pretérito perfeito, o verbo *ver* é conjugado como *partir*, *sair* etc. Complete você mesmo(a) a tabela.

Presente

	ver
Eu →	vejo
Você/Ele/Ela →	vê
Nós →	vemos
Vocês/Eles/Elas →	veem

Pretérito perfeito

	ver
Eu →	*vi*
Você/Ele/Ela →	
Nós →	
Vocês/Eles/Elas →	

2. Faça frases.

Nós Tião e Zé Eu Você Tânia	ver	Pedro na praia. o filme ontem. o jornal de hoje? minhas amigas todos os dias. Paula hoje?

Tânia viu Pedro na praia.

Você viu o show do sanfoneiro?

3. Fale com seus/suas colegas.

Que programas você vê na televisão?
Que filmes brasileiros você já viu?
Vocês viram   o *show*?
                a peça?
                o concerto?
                o quadro?

B2 Pronomes pessoais *lhe, lhes*

O professor explica o exercício	para você/ele/ela a você/ele/ela	O professor **lhe** explica o exercício.
Eu dou meu endereço	para vocês/eles/elas a vocês/eles/elas	Eu **lhes** dou meu endereço.

Complete.

1. Onde estão o Zé e o Paulo? Eu quero ..... *lhes* ..... mostrar as fotos.
2. Paula, posso .... fazer um cafezinho?
3. Moças, posso .... pagar uma caipirinha?
4. O Juca e a Zélia estão em Belém. Eu .... enviei um *e-mail* ontem.
5. A Mara está doente. O médico .... deu um remédio para tomar.
6. João, eu .... telefono amanhã.

B3 Superlativo absoluto

Exemplo: *Este restaurante é muito caro.*
Este restaurante é caríssimo.

caro	caríssimo
lindo	lindíssimo
difícil	dificílimo
fácil	facílimo
agradável	agradabilíssimo
confortável	confortabilíssimo

bom	ótimo
mal	péssimo
ruim	péssimo

Esse restaurante é baratíssimo?

Complete.

1. Vou comprar este quadro. É .... *lindíssimo* ....
2. Você precisa ler este livro. Ele é ....
3. Não gosto do hotel. Ele é ....
4. Você precisa conhecer Júlio. Ele é ....
5. Gosto da cadeira. Ela é ....
6. Você tem que ver este filme. Ele é ....
7. Vou me sentar nessa poltrona. Ela é ....

ESTE É UM CARRO
- Novíssimo
- Moderníssimo
- Resistentíssimo
- Confortabilíssimo
- Rapidíssimo
- Lindíssimo
- Chiquérrimo

E é baratíssimo

O MELHOR DO GÊNERO

B4 Plural

Regra

- o pé — os pés
- o dente — os dentes
- a cadeira — as cadeiras
- bonito — bonitos

Terminações

-ão
- a mão — as mãos
- o coração — os corações
- o pão — os pães

-l
- o jornal — os jornais
- o papel — os papéis
- o lençol — os lençóis
- azul — azuis

-m
- o homem — os homens
- bom — bons

-z -r
- o nariz — os narizes
- feliz — felizes
- o cantor — os cantores
- a flor — as flores

-il
a) civil — civis
   gentil — gentis
b) útil — úteis
   difícil — difíceis

-s
a) o lápis — os lápis
   o ônibus — os ônibus
   simples — simples
b) o mês — os meses
   inglês — ingleses

Pronúncia

[o]
- o olho
- o corpo
- novo

[ɔ]
- os olhos
- os corpos
- novos

1. Inventário. Quantos há na sua classe?

a) _20 olhos_   b) ....   c) ....   d) ....   e) ....

2. Fale com sua/seu colega. Descreva a sua casa.

> sala, quarto, banheiro, mesa... prático, grande, bonito, claro...

> A minha casa tem uma sala clara, dois banheiros bonitos...

B5 ter que

O que você tem que fazer? Fale com seu/sua colega.

Você quer aprender português.   Você quer mudar a decoração da sua casa.
Você está sem dinheiro.   Você quer organizar uma festa.
Paulo está muito gordo. → Ele tem que fazer regime.
Sandra está doente. → Ela tem que ficar na cama.

C Características

- O que você acha do homem nesta foto?
- Espere. Deixe-me ver melhor. É um homem de 35 anos. Talvez um pouco mais. É meio gordo. O cabelo dele é castanho, mas ele é careca. Os olhos são castanhos também.
- Como você acha que ele é? Inteligente?
- É. Inteligente e alegre. Um homem aberto, muito comunicativo e risonho, mas não é esportivo.
- Nervoso?
- Não, de jeito nenhum. Ele parece calmo, otimista.
- Tímido?
- Também não.
- Esportivo?
- Não. Esportivo não. Eu acho que é do tipo que no clube, em vez de jogar futebol ou nadar, ele prefere ficar sentado no restaurante, bebendo e conversando com os amigos. Gosto do jeito dele. É um homem simpático.

1. E você? O que acha? O homem da foto é...

inteligente	bobo
alegre, risonho	triste
aberto/comunicativo	fechado/reservado
calmo	nervoso
otimista	pessimista
tímido	comunicativo/extrovertido
esportivo	intelectual

simpático	antipático
liberal	conservador
formal	informal
ativo	preguiçoso
sensual...	
prático	complicado

2. Escolha em casa algumas fotos de revistas e descreva as pessoas fotografadas. Mostre-as a seus/suas colegas e conversem sobre elas.

3. Jogue com seus/suas colegas. Escolha uma pessoa famosa, viva, mas não diga o nome dela. Apenas escreva o nome em uma folha de papel. Seus/suas colegas vão fazer perguntas, tentando adivinhar quem é. Responda apenas sim ou não.

Exemplo: *É um homem? É famoso? É político?*

D1 1. Leia o texto e escolha o título.

☐ As garotas de Ipanema ☐ Ipanema: charme e exercícios ☐ Tai Chi Chuan carioca

Nenhuma academia é perfeita. Mas imagine que uma seja bem frequentada, ofereça uma grande variedade de modalidades esportivas, tenha horários flexíveis e ambiente agradável e, além de tudo, seja completamente gratuita. Essa academia existe e é exclusiva dos cariocas: Ipanema.

A praia é um convite à atividade física. Não é preciso nada mais do que iniciativa própria para praticar surfe e natação no mar e frescobol na areia, também há aulas de ginástica. São dadas por professores todos os dias úteis e em dois turnos: das 7 às 8 e das 8 às 9 da manhã. Para entrar basta preencher uma ficha e apresentar um exame médico. Além do vôlei e do futebol, o grande charme de Ipanema é o Tai Chi Chuan, praticado na Praça Nossa Senhora da Paz. Nada melhor para quem busca concentração e paz, antes ou depois da praia.

E você não paga nada!

2. Que esportes são mencionados no texto? Você pratica algum?

 D2 Ioga?

Ouça a gravação. Toque a parte do corpo mencionada.

E1 Cabelo azul?

Relacione

1. o braço
2. a perna
3. as costas
4. a cabeça
5. a mão
6. o pé
7. o nariz
8. o queixo
9. o cabelo
10. os olhos
11. a boca
12. a testa
13. o pescoço
14. as orelhas
15. os ombros
16. o bigode
17. as sobrancelhas

☐	estreito/a	*1*	direito/a
☐	alto/a	☐	loiro/a
1	comprido/a	☐	liso/a
1	grosso/a	*1*	esquerdo/a
☐	pequeno/a	*1*	curto/a
☐	grande	☐	largo/a
☐	azul	☐	crespo/a
☐	quadrado/a	☐	gordo/a
☐	castanho/a	☐	magro/a
1	fino/a		

E2 Jogo das diferenças

1. Só uma das pessoas é igual à primeira. Qual delas?

2. Por que as outras são diferentes?

a) *As sobrancelhas e o bigode dele são escuros, e o nariz é*

b)

c)

d)

e)

f)

Lição 2

Trabalho

O que vamos aprender?

Dar opiniões; tomar partido; confirmar; contradizer; definir.

1. Organize as expressões de acordo com seu sentido.

	+	−
1. Desculpe, mas não é bem assim.		x
2. Eu acho que sim.		
3. É isso mesmo!		
4. Como não?!		
5. Eu acho que não.		
6. Está errado.		
7. Não concordo.		
8. Claro!		
9. Está certo.		
10. Lógico!		

   o barbeiro — a cabeleireira — o frentista
   a professora — o artesão
   o pipoqueiro
   o vendedor ambulante — o motobói
   o pescador — a costureira

2. Forme frases completas.
   1. Antigamente, a gente trabalhava...
   2. Ontem, quando eu saí do escritório,...
   3. Ele estava trabalhando...
   4. O aeroporto estava cheio...

   - ( ) estava chovendo.
   - ( ) enquanto ela estava viajando.
   - ( ) e as filas eram longas.
   - (1) mais horas por dia.

A1 Você concorda ou não concorda?

Leia as frases e responda utilizando as frases do comando 1 da página anterior.

1. Vivemos para trabalhar. 5
2. Trabalhamos para viver. .... ☐
3. O trabalho é um mal necessário. .... ☐
4. É bom trabalhar, é melhor descansar. .... ☐
5. Todo trabalho é digno. .... ☐
6. Trabalhar é dever do homem. .... ☐
7. Trabalhar é um direito do homem. .... ☐

> **trabalho**, sm. **1.** Aplicação das forças e faculdades humanas para alcançar um determinado fim. **2.** Atividade coordenada de caráter físico e/ou intelectual, necessária à realização de qualquer tarefa, serviço ou empreendimento. **3.** Trabalho (2) remunerado ou assalariado; serviço, emprego. **4.** Local onde se exerce essa atividade. **5.** Qualquer obra realizada. **6.** Esforço incomum, luta, lida. **7.** Bras. V.

A2 Na minha opinião...

Considerem as ilustrações, você e seu/sua colega, e discutam.
O que é trabalho? O que não é?

- Como não?...
- Na minha opinião, o número 2... porque...
- É isso mesmo!
- Você está enganado!
- Para mim, o número 1 não é... porque...
- Desculpe, mas não é bem assim.
- Acho que sim!
- Claro!
- Lógico!
- Mas eu acho que não!

12

A3 Os direitos dos trabalhadores

1. Leia as passagens da Constituição Brasileira e resolva as questões.

CAPÍTULO II
DOS DIREITOS SOCIAIS

Art. 7º São direitos dos trabalhadores urbanos e rurais, além de outros...:

IV – salário-mínimo, fixado em lei, nacionalmente unificado, capaz de atender a suas necessidades vitais básicas e às de sua família com moradia, alimentação, educação, saúde, vestuário, higiene, transporte e previdência social...

VIII – décimo terceiro salário com base na remuneração integral ou no valor da aposentadoria;

IX – remuneração do trabalho noturno superior à do diurno...;

XIII – duração do trabalho normal não superior a oito horas diárias e quarenta e quatro semanais...

XVII – gozo de férias anuais remuneradas com, pelo menos, um terço a mais do que o salário normal;

XVIII – licença à gestante, sem prejuízo do emprego e do salário, com a duração de cento e oitenta dias;

XIX – licença-paternidade, nos termos fixados em lei...;

XXIII – adicional de remuneração para atividades penosas, insalubres ou perigosas na forma da lei;

XXIV – aposentadoria...;

XXVII – proteção em face da automação na forma da lei...;

XXX – proibição de diferença de salários, de exercício de funções e de critério de admissão por motivo de sexo, idade, cor ou estado civil...;

XXXIII – proibição de trabalho noturno, perigoso ou insalubre aos menores de dezoito anos e de qualquer trabalho a menores de quatorze anos salvo na condição de aprendiz...;

1. Procure estes números no texto. Sublinhe-os: 180, 44, 18, 14, 8, 13º, 1/3
2. Trabalhe com o dicionário. A que se referem os números?
3. Para você, quais desses direitos são muito importantes? Quais não são?
4. Quais direitos fundamentais dos trabalhadores brasileiros são muito diferentes dos direitos dos trabalhadores de seu país?
5. No Brasil, é grande a diferença entre o texto da Constituição e a realidade. E no seu país?
6. Trabalhe com seus/suas colegas. Que outros direitos podem tornar o trabalho mais agradável?

A4 A vida da mulher: antigamente era melhor?

Ouça a gravação e dê a sua opinião.

Pressão dobrada: no escritório, o chefe; em casa, a família.

Antigamente, era melhor: a mulher ficava em casa e cuidava só da família.

- O que você acha disso?
- Eu não concordo. Acho que antigamente a vida da mulher era mais difícil. A mulher trabalhava...

Trabalho dobrado: trabalho no escritório. Depois, mais trabalho em casa.

Antigamente, era melhor: a mulher tinha mais tempo.

Tensão, tensão, tensão! A mulher compete com os homens e com as outras mulheres.

Antigamente, a mulher era mais feliz. A vida para ela era mais tranquila.

B1 Pretérito imperfeito: *formas*

1. Verbos regulares em *-ar*, *-er*, *-ir*

		trabalhar	viver	assistir
Eu	→	trabalhava	vivia	assistia
Você/Ele/Ela	→	trabalhava	vivia	assistia
Nós	→	trabalhávamos	vivíamos	assistíamos
Vocês/Eles/Elas	→	trabalhavam	viviam	assistiam

2. Verbos irregulares

		ser	ter
Eu	→	era	tinha
Você/Ele/Ela	→	era	tinha
Nós	→	éramos	tínhamos
Vocês/Eles/Elas	→	eram	tinham

LEMBRE-SE

No pretérito imperfeito, só há quatro verbos de forma irregular. Agora, você já conhece dois deles: *ser* e *ter*. Os outros dois, *vir* e *pôr*, você vai aprender na lição 3.

B2 Rotinas no passado

1. Relacione.

a) Quando eu era criança,
b) Quando ele morava no Rio,
c) Toda 6ª feira, nós saíamos do trabalho
d) Eles sempre dormiam tarde,
e) Antigamente, ela recebia minhas cartas,

[ ] e íamos tomar cerveja.
[ ] por isso chegavam atrasados.
[*a*] passava as férias na fazenda.
[ ] mas não as lia.
[ ] ia à praia todos os dias.

2. Fale sobre sua infância.

morar em...
andar de bicicleta
ler história em quadrinhos
assistir à televisão
brincar de esconde-esconde
brincar de médico
brincar de casinha
brincar de caubói e índio

Quando era criança, eu brincava de boneca.

B3 Descrição no passado

Observe o exemplo e trabalhe com seu/sua colega: seu vizinho desapareceu misteriosamente ontem à noite. Você estava em casa e não ouviu nada. Responda às perguntas do investigador da polícia.

Exemplo: *Ele entrou na sala. As janelas estavam fechadas e a sala estava escura. O silêncio era total. Ele abriu o cofre. Estava vazio. O dinheiro não estava mais lá. Ele chamou a polícia.*

Você viu alguém?
Onde você estava?
O que você estava fazendo?
Você ouviu algum barulho?
Como era seu vizinho?

Você o viu ontem?
Você o conhecia bem?
Fale sobre a rotina dele.
Ele recebia muitas visitas?

B4 Duas ações no passado: uma pontual e outra que dura

Pretérito imperfeito ou perfeito? Observe o exemplo e complete as frases.

Exemplo: *Quando cheguei, ela estava telefonando.*

Quando eu cheguei → ela estava telefonando.

a) As salas .... (estar) vazias quando nós .... (chegar).
b) Quando você me .... (chamar), eu .... (estar) ouvindo rádio.
c) Ela não .... (receber) a resposta que .... (esperar).
d) Quando eu .... (abrir) a porta do quarto, eles ainda .... (estar) dormindo.

B5 Duas ações longas no passado

 Observe o exemplo e faça frases.

Exemplos: *Enquanto ela cuidava das crianças, ele lavava os pratos.*
Ela cuidava das crianças enquanto ele lavava os pratos.

Ela cuidava das crianças **enquanto** ele lavava os pratos.

a) (trabalhar + assistir à televisão)
b) (viajar + ficar em casa)
c) (buscar as crianças + fazer almoço)
d) (falar + ler o jornal)
e) (dirigir o carro + ouvir música)
f) (trabalhar + gastar dinheiro)
g) (ela falar + ele pensar em outras coisas)
h) (tomar banho de chuveiro + cantar)

B6 Fale sobre suas últimas férias

Exemplo: *Nas últimas férias, eu fui para... fazia muito calor...*

Pretérito perfeito	Pretérito imperfeito
ir para	fazer calor
ficar ... dias	ter muita/pouca gente
(hotel/casa/...)	hotel bom/ruim casa grande/pequena/confortável/...
conhecer muita gente	pessoas simpáticas/antipáticas/ interessantes/chatas
(não) fazer muita coisa	sair todas as noites/ficar em casa/ ouvir música/ler/jogar cartas
conhecer a região	fazer passeios interessantes/lindos

B7 Números ordinais

1º/1ª primeiro/a   6º/6ª sexto/a   11º décimo primeiro   20º/20ª vigésimo/a
2º/2ª segundo/a   7º/7ª sétimo/a   11ª décima primeira   21º vigésimo primeiro
3º/3ª terceiro/a   8º/8ª oitavo/a   12º décimo segundo   21ª vigésima primeira
4º/4ª quarto/a   9º/9ª nono/a   12ª décima segunda   30º trigésimo
5º/5ª quinto/a   10º/10ª décimo/a

Como chegar ao nosso escritório? Leia o texto e complete com números ordinais.

Entrando na Avenida Tiradentes, tome a (2) .... rua à esquerda. Siga reto até a (7) .... quadra. Depois entre na (3) .... travessa. Há só um prédio nessa rua. Nossa firma está no (26) .... andar.

> Vou explicar pela enésima vez...

C1 Admissão

A empresa recebeu as seguintes fichas. Ajude a selecionar um candidato.

Empresa de grande porte no ramo de vestuário masculino está admitindo:
ASSISTENTE DE VENDAS
Requisitos: formação em Administração, Marketing ou similar, disponibilidade para viagens.
Damos preferência a quem já tenha experiência na área de vendas.
Os interessados devem enviar *Curriculum Vitae* aos cuidados deste jornal com a sigla PLAV.

Nome: Edna Fontoura
Idade: 25 **Estado Civil:** solteira
Formação: Administração de Empresas
Experiência: nenhuma (recém-formada)
Comentários: muito inteligente, tímida, dinâmica

Nome: Paulo Frontin
Idade: 29 **Estado Civil:** solteiro
Formação: Marketing
Experiência: 5 anos (2 como ass. de vendas)
Comentários: agressivo, dinâmico

Nome: Clarice Nunes
Idade: 33 **Estado Civil:** casada
Formação: Marketing
Experiência: 7 anos (5 em vendas)
Comentários: calma, dinâmica, segura

> Ela é mais jovem.

> Não é verdade.

> Acho que... é muito importante.

> Talvez, mas...

> Isto é um problema.

C2 Seu trabalho

Entreviste seu/sua colega. Depois, transmita aos outros colegas o que ele/ela disse.

– Onde você trabalha?

– Qual é a sua profissão?

– Quanto tempo faz que você trabalha?

– Quantas horas por dia você trabalha?

– Quais são as atividades típicas do dia a dia?

– Gosta de seu trabalho?

carreira? benefícios? segurança?
localização? instalações? colegas?
férias? promoção? salário bom?
horário? chefe? ...?

local de trabalho	**profissão/ocupação**
escritório, indústria, loja, escola, casa, hospital, banco...	dona de casa, técnico em eletrônica, motoqueiro, operário, engenheiro, vendedor, comerciante
horário de trabalho	
meio período, horário flexível/móvel, período integral, horário fixo	trabalho na área de vendas/ informática/confecções/...

D1 A mulher no mercado de trabalho

1. Leia os textos.

Até algumas décadas atrás, não cabia à mulher ganhar o sustento da casa. O marido era o grande provedor. As viúvas ou as mulheres da elite empobrecida, para sustentar-se e a seus filhos, faziam doces e roupas por encomenda, arranjos de flores, bordados, davam aulas de piano...

Essas atividades, no entanto, não eram muito valorizadas e, geralmente, eram malvistas pela sociedade. Mas, a partir dos anos 1970, as mulheres foram conquistando, com muita determinação, um espaço maior no mercado de trabalho.

Atualmente, no Brasil, as mulheres são 44% da força de trabalho. Deixaram de ser apenas parte da família para, em muitos casos, tornar-se a provedora dela: 50% das mulheres que trabalham são responsáveis únicas por seu lar e sua família. Essa evolução deve-se, em grande parte, à redução da família brasileira: há 40 anos eram 6,3 filhos por mulher; agora é 1,8.

Esse fato possibilitou à mulher estudar mais tempo, e dedicar-se a outros papéis, além do papel de mãe e dona de casa, proporcionando sua independência financeira e emocional.

Apesar disso, ainda 90% das mulheres que trabalham têm uma segunda jornada.

Na área do trabalho feminino, há dois pontos extremamente negativos. O primeiro é que a mulher que trabalha tem rendimentos menores que o homem, os dois trabalhando na mesma função – 30% menos do salário masculino, notadamente em atividades menos qualificadas. O segundo é que é difícil para a mulher conquistar altos postos. Para alcançá-los ela precisa provar que sua competência é maior do que a de todos os seus concorrentes homens. Percebe-se nisso preconceito que dificulta seu progresso na carreira. Vai levar ainda algum tempo para que ela seja, finalmente, aceita, sem restrições no mercado de trabalho e possa desenvolver-se ombro a ombro com os homens.

"Lugar de mulher é na beira do fogão" é frase conhecida, mas completamente desatualizada. Ridícula até!

2. Qual é a afirmação correta, de acordo com os textos?

☐ Mais de 50% das mulheres trabalham.

☐ Metade das mulheres que trabalham sustentam sozinhas sua família.

☐ É impossível à mulher alcançar altos postos na empresa em que trabalha.

3. Relacione as informações abaixo.
   a) Mulheres com menos filhos ⬜ trabalhar fora.
   b) Faz bem à autoestima da mulher ⬜ têm mais chance de desenvolver sua carreira.
   c) Muitas mulheres que trabalham fora ⬜ têm dupla jornada.

Eu comecei a trabalhar em 2002. No início, foi muito difícil, porque...

4. Fale com seus/suas colegas.
   — Se você trabalha, lembra-se ainda de problemas no seu primeiro emprego?
   — Como é o trabalho da mulher no seu país? Ela é aceita em qualquer profissão? Ganha tanto quanto os homens?

D2 O nosso tema de hoje é: a greve

1. Ouça o texto. Tente entender o significado da palavra *greve*.
2. Ouça o texto novamente e responda às perguntas:

   A greve é dos
   ⬜ trabalhadores nas fábricas.
   ⬜ motoristas e cobradores.
   ⬜ donos das empresas.

   A greve tem como causa principal
   ⬜ o trânsito terrível.
   ⬜ os ônibus velhos.
   ⬜ os salários baixos.

Bom-dia, ouvintes da Jovem Pan.

3. Quem são os culpados pela greve?

Eu acho que os culpados são...

19

E1 Definições

1. Trabalhe com sua/seu colega. Relacione.

a) Você trabalha diariamente das 8h ao meio-dia. ☐ aviso prévio

b) Depois de 30 anos de trabalho, você para de trabalhar e passa a receber uma pensão. ☐ pedir demissão

c) Você vai perder o emprego. A companhia avisa você um mês antes. ☐ meio período

d) Você não quer mais trabalhar para sua firma. Você anuncia que vai deixar o emprego. ☐ aposentar-se

2. Trabalhe com sua/seu colega. Usando o exercício 1 acima como modelo (e o dicionário se necessário), explique o que é:

- receber o 13º salário
- demitir um funcionário
- ter férias remuneradas
- receber adiantamento de salário
- trabalhar em período integral
- receber o Fundo de Garantia
- dar licença remunerada

E2 Siglas

1. Relacione.

1. IR

2. INSS

3. FGTS

4. PIS-PASEP

5. COFINS

☐ O Instituto Nacional do Seguro Social é a autarquia competente no Brasil para o recebimento de contribuições para a manutenção do Regime Geral da Previdência Social, sendo responsável pelo pagamento da aposentadoria, pensão por morte, auxílio-doença, auxílio-acidente, entre outros benefícios previstos em lei.

☐ O imposto de renda é um imposto cobrado por vários países, onde cada pessoa ou empresa é obrigada a deduzir uma dada percentagem de sua renda média anual para o governo. Essa percentagem pode variar de acordo com a renda média anual, ou pode ser fixa em uma dada percentagem.

☐ O Programa de Integração Social é uma contribuição social de natureza tributária, devida pelas pessoas jurídicas, com objetivo de financiar o pagamento do seguro-desemprego e do abono para os trabalhadores que ganham até dois salários mínimos.

☐ O Fundo de Garantia do Tempo de Serviço é um conjunto de recursos financeiros administrados pelo Estado brasileiro com a finalidade principal de amparar os trabalhadores em algumas hipóteses de encerramento da relação de emprego, sendo também destinado a investimentos em habitação, saneamento e infraestrutura. A principal fonte de recursos do Fundo de Garantia do Tempo de Serviço são os depósitos mensais dos empregadores nas contas vinculadas dos trabalhadores, abertas na Caixa Econômica Federal.

☐ Contribuição para o Financiamento da Seguridade Social. O termo Seguridade Social é definido como um conjunto integrado de ações de iniciativa dos Poderes Públicos e também com participação da sociedade, cuja destinação é, a princípio, assegurar os direitos relativos à SAÚDE, à ASSISTÊNCIA SOCIAL e à PREVIDÊNCIA ao cidadão.

2. Você sabe o que é?

1. RG: ....

3. RNE: ....

2. CPF: ....

4. CIC: ....

Lição 3 — Roupa

O que vamos aprender?

> Descrever algo; oferecer ajuda; expressar desejo, contentamento; expressar dúvida, preocupação; aconselhar.

1 — Virgínia veste um elegante conjunto vermelho, camiseta prata e tênis.

☐ Ana Luísa veste um vestido verde muito leve, para uma festa em família.

☐ Felipe está muito bem com seu bonito *blazer* preto, camisa amarela e gravata vermelha.

☐ Luís Afonso fará sucesso no domingo com este *jeans* de boa qualidade e camisa verde.

1. Quem são Luís Afonso, Virgínia, Ana Luísa e Felipe? Indique.

2. Sublinhe no texto as palavras referentes à roupa e aponte-as nas ilustrações.

A1 Liquidação de verão – D & B Modas

Consultando a lista abaixo, identifique as roupas da ilustração.

MASCULINO		FEMININO	
cotidiano o terno, a calça, a camisa, o paletó, a jaqueta	**acessórios** os sapatos, o tênis, a meia, o cinto, a gravata, o relógio, o lenço	**cotidiano** o vestido, a saia, a blusa, o conjunto de *blazer* e a calça comprida	**acessórios** os sapatos (de salto alto), o tênis, a meia, o cinto, a bolsa, o brinco, o colar, a pulseira, o anel, o relógio
esporte a camiseta, o *jeans*, o *short*, a sunga, a bermuda	**roupa íntima** a cueca, o pijama	**esporte** a camiseta, a regata, o *short*, o *jeans*, o maiô, o biquíni	**roupa íntima** a calcinha, o sutiã, a camisola

cor
- preto/a
- branco/a
- cinza
- verde
- azul
- vermelho/a
- amarelo/a
- marrom
- claro/a
- escuro/a

material
- de seda
- de lã
- de algodão
- de linho
- de couro
- de fibra sintética

outras características
- liso/a
- listrado/a
- xadrez
- estampado/a

22

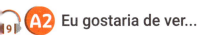

A2 Eu gostaria de ver...

- Posso ajudá-la?
- Eu gostaria de ver o conjunto do anúncio.
- Pois não. Seu tamanho é 42?
- Não, 44. Tem em verde?
- Olha, verde não tenho mais, mas este azul-claro ficaria muito bem na senhora.
- Não sei. Posso experimentar?
- Claro. O provador é ali à esquerda. Fique à vontade.
...
- Gostei do conjunto. Vou levá-lo.
- Mais alguma coisa?
- Não, obrigada, só o conjunto.
- Pois não. Vai pagar em dinheiro ou com cartão?
- Com cartão.
- Pode pagar ali no caixa. Muito obrigada.

Qual é o seu tamanho? Quanto custa...?

Você quer	A loja tem
calça cinza	calça marrom
gravata listrada	gravata lisa
blusa de manga comprida	camiseta estampada
saia de algodão	saia de linho

Trabalhem em pares. Você quer comprar roupa, mas a loja não tem exatamente o que você quer. Pergunte também sobre tamanho e preço.

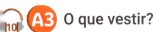

A3 O que vestir?

- Sábado tem um churrasco na casa da Márcia. É a primeira vez que vou num, e não sei que roupa pôr.
- Normalmente, churrascos são muito informais. Você poderia usar um *jeans* e uma camiseta ou uma camisa esporte.
- Você tem certeza? A Márcia anda sempre tão elegante...
- Não se preocupe. Em churrasco, a gente vai bem à vontade.

Nunca fui em um coquetel. O que você vestiria?

1. Escolha uma das peças da página anterior e relacione com o tipo de ambiente onde você irá usá-la.

O que você veste para:

1. ir trabalhar? ....
....

2. ir à praia? ....
....

3. ficar em casa? ....
....

23

2. Faça o mesmo que no exercício anterior.
O que você vestiria para ir a

1. um casamento? ....
....

2. um piquenique? ....
....

3. um coquetel? ....
....

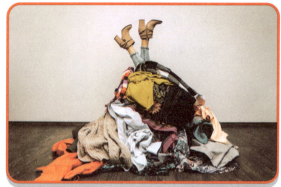

> *Luiz Carlos Lima*
> *Emma Eberlein de O. F. Lima*
> *Arno Bender*
> *Adila Bender*
> sentem-se felizes em convidar para o casamento de seus filhos
> **Ana Luisa e Alvaro,**
> que se realizará às onze horas do dia vinte e oito de julho de dois mil e oito, na Igreja Matriz São Sebastião Mártir – Venâncio Aires. Após a cerimônia, os noivos terão satisfação em receber os convidados na Sociedade de Literaturas.
> Rua Mal Hastimphilo de Moura, 338
> Portal do Morumbi - Ed. Castanheira, 16 B
> São Paulo - SP
> Rua General Osório, 1069
> Venâncio Aires, RS
> R.S.V.P. (0++51) 3168 1338 / 3168 2548

- Num coquetel eu vestiria...
- Num piquenique eu vestiria...
- Num casamento eu vestiria...

B1 Verbo irregular *pôr*

pôr	Presente	Pretérito perfeito	Pretérito imperfeito
Eu →	ponho	pus	punha
Você/Ele/Ela →	põe	pôs	punha
Nós →	pomos	pusemos	púnhamos
Vocês/Eles/Elas →	põem	puseram	punham

LEMBRE-SE

O pretérito perfeito de *pôr* e *poder* tem as mesmas vogais na raiz: *u-ô-u-u*

1. Complete com as formas do presente do verbo *pôr*.
Dê respostas afirmativas curtas.

- Você põe seu dinheiro no banco?
- *Ponho.*
- E seu irmão também põe?
- ....
- Vocês põem dinheiro no banco todo mês?
- ....
- E seus pais põem?
- ....
- Quanto dinheiro vocês já puseram nas suas contas?
- Pare com isso, pelo amor de Deus!

→ Nome do depositante: **é obrigatório.**
Deve ser escrito da mesma forma que no seu **cadastro.**

24

2. Complete as formas do verbo e dê respostas afirmativas curtas.

a) Pretérito perfeito do verbo *pôr*.
- Você pôs as roupas na mala?
- *Pus.*
- E a Mariana pôs a mala no carro?
- ....
- Vocês puseram os livros na mala também?
- ....

b) Pretérito imperfeito do verbo pôr.
- Antigamente, você punha gravata para trabalhar?
- *Punha.*
- Vocês punham gravata aos domingos também?
- ....

c) Trabalhe com seus/suas colegas.
Exemplo:
- *Vocês põem açúcar no café?*
- *Pomos.*

- Você pôs dinheiro no banco ontem?
- *Pus.*
- Eles puseram vinho na geladeira?
- ....
- Eles põem gelo na Coca?
- ....
- Vocês puseram as cartas no correio?
- ....

- E as crianças? Elas também puseram a bagagem delas no carro?
- ....
- Então vamos.

- Verdade? Então os homens sempre punham gravata?
- ....

- Você sempre põe o carro na garagem?
- ....
- Antigamente, você punha paletó aos domingos?
- ....
- Vocês punham uniforme para ir à escola?
- ....

3. Complete com *pôr* ou *poder*.

1. Estou com frio. Vou ......*pôr*...... uma malha.
2. Por favor, ... seu endereço e telefone no formulário.
3. Espere! Você .... a chave na gaveta errada.
4. Ontem, eu .... o livro nesta estante e agora, ele não está mais aqui.
5. Eu não .... falar com você ontem.
6. Você .... me ajudar? Você .... pôr estes documentos no cofre?
7. Beatriz sempre .... os papéis dela na minha gaveta. Ela não .... fazer isso!
8. No mês passado, eles não .... dinheiro no banco e também não .... pagar suas contas. Foi um problema!
9. Antigamente, eu não .... gravata porque .... trabalhar de roupa esporte.
10. Eu não .... pôr a mesa ontem, mas Mariana .... a mesa para mim. Ela é um amor!

B2 Verbo irregular *vir*

vir	Presente	Pretérito perfeito	Pretérito imperfeito
Eu →	venho	vim	vinha
Você/Ele/Ela →	vem	veio	vinha
Nós →	vimos	viemos	vínhamos
Vocês/Eles/Elas →	vêm	vieram	vinham

1. Complete as formas do verbo e dê respostas afirmativas curtas.

   a) **Presente**
   - Você vem de ônibus?
   - Sua esposa vem com você?
   - As crianças também vêm?
   - Vocês vêm de manhã?

   b) **Pretérito perfeito**
   - Você veio trabalhar ontem?
   - Alguém mais veio?
   - O João e a Zélia vieram?
   - Vocês vieram cedo?

   c) **Pretérito imperfeito**
   - Antigamente, vocês .... sempre aqui ao clube?
   - E seu pai também .... ?

2. Forme frases completas.

   Exemplo: *Nós não viemos à aula na semana passada.*

Eles Eu nunca Você Ninguém Vocês Nós A gente	(não) **vir**	ontem aqui. aqui aos sábados. comigo ontem. à aula na semana passada. muito aqui antigamente. porque não tivemos tempo. aqui porque era longe sem carro.

B3 *Ir* e *vir*

- Cadê você?
- Aqui na sala.
- Vem cá! Preciso falar com você.
- Já vou.

Cadê você?
Aqui.

Eu vou pra lá → aí – ali – lá

aqui/cá ← ác arap mev êcoV

1. Trabalhe com sua/seu colega.

Exemplo: *Quando você vem aqui? Eu vou aí depois de amanhã.*

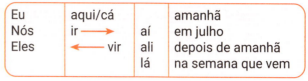

2. Faça frases.

No verão, eu sempre		aqui me visitar.
Eles sempre	ir →	à praia do Lázaro, porque gosto de lá.
Ontem, nós	← vir	mais cedo hoje, porque temos muito trabalho.
Nosso chefe		à casa da Vanuza para jantar.

B4 Verbo irregular *vestir(-se)*

1. As formas do pretérito perfeito e do pretérito imperfeito são regulares. Complete você mesmo.

vestir	Presente	Pretérito perfeito	Pretérito imperfeito
Eu →	visto	....	....
Você/Ele/Ela →	veste	....	....
Nós →	vestimos	....	....
Vocês/Eles/Elas →	vestem	....	....

Exemplos: *Eu visto terno e gravata para trabalhar.*
Eu me visto depressa de manhã.

2. Quando você era criança, o que você vestia? Entreviste seu/sua colega.

Onde você se veste de manhã?
Você se veste antes ou depois do café?
O que você vestiu ontem à noite?

Você se veste depressa ou com calma?
O que você veste no verão/no inverno...?
O que você não gosta de vestir?

B5 Futuro do presente

Exemplos:
Amanhã eu voltarei para casa.
No ano que vem, nós estaremos aqui novamente.
No próximo domingo, eles não irão sozinhos à fazenda. Lúcia irá com eles.

LEMBRE-SE

No futuro do presente e no futuro do pretérito, há apenas 3 verbos com forma irregular. Você já conhece *fazer*. Os outros dois, *trazer* e *dizer*, você vai aprender na lição 4.

Forma regular Gostar		Forma irregular Fazer			
Eu	gostarei	Eu	farei	andar	eu andarei
Ele	gostará	Ele	fará	ser	eu serei
Nós	gostaremos	Nós	faremos	abrir	eu abrirei
Eles	gostarão	Eles	farão	pôr	eu porei
				fazer	eu farei

1. Volte à página 24 e examine o convite. Responda às perguntas.

– Onde vai ser o casamento? – A que horas vai ser?
– O que vai acontecer depois da cerimônia religiosa?

27

2. Leia os anúncios abaixo e responda.

– O que a Associação São Luís vai apresentar no desfile de modas?
– Onde vai ser realizado o curso de pintura sobre seda?
– Quando o brechó Velhos Tempos vai iniciar sua liquidação?

NOTÍCIAS

ANÚNCIOS DA SEMANA

Coleções passadas por preços incríveis

Desfile de Moda

A Associação São Luís está organizando um desfile de modas em que apresentará sua linha de artigos de grifes nacionais e estrangeiras. Serão vestidos de festa, modelos longos, peças de musselina. Moda jovem e moda da praia. A renda do evento beneficiará o Lar Escola Santa Rita.

Pintura sobre seda

A artista plástica Dora dos Anjos dará um curso de pintura sobre seda, à Rua Adolfo Neves, 589 – Sumaré – Informações no local.

Liquidação – Brechó Velhos Tempos

O brechó Velhos Tempos abrirá suas portas no sábado próximo com liquidação de seu estoque. Peças seminovas, inclusive sapatos, vestidos de coleções passadas por preços incríveis. Não perca!

B6 Futuro do pretérito

Forma regular Gostar	
Eu	gostaria
Ele	gostaria
Nós	gostaríamos
Eles	gostariam

Forma irregular Fazer	
Eu	faria
Ele	faria
Nós	faríamos
Eles	fariam

andar	eu andaria
ser	eu seria
vender	eu venderia
abrir	eu abriria
pôr	eu poria
fazer	eu faria

Exemplos:
Nós gostaríamos de viajar pelo mundo, mas não temos dinheiro.
Com mais tempo, ele terminaria o trabalho.
No seu lugar, eu não faria isso.

O maior prêmio da loteria só para você! O que você faria com tanto dinheiro?

viajar	não trabalhar	ajudar	ter grandes problemas
investir em	fazer muitas festas	pôr no banco	...

C Comportamento
No Brasil é diferente... ou será que não?

No Brasil, costumamos chegar mais ou menos 30 minutos depois do horário do convite. Nunca chegamos antes da hora marcada. E no seu país?

Um atraso de 15 minutos é normal no Brasil. Quanto tempo você espera?

Em festas, reuniões, churrascos etc. (mas não em jantares) em geral ninguém se importa se você leva mais alguém (namorado/a, amigo/a...)

Muitas vezes, as visitas trazem pequenos presentes; flores para a dona de casa, vinho para o homem, chocolate para as crianças.

Festas, jantares etc. normalmente começam e acabam tarde. Muitas vezes, o café ou o fim da música na festa sinalizam o final da visita. Como você sinaliza o fim da visita? Como você decide a hora de ir embora?

Convites sem especificação de tempo como: "Passa lá em casa", "Aparece em casa" ou "Vamos tomar um café lá em casa qualquer dia" não são realmente convites.

- A gente sempre...
- Você tem que...
- Em geral, as pessoas...
- Eu nunca...
- Não pode...
- Às vezes...

Como mudam as regras de comportamento nas diferentes regiões de seu país? E em diferentes grupos sociais, níveis de idade etc.?

D1 Minha tia vai para Brasília

🎧 **1. Ouça o diálogo e identifique a tia.**

a) ☐

b) ☐

c) ☐

2. Marque com X a resposta correta.

a) Como é o nome da pessoa que vai chegar?

☐ Jandira
☐ Lucinda
☐ Valdir

b) A que horas o ônibus chega à rodoviária?

☐ às seis
☐ às seis e meia
☐ às oito horas

c) Para onde o amigo tem de levá-la?

☐ para a sua casa
☐ para a casa do tio
☐ para a rodoviária

D2 Lista de lavanderia

Examine a lista de lavanderia e responda.

1. O serviço de lavanderia do hotel funciona todos os dias da semana?

2. Os preços do serviço são sempre os mesmos durante toda a semana?

3. A responsabilidade do hotel em relação às roupas que vão para a lavanderia é total? Explique.

4. O hotel não oferece serviço de lavagem a seco. Como é resolvido o problema?

5. Qual é a taxa de urgência que o hotel cobra para passar roupa?

H**** **Lista de Lavanderia**

Disque nº 6 para o serviço de Lavanderia

Nome do hóspede ....

Data ..../......../............... Hora: ....

Apart. nº ....

FAVOR PREENCHER ESTA LISTA

Roupa recebida antes das 9h será devolvida no mesmo dia depois das 18h.

Roupa recebida depois das 9h será devolvida no dia seguinte ao meio-dia.

Passar roupa dentro de uma hora: um adicional de 50%.
(Aceita-se até às 20h.)

Não nos responsabilizamos pelos botões e enfeites que não podem ser lavados ou passados; mudança de cor, encolhimento ou gasto como resultado de lavagem, ou por qualquer objeto deixado nos bolsos ou junto à roupa. Excetuando o acima mencionado, nossa responsabilidade se limita a 10 vezes a taxa de serviço para cada item. A roupa não será retida mais do que 30 dias. Serviços de lavagem a seco não são fornecidos pelo Hotel, mas por uma lavanderia externa. Os preços faturados aos hóspedes estão em concordância com os preços cobrados por esta lavanderia externa.

ROUPAS PARA LAVAR				
Hóspede Conta	Nossa Conta	Descrição	Preço	Total
		Ternos – *Suits*		
		Paletós – *Jackets*		
		Calças – *Slacks*		
		Gravatas – *Ties*		
		Robes – *Robes*		
		Camisas – *Shirts*		
		Vestidos – *Dresses*		
		Saias – *Skirts*		
		Blusas – *Blouses*		
		Casacos – *Coats*		
		Vest. Long. – *Evening gowns*		
		Malha – *Pullover*		
ROUPAS PARA PASSAR				
		Ternos – *Suits*		
		Paletós – *Jackets*		
		Calças – *Slacks*		
		Gravatas – *Ties*		
		Camisas – *Shirts*		
		Vestidos – *Dresses*		
		Saias – *Skirts*		
		Blusas – *Blouses*		
		Casacos – *Coats*		
		Vest. Long. – *Evening gowns*		

SERVIÇO AOS SÁBADOS E FERIADOS
50% ADICIONAL
Fechado aos domingos

E1 O significado das cores

1. Associe as cores às palavras.

1. trabalho
2. seu país
3. silêncio
4. piscina
5. calor
6. criança
7. BRASIL
8. segunda-feira
9. ecologia
10. coração
11. frio
12. açúcar
13. noite
14. férias
15. loucura
16. PRAIA
17. amor
18. frutas...

a _____	branco
b _____	amarelo
c _____	vermelho
d _____	roxo
e _____	preto
f _____	verde
g _____	azul
h _____	rosa
i _____	laranja
j _____	marrom
k _____	bege

2. Relacione.

1. receber bilhete azul
2. ter um branco
3. dar um sorriso amarelo
4. ter carta branca
5. estar no vermelho

☐ ter total liberdade
☐ estar em dificuldade financeira
☐ perder o emprego
☐ ter um lapso mental
☐ ficar constrangido

3. Como você pode descrever uma cor? Observe o exemplo.

Ex.: azul   verde   amarelo   marrom
azul-céu   *marrom-café*
azul-piscina
azul-bebê
azul-hortênsia
azul-turquesa

31

E2 Formas

Caracterize os itens à esquerda com um adjetivo.

1. um homem   *c) alto* ....

2. um queixo ....

3. um pescoço ....

4. pernas ....

5. uma camisa de manga ....

6. um corredor ....

7. uma estante ....

8. uma mesa ....

9. um salário ....

10. uma toalha ....

a) longo/a

b) comprido/a

c) alto/a

d) largo/a

e) grande/a

f) grosso/a

g) liso/a

h) estampado/a

i) listrado/a

j) xadrez

k) curto/a

l) redondo/a

m) baixo/a

n) estreito/a

o) pequeno/a

p) fino/a

Lição 4

Vida em família

O que vamos aprender?

Falar sobre, definir parentescos; desejar felicidade, sorte.

- meu avô/ minha avó
- meu pai/ minha mãe
- irmãos/irmãs de meu pai/mãe: Meus tios
- Meus sogros: (Pai/Mãe de minha esposa)
- meus primos
- irmãos de minha esposa: Meu cunhado(a)
- Eu + minha esposa
- meus irmãos
- nossos filhos
- meus sobrinhos
- nossos netos

Adivinhe!

- O filho de meu irmão é meu
  - [X] sobrinho
  - [ ] pai

- A irmã de meu pai é minha
  - [ ] tia
  - [ ] filha

- A mãe de minha mãe é minha
  - [ ] prima
  - [ ] avó

- A filha de meu tio é minha
  - [ ] prima
  - [ ] neta

- O filho de minha avó é meu
  - [ ] pai
  - [ ] irmão

- O pai de minha esposa é meu
  - [ ] sogro
  - [ ] tio

- A irmã de minha esposa é minha
  - [ ] tia
  - [ ] cunhada

A1 A família

1. Leia o depoimento de Dona Isaura e numere as fotos de acordo com a sequência da história. Escolha a alternativa correta.

É impressionante como o tempo voa. No ano passado, completamos 50 anos de casados e comemoramos nossas

☐ Bodas de Prata. ☐ Bodas de Ouro.

Mal posso acreditar. Os anos passaram tão depressa...

Eu tinha 20 anos quando a Júlia nasceu. O Oscar tinha 27. Era um rapaz bonito, sempre elegante, de terno e gravata. Só tirava o chapéu para almoçar. A gente sempre brincava com ele: Oscar e seu chapéu...

A Júlia cresceu depressa, casou cedo e a família logo aumentou: chegou Anderson, um amor de nenê. Na semana passada, ele fez 10 anos, com festa e tudo. Ele é um

☐ sobrinho ☐ filho ☐ neto tão bonzinho, um amor...

Eu acho que, com mais uns 15 anos, ele logo vai ter seus filhos.
É uma estrada sem fim.

2. Fale sobre as fotos.

LEMBRE-SE

pai	+	mãe	=	pais
irmão	+	irmã	=	irmãos
tio	+	tia	=	tios
filho	+	filha	=	filhos
avô	+	avó	=	avós

Eu acho que...

Nesta foto tem...

A foto em cima à direita mostra...

Na minha opinião...

34

A2 Parentes

1. Ouça o áudio e desenhe a árvore genealógica da família Becker. Dê nome aos seus membros.

Pedro Becker, 37 anos, bancário

"Este é meu avô paterno. Ele chegou ao Brasil em 1930, de navio. Ele já era casado com minha avó, mas só tiveram filhos aqui. Eles foram morar no interior de São Paulo com o irmão dele, que já tinha vindo alguns anos antes. Lá no interior nasceram o meu pai e meus tios. Meu pai veio para a capital para estudar, eu não sei exatamente quando. Aqui, ele conheceu minha mãe e casaram em 1955. Somos quatro irmãos, todos já casados e com filhos."

Wilhelm August Becker

2. Ouça o áudio e faça uma lista das pessoas que moravam na casa da Leda.

Leda Pereira Duarte, 35 anos, arquiteta

Quando nasci, meus pais tinham acabado de chegar ao Rio. Morávamos em Santa Teresa. Sou filha única, mas nossa casa vivia cheia: meus avós maternos sempre moraram conosco, e também um tio do meu pai e a mulher dele. Além disso, sempre havia primos passando as férias conosco ou tias do interior nos visitando. Meu pai sempre dizia que éramos o hotel da família no Rio. Minha família sempre foi muito tradicional. Quando acabei a faculdade e quis sair de casa, foi um escândalo: "Filha minha só sai de casa casada", disse meu pai, e foi assim que aconteceu.

3. Quem faz parte de sua família? Desenhe um esquema e fale sobre as pessoas. Traga também fotos delas.

- divorciado/a
- casado/a
- solteiro/a
- divorciado/a
- separado/a
- viúvo/a

4. Como era a família no seu país antigamente? Como é hoje? Se mudou, por quê?

- trabalhar fora
- liberdade sexual
- custo de vida
- (in)dependência econômica
- vida moderna
- morar juntos

35

B1 Verbo irregular *trazer*

trazer		Presente	Pretérito perfeito	Pretérito imperfeito	Futuro do presente	Futuro do pretérito
Eu	→	trago	trouxe	trazia	trarei	traria
Você/Ele/Ela	→	traz	trouxe	trazia	trará	traria
Nós	→	trazemos	trouxemos	trazíamos	traremos	traríamos
Vocês/Eles/Elas	→	trazem	trouxeram	traziam	trarão	trariam

1. *Levar e trazer*

Ao telefone
- Você vem a minha festa?
- Vou, sim.
- Você pode trazer cerveja?
- Posso. Vou levar uma caixa.

LEMBRE-SE

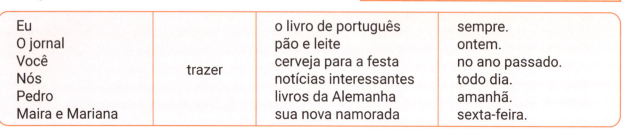

2. Faça frases.

| Eu
O jornal
Você
Nós
Pedro
Maira e Mariana | trazer | o livro de português
pão e leite
cerveja para a festa
notícias interessantes
livros da Alemanha
sua nova namorada | sempre.
ontem.
no ano passado.
todo dia.
amanhã.
sexta-feira. |

3. *Levar* ou *trazer*? Complete.

1. Fábio, meu carro quebrou. Você pode .... as crianças à escola?
2. Vou para a Holanda em julho. Vou .... algumas garrafas de cachaça.
3. Cláudia vem hoje à noite. .... as crianças.
4. A mudança não está pronta. Ainda preciso .... o sofá para a nova casa.
5. Na próxima aula, vocês vão .... fotos da família.

4. Fale com seu/sua colega.
- O que você sempre leva quando viaja?
- O que você traria para seus parentes e amigos de uma viagem?

> Não conte nada para ele. Ele é o maior leva e traz da Amazônia.

B2 Verbo irregular *saber*

saber	Presente	Pretérito perfeito
Eu →	sei	soube
Você/Ele/Ela →	sabe	soube
Nós →	sabemos	soubemos
Vocês/Eles/Elas →	sabem	souberam

O senhor sabe onde nós estamos?

Não sei, não. Não sou daqui.

1. O verbo *saber* tem vários sentidos.
Traduza estas frases para a sua língua.

a) Eu conheço o Dario e sei onde ele mora.
b) Podemos ir à piscina, mas eu não sei nadar muito bem.
c) Encontrei o Fábio no bar. Por ele, eu soube que a Márcia tinha casado.

2. Faça frases.

Sei	Paulo e Renata faz muitos anos.
Conheço	falar português.
Posso	nadar muito bem.
Soube	que Marisa casou na semana passada.
	seu endereço novo.
	telefonar para você hoje à noite?

Sei nadar muito bem.

B3 Verbo irregular *dizer*

dizer	Presente	Pretérito perfeito	Pretérito imperfeito	Futuro do presente	Futuro do pretérito
Eu →	digo	disse	dizia	direi	diria
Você/Ele/Ela →	diz	disse	dizia	dirá	diria
Nós →	dizemos	dissemos	dizíamos	diremos	diríamos
Vocês/Eles/Elas →	dizem	disseram	diziam	dirão	diriam

Complete o diálogo.

- Ontem, encontrei a Amália. Acho que ela está cega. Ela nem me .... bom-dia! Sabe, eu lhe .... uma coisa: ela está uma chata ultimamente.
- Eu não .... isso. A Ágata me .... anteontem que ela está cheia de problemas.
- Mesmo assim. Na próxima vez, eu vou .... : Você não .... mais "bom-dia"? Ou você trata bem suas amigas ou elas vão .... "até logo" para sempre.
- Ora, deixa ela em paz, coitadinha!

B4 Mais-que-perfeito composto

1. Uso e formação

Não **comprei** o jornal porque ela já o **tinha comprado**.
passado   *passado anterior*

tinha + verbo principal no particípio = (sair) Ele tinha saído.

Ele não aceitou o sanduíche porque já tinha jantado.
Ela vendeu a casa que o marido tinha comprado.
Ele leu a carta que eu tinha escrito.

Particípios irregulares

fazer	→	feito
pagar	→	pago
escrever	→	escrito
gastar	→	gasto
ver	→	visto
ganhar	→	ganho
pôr	→	posto
abrir	→	aberto
dizer	→	dito
vir	→	vindo

Particípios regulares

-ar	falar	→	falado
-er	vender	→	vendido
-ir	sair	→	saído

2. Faça frases

Ontem,	quando	eu	chegar em casa	Cora	(já) (ainda não)	ter	voltar.
		você	telefonar				escrever o cartão.
		nós	entrar				fazer o jantar.
		elas	receber o *e-mail*				sair.
			viajar				ir embora.

B5 Mais-que-perfeito simples

1. Uso e formação

O mais-que-perfeito simples é usado apenas em textos escritos. Na linguagem oral, usa-se o mais-que-perfeito composto.

Exemplos: *Ele tivera (tinha tido) problemas no escritório, por isso estava irritado.*
               Ela estava contente porque fizera (tinha feito) um bom trabalho.

Esse tempo é derivado do pretérito perfeito do indicativo, 3ª pessoa do plural.

(ter) eles tiveram ⟶ eu tivera, ele tivera, nós tivéramos, eles tiveram.

2. Leia o texto e sublinhe as formas do mais-que-perfeito simples.

No romance "Gabriela Cravo e Canela", de Jorge Amado, ao saber do namoro entre sua mulher e o doutor Osmundo, o coronel Jesuíno matou os dois:

DA LEI CRUEL

A notícia do crime espalhara-se num abrir e fechar de olhos. Do morro do Unhão ao morro da Conquista, nas casas elegantes da praia e nos casebres da ilha das Cobras.

Sobretudo nos bares, cuja frequência crescera apenas a notícia circulara. Especialmente, a do bar Vesúvio, situado nas proximidades do local da tragédia.

Em frente à casa do dentista, pequeno bangalô na praia, juntavam-se curiosos.

O professor Josué aproveitara-se para aproximar-se de Malvina, relembrava para o grupo de moças amores célebres, Romeu e Julieta, Heloísa e Abelardo, Dirceu e Marília...

E toda aquela gente terminava no bar de Nacib, enchendo as mesas, comentando e discutindo. Unanimemente, davam razão ao fazendeiro, não se elevava voz... para defender a pobre formosa Sinhazinha. Mais uma vez o coronel Jesuíno demonstrara ser homem de fibra, decidido, corajoso, íntegro.

Jorge Amado

3. Reescreva o texto, substituindo o mais-que-perfeito simples pelo mais-que-perfeito composto.

C1 Festas ao longo da vida no Brasil...

1. Leia os convites e os textos a-d. Quais textos correspondem aos convites? A quais eventos correspondem os outros textos?

2. Compare com os costumes de seu país.

Faço hoje um aninho
Estou contente como que
Agradeço com um beijinho
A presença de você.
Lavínia

Meus 15 anos
Está naquela idade
inquieta e duvidosa,
que não é dia claro e é já o alvorecer.
Entre aberto o botão entre fechada a rosa,
um pouco de menina
e um pouco de mulher.

a ... Dá-se grande importância ao décimo-quinto aniversário de uma menina. É o começo da mocidade.

b ... O dia do casamento é um grande dia. Todos participam: a família e os vizinhos. Em geral, todos são convidados.

c ... O diploma universitário é recebido numa festa solene. Depois há um grande baile.

d ... Muitas famílias dão grandes festas para comemorar o aniversário de suas crianças.

C2 Parabéns

Em datas importantes, é assim que a gente cumprimenta os amigos no Brasil. Identifique a ocasião.

1. Seja muito feliz!
2. Feliz Natal!
3. Parabéns! Sucesso!
4. Meus parabéns!
5. Feliz aniversário!
6. Feliz ano novo!
7. Boas entradas!

Formatura

Casamento

Aniversário

Bodas de ouro

Festa de 15 anos

Natal

Ano-novo

39

D1 A imigração japonesa no Brasil

1. Leia o texto. A que correspondem os números?

24 de abril de 1908 – A imigração japonesa começa.

1908   249.000   1.600.000

A imigração japonesa começou em 1908. Os primeiros imigrantes se estabeleceram, de início, em São Paulo e Amazonas. Até 1973, cerca de 249 mil japoneses haviam entrado no Brasil. Atualmente, a população japonesa e dos seus descendentes é de aproximadamente 1.600.000 (0,7% da população brasileira). Cem anos depois, uma parte muito pequena dessa população ainda se dedicava à agricultura. A outra parte estava dividida em diversas áreas: profissões liberais, setor tecnológico, bancário, comércio. Um dado curioso: com a crise no setor agrícola, no Brasil, os netos e bisnetos de japoneses preferiram fazer o caminho inverso de seus avós e bisavós e emigram para o Japão como trabalhadores. Atualmente, são milhares espalhados pelo país.

2. Notícia do jornal "Correio Paulistano" de junho de 1908, sobre a chegada dos primeiros japoneses em São Paulo. Dê títulos aos parágrafos.

Os japoneses em São Paulo

1 Está São Paulo com os primeiros imigrantes japoneses. Chegaram no dia 18 pelo vapor Kasato Maru, depois de 52 dias de viagem do Japão a Santos. (...)

2 Estes 781 japoneses introduzidos agora agrupam-se em 164 famílias, sendo cada família constituída em média de 4,5 indivíduos. São poucos os indivíduos que vieram avulsos (37), isto é, não fazendo parte de famílias. O número de crianças é insignificante e o de velhos, nulo (...)

3 Estavam todos, homens e mulheres, vestidos à europeia: eles de chapéu ou boné; e elas de saia e camiseta pegada à saia, apertada na cintura por um cinto, e de chapéu de senhora. Um chapéu simples, o mais simples que se pode conceber, preso na cabeça por um elástico e armado com um grampo (...)

4 Todos os japoneses vindos são geralmente baixos: cabeça grande, troncos grandes e reforçados, mas pernas curtas. Um japonês de 14 anos não é mais alto que uma das nossas crianças de oito anos de idade.

5 A estatura média japonesa é inferior à nossa média (...)

6 Têm nas suas mulheres a maior confiança, a ponto de, para não interromperem uma lição adventícia de português, lhes confiarem a troca do seu dinheiro japonês em moeda portuguesa, pois todos trazem dinheiro; dez yens, 20, 30, 40, 50 ou mais yens, mas todos trazem um pouco.

7 Os empregados da alfândega declaram que nunca viram gente que tenha com tanta ordem e com tanta calma assistido à conferência de suas bagagens e em nenhuma só vez foram apanhados em mentiras.

8 A raça é muito diferente, mas não é inferior. Não façamos antes do tempo juízos temerários a respeito da ação do japonês no trabalho nacional.

| [4,5] O tipo físico | [ ] A ordem | [ ] Preconceitos | [ ] A mulher e o dinheiro |
| [ ] A chegada | [ ] A roupa | [ ] As famílias | |

3. Em que parágrafo se encontra este texto? Corrija se necessário.

a) A maioria dos imigrantes japoneses era solteira.

Onde? ..._2_.... . Correção: .... *São poucos os indivíduos que vieram avulsos...*

b) A roupa dos japoneses era europeia.

Onde? .... Correção: ....

c) Todos os imigrantes japoneses traziam dinheiro.

Onde? .... Correção: ....

d) Os japoneses são mais altos do que os brasileiros.

Onde? .... Correção: ....

4. No seu país também há muitos imigrantes? Como foram tratados quando chegaram? Qual é a situação hoje?

D2 Entrevista com Dona Yoshiko Ishihara, 89 anos

1. Ouça a entrevista. Quais destas ilustrações se relacionam com a entrevista?

Resposta: ....

2. O que diz D. Yoshiko?

a) ☐ Era difícil conversar com as outras pessoas na fazenda.

b) ☐ Meu pai tinha uma fazenda de café.

c) ☐ Os imigrantes não podiam ir à escola.

d) ☐ Não havia nada de comida japonesa.

e) ☐ Meu pai nunca tinha trabalhado na lavoura.

f) ☐ Não tinha comida suficiente na fazenda.

g) ☐ As pessoas na fazenda não falavam com os japoneses.

h) ☐ Eu não fui à escola da fazenda.

E1 Vida em família

Trabalhe com seu/sua colega. Aqui estão muitas palavras. Quem consegue, em menos tempo, separar estas palavras em quatro campos temáticos, de acordo com seu sentido?

careca	a sogra	a gravata	os netos	os olhos
baixinha	o chapéu	a garganta	a manga	a profissão
o coração	as férias	a febre	xadrez	solteiro
a aposentadoria	o uniforme	a lã	as meias	a tia
o cinto	a sobrinha	o meio período	vestir	o viúvo
o anel	gordo	a saia	o salário	estampado
a cueca	a gripe	o paletó	o pé	a seda
demitir	greve	o emprego	os dentes	emagrecer

Campo de palavras

o paletó

os dentes

a profissão

a família

E2 Parentesco

1. Quem não é meu parente consanguíneo?

1. ☐ meu cunhado
2. ☐ minha prima
3. ☐ minha tia
4. ☐ meus irmãos
5. ☐ meu sogro
6. ☐ meu neto
7. ☐ minha avó
8. ☐ minhas filhas
9. ☐ minha esposa
10. ☐ minhas sobrinhas

2. Relacione. Quem é o quê?

1. mãe coruja ☐ figura folclórica, espécie de sereia de lagos e rios.
2. filhinho de papai ☐ não se casar, ficar solteira.
3. filho da mãe [1] achar seus filhos lindos, lindos.
4. mãe-d'água ☐ é filho de pai rico ou influente.
5. ficar para tia ☐ é uma ofensa pesada.

42

Lição 5

Turismo e ecologia

O que vamos aprender?

Expressar gostos, preferências, rotinas, experiências; expressar certeza, incerteza, possibilidade, esperança, preocupação, necessidade; aconselhar.

 Você prefere...?   Não sei, não!

Humberto explica:

"Eu estava muito cansado quando tirei férias. Precisava. Na praia, o tempo estava perfeito. Enquanto eu pescava, fazia grandes planos..., mas quando voltei, adeus, planos!... Tudo voltou ao normal: a mesma poluição, os mesmos problemas no trabalho... Tenho pensado seriamente em mudar de vida".

 Tenho certeza.

1. Atividades nas férias. Relacione.

1. nadar
2. ir a concertos
3. fazer alpinismo
4. fazer caminhadas
5. esquiar

☐ teatro
☐ neve
☐ piscina
☐ montanha
☐ trilha

 Não diga!

Tomara!

 De novo!

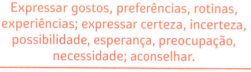 Para mim... Talvez... Ainda não decidi.

 Eu acho

2. Leia o texto e responda.

Humberto está/Ele...
☐ entusiasmado.
☐ resignado.
☐ em pânico.
☐ tem planos definidos.
☐ tem dúvidas.
☐ aceita a situação.

As férias de Humberto foram
☐ boas.
☐ um desastre total.
☐ muito curtas.

 Todo dia é a mesma coisa. Você duvida? Será?

A1 Atividades nas férias

Cidade, praia, montanha: o que se faz onde?

Você pode ler na praia, nas montanhas e na cidade.

A gente pode fazer windsurf na praia.

 ler
 nadar
 pescar
 pintar
 fazer windsurf

 fazer caminhadas
 estudar
 correr
 mergulhar
 visitar galerias de arte
 visitar museus

 descansar
 esquiar
 não fazer nada
 fazer um churrasco
 fazer alpinismo
 ir ao concerto

 surfar
 pegar a estrada
 dormir
 ir à fazenda
 viajar
 acampar

 ir ao cinema
 ir ao teatro
 ficar em casa
 malhar
 ir à praia
 trabalhar

A2 Preciso de umas férias

1. Leia o diálogo e faça outras variações.

- Ultimamente, só tenho tido dores de cabeça no trabalho. É encrenca atrás de encrenca. Todo dia, a mesma coisa. Preciso de umas férias. Estou pensando seriamente em ir para o Pantanal. Ficar pescando, vendo jacarés, passarinhos...
- Você vai acampar lá?
- Ainda não decidi. Acho que vou ficar num hotel-fazenda. Só que é muito caro. Por acaso você conhece alguém por lá para me orientar?
- Não, não conheço ninguém. Mas sei que há muitas pousadas. Pousada deve ser mais em conta que hotel fazenda.
- Tomara!

2. Pergunte ao seu/à sua colega.

a) O que você faz quando está de férias?
b) Você gosta de passar as férias no seu país ou prefere conhecer outros?
c) Você costuma viajar com sua família, com amigos ou sozinho(a)?
d) Já fez excursões, viagens organizadas?

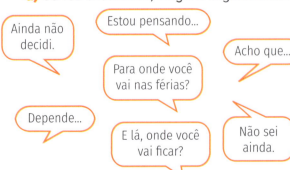

Ainda não decidi.
Estou pensando...
Acho que...
Para onde você vai nas férias?
Depende...
E lá, onde você vai ficar?
Não sei ainda.

44

3. Escolha um lugar para suas férias.

VIAGEM & AVENTURA
SONHE COM O MUNDO, A GENTE LEVA VOCÊ
Promoção de Férias dos Sonhos *Viagens Aéreas* – Pacotes voando Latam. Saída aos sábados e domingos. Incluídos nos roteiros: passagem aérea, traslados, 7 noites de hospedagem, passeios, café da manhã e assistência especializada.

Porto Seguro
O paraíso do turismo. A melhor e mais bem estruturada empresa de turismo da cidade conta com 5 hotéis exclusivos, loja de atendimento, ônibus e barcos próprios e mais de 300 funcionários para recebê-los. Passeio pela cidade, transporte gratuito diurno e noturno para a praia e o centro da cidade, festa noturna na barraca Tôa Tôa, a melhor de Porto Seguro, Hotel Marfim.

Fortaleza
A terra do sol, do mar, repleta de belas praias, dunas, coqueirais e com o sol sempre presente. A cidade ainda oferece vida noturna agitada, muito lazer e compras. Hotel Coimbra Residence.

Ouro Preto – Belo Horizonte e cidades históricas
Passeios: Belo Horizonte, Ouro Preto, Congonhas do Campo e Mariana.

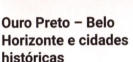

Pantanal com Chapada dos Guimarães
8 dias – 3 noites no Pantanal – 2 na Chapada – 2 em Cuiabá

Hotéis de Selva
4 e 5 dias
Tiwa Eco Resort

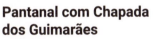

Amazônia Total
7 e 8 dias
Hotel Tropical Manaus Eco Resort

Serra Gaúcha
Completo 8 dias, 7 refeições e 2 *shows* folclóricos gaúcho e italiano.
Melhor e mais completo roteiro turístico, visitando: Gramado, Canela, Nova Petrópolis, Caxias do Sul, Bento Gonçalves, passeio de maria-fumaça passando por Garibaldi e Carlos Barbosa, visita à fazenda Casa da Serra com almoço típico, passeio Raízes da Colônia e ainda visita a vinícolas, casas de produtos artesanais e ao museu da Ulbra.

10x SEM JUROS

45

A3 Eu acho que ele é capaz de levar comida de casa

1. Guias turísticos conhecem bem alguns tipos de viajantes.

O azarado
Perde as malas, não encontra o seu dinheiro, esquece o passaporte em casa etc.

O chato
Sabe tudo melhor, corrige o guia sobre datas e lugares, fica irritado com a comida, não aceita que as pessoas não falem a sua língua etc.

O boa-vida
Chega sempre atrasado, flerta com todas as mulheres que vê, sempre alegre, todos gostam dele.

2. Imagine que você vai viajar com seus/suas colegas. Como você acha que eles/elas se comportam como turistas?

Acho que ele viaja com muitas malas.

Acho que... Ele é capaz de... Tenho certeza de que...

Acho que ela gosta de visitar museus.

Tenho certeza de que ele não viaja sem guarda-chuva.

viajar
encontrar
gostar
levar
andar
chegar
comprar
corrigir
...

lembranças
malas
dinheiro
museus
paisagem
montanhas
coisas
comida
guarda-chuva
...

A4 Plano de viagem ao Brasil

1. Vocês têm 20 dias de férias e vão para o Brasil. Procurem folhetos turísticos, informações na internet e façam o plano de viagem.

1. Quando vocês vão para lá.
2. Quanto vocês pretendem gastar (hotel, alimentação, compras, ...).
3. O que vocês querem fazer no Brasil (cidades, regiões, praia, Amazônia, Nordeste, Pantanal, ...).
4. Como vocês pretendem viajar pelo país (avião, ônibus, carro alugado).

2. Vejam a sugestão do *site* na imagem ao lado e discutam.

3. Escolha um hotel e programe-se preenchendo a tabela.

ANCORADOURO
Pousada de praia simples
Localizada a 100 metros da praia Ponta Apaga Fogo.
Apartamento *Standard*: individual e duplo.
Diária com café da manhã.

POUSADA DO XÃO
Pousada urbana simples
Localizada a 300 metros da praia do Mucugê.
Apartamento *Standard*: duplo e triplo.
Diária com 2 refeições.

HOTEL & MARINA
Pousada de praia simples
Localizado a 50 metros da praia Ponta do Apaga Fogo.
Apartamento *Standard*: duplo. Diária com café da manhã.

ENSEADA DOS CORAIS
Hotel de praia médio conforto
Em frente à praia de Mucuri.
Apartamento *Standard*: individual, duplo, triplo. Diária 2 refeições.

TORORÃO
Pousada urbana simples
Localizada a 300 metros da praia de Mucugê.
Apartamento *Standard*: duplo, triplo. Diária com café da manhã.

Voos previstos				
Origem	Embarque	Destino	Chegada
GUARULHOS	23/11/2021 - 05:25	PORTO SEGURO	23/11/2021 - 07:25
PORTO SEGURO	30/11/2021 - 08:10	CONGONHAS	30/11/2021 - 10:10

* Voos sujeitos a alteração.

Dia - Hora	Aeroporto	Hotel	Apartamento	Diária
23/11 – 05:25	Guarulhos	Enseada dos Corais	individual	inclui 2 refeições

B1 Perfeito composto do indicativo

1. Uso e formação. Leia os exemplos e complete a conjugação.

Exemplos: *Ela está emagrecendo porque tem comido pouco ultimamente.*
Estamos no verão. Tem feito muito calor ultimamente.

O pretérito perfeito composto do indicativo indica ação não terminada. A ação iniciou-se no passado e continua no presente.

Eu	→	tenho pensado
Você/Ele/Ela	→	tem ....
Nós	→	....
Vocês/Eles/Elas	→	....

LEMBRE-SE
Eu *tenho trabalhado* muito ultimamente.
A ação não terminou. Eu ainda trabalho.

2. O que você (não) tem feito ultimamente? Por quê? Escreva.

| Ultimamente, | eu
ela
nós
eles | (não) | ver
ler
sair
comer
vir
trabalhar | (muito) | meus amigos
jornais
de casa
fora
aqui | porque... |

3. Complete com o pretérito perfeito simples ou o pretérito perfeito composto do indicativo.

a) Ela está muito brava porque ontem .... uma péssima surpresa. (ter)

b) Márcia está muito ansiosa, porque ele não lhe .... ultimamente. (telefonar)

c) Ivo está muito nervoso porque, desde o início do dia, tudo .... errado para ele. (dar)

d) Ronaldo está decepcionado porque .... a maior chance de sua vida! (perder)

47

B2 Advérbios

1. Formas em *-mente*. Leia e faça frases.

Exemplo: *Ele compra livros frequentemente.*

adjetivo	advérbio
calmo(a)	calma**mente**
fácil	facil**mente**

ler	livros	tranquilo/a
trabalhar	inglês	perfeito/a
andar	cartas	claro/a
falar	...	rápido/a
escrever		frequente

2. Advérbios com duas formas. Leia e escreva outros exemplos.

Elas chegaram rapidamente/rápido.
Elas falaram claramente/claro.
Ela bateu fortemente/forte.
Ela veio diretamente/direto para cá.
Ela falou seriamente/sério comigo.

Com função de advérbio, *claro*, *rápido* etc. são invariáveis.

B3 Outros advérbios

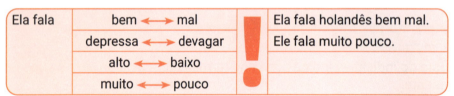

Ela fala	bem ↔ mal
	depressa ↔ devagar
	alto ↔ baixo
	muito ↔ pouco

! Ela fala holandês bem mal.
Ele fala muito pouco.

Fale com seu/sua colega.

Como você fala chinês?
Muito mal.

como

falar
dirigir
desenhar
trabalhar
comer
...

B4 Pronomes indefinidos: *alguém, algum, algo, ninguém, nenhum, nada*

- Você conhece alguém em Recife?
- Não, ninguém.
- Você tem alguma foto de sua família?
- Não, nenhuma.
- Você sabe algo sobre Cabo Verde?
- Não, nada.

alguém	↔	ninguém
algum(a)	↔	nenhum(a)
alguns, algumas		
algo	↔	nada

Faça perguntas e escolha as respostas.

Pedro	saber	alguém	livro	na Bahia?	Não, ninguém.
Vocês	ter	algo	revistas	em Porto Alegre	Não, nada.
Você	conhecer	algum(a)	exercício	sobre o Nordeste	Não, nenhum(a).
...		alguns	coisa	sobre...	...
		algumas	...		

48

B5 Dupla negação

Leia os exemplos e pergunte ao seu/à sua colega

Eu **não** conheço **ninguém** aqui.
Ele **não** sabe **nada** sobre informática.
Nós **não** temos **nenhum** interesse.

Eles **não** têm **nada**.
Eu **não** entendo **nada**.

Você conhece alguém em Campo Grande?

Você sabe algo sobre Xique Xique, na Bahia?

Quantos Rolls Royces você tem em sua garagem?

C1 Jacaré 2 × Polícia 0

1. Você conhece as palavras *fracassar, tentativa, sobreviver*? Se não, procure-as no dicionário. 2. Agora, leia o artigo...

A Polícia Florestal e o Corpo de Bombeiros fracassaram ontem na segunda tentativa de capturar o jacaré que apareceu no poluído e fétido rio Tietê (zona norte de São Paulo).

O jacaré, que quase foi pego anteontem, sumiu. Centenas de pessoas, desde executivos engravatados a caminhoneiros, tentaram ver o "fantástico" jacaré que sobrevive no esgoto.

O sargento Nestor Costa, 30, afirmou que nunca tinha encontrado um animal vivo nesse trecho do rio Tietê, onde o nível de oxigênio na água é zero. Sobrevivem ali apenas bactérias anaeróbicas.

C2 O oxigênio na água ao longo do Rio Tietê

Observe as informações e responda às perguntas.

1. Qual a quantidade de oxigênio que os peixes precisam para sobreviver?
2. Em que lugares do rio Tietê podem viver peixes? E plantas?
3. Quais são os lugares mais poluídos do rio?

Poluído em Pirapora do Bom Jesus

49

C3 Problemas ecológicos e soluções

1. Quais são os problemas ecológicos e ambientais mais importantes na sua área? Dê nota de 1 (não existe) a 5 (muito sério) na tabela abaixo e compare as notas com as de suas/seus colegas.

- **4** Poluição da água por indústrias.
- Poluição da água por esgotos domésticos.
- Poluição do ar por indústrias.
- Poluição do ar por carros.
- Poluição sonora por indústrias.
- Poluição sonora por carros/caminhões etc.
- Poluição visual (propaganda, *outdoors*).
- Desmatamento das florestas.
- Lixo industrial.
- Lixo doméstico.
- Usina nuclear.
- ...

> Todo mundo sabe que os carros são nosso maior problema.

> Eu acho que o lixo é nosso maior problema.

> Na minha opinião, o lixo não é tão importante. A poluição do ar é muito pior. Temos tido grandes problemas com ela.

2. E a solução? Dê nota às soluções apresentadas de 1 (irreal/utópico) a 5 (realista/possível). Eventualmente, dê mais algumas sugestões.

- **2** Proibir a circulação de carros particulares na cidade.
- Fechar as indústrias na área.
- Proibir carros em certos dias ou horários.
- Diminuir o consumo.
- Dar educação ecológica nas escolas.
- Não utilizar energia nuclear.
- Proibir a construção de novas casas e prédios.
- Instalar filtros em fábricas.
- Fiscalizar emissão de gases poluentes.
- Substituir o carro pela bicicleta.
- Investir nos carros elétricos.
- *Reciclar o lixo individualmente.*
- ....
- ....
- ....
- ....
- ....
- ....

> Prefiro poluição. Não quero desemprego.

> Tenho certeza de que a energia nuclear tem causado muito...

> Todos nós temos que...

> A única solução para o problema da poluição do ar é...

D1

1. Leia a reportagem e decida quais destas fotos se relacionam com o conteúdo do texto.

De bem com o verde
Como vivem os moradores do Combu, uma ilha no Pará, onde os homens e a natureza fizeram as pazes

A população de uma pequena ilha do Pará encontrou uma maneira de viver bem com a natureza. Os 1.800 habitantes da ilha vivem com o que a natureza lhes dá. Eles se dedicam à exploração do açaí, uma frutinha do tamanho de uma bolinha de gude, da qual se obtém um suco muito consumido na região. A palmeira que dá o açaí pode ser encontrada em todo o Baixo Amazonas, mas a ilha do Combu tem uma vantagem geográfica — é a mais próxima de Belém, onde as frutas são comercializadas. Os habitantes de Combu recebem auxílios governamentais e, em média, têm rendimentos de um a dois salários mínimos mensais. A vida na ilha transcorre sem surpresas. Como não têm contrato de trabalho, os moradores da ilha fazem seus próprios horários. Alguns não trabalham na segunda e na sexta-feira, concentrando a colheita do açaí nos outros dias da semana. Nos dias de folga, eles se dedicam às atividades de lazer, como bate-papos no fim do dia e, nos finais de semana, as peladas de futebol e os bingos comunitários. Praticamente, todos têm televisão em casa e barco a motor para fazer seus negócios em Belém. Moram em casas de madeira simples, mas amplas, e têm geradores de energia. A técnica para a colheita do açaí, que fica no alto da palmeira, como um coco, é aprendida desde criança. É necessário perícia. Crianças de 4 anos escalam palmeiras de até 15 metros, com uma espécie de laço atado nos pés e que lhes dá segurança. Levam na cintura um facão para cortar o cacho de frutas. Um habitante da ilha diz: "Nós não estamos nadando em dinheiro. Mas morar na ilha é melhor que morar na periferia de uma cidade grande, fazer trabalho braçal e receber um salário mínimo por mês".

2. Explique o título *De bem com o verde*.

3. O que o texto diz sobre...
    - a localização da ilha?
    - o número de habitantes?
    - as atividades econômicas dos moradores?
    - os horários de trabalho?
    - a técnica da colheita do açaí?
    - as atividades de lazer?
    - o nível de conforto da família? (casa, transporte, ...)

D2 O barquinho

(Roberto Menescal – Ronaldo Bôscoli)

1. Observe as fotos. Depois, feche os olhos e ouça a música "O Barquinho".
2. Quais das fotos você associa à canção?
3. Ouça novamente a canção. Quais das palavras abaixo você associa a ela?
4. Desenhe a paisagem que a canção descreve.

calor

dinheiro

noite

silêncio

lazer

movimento

espaço largo

tranquilidade

música

amor   inverno

fim do dia

trabalho

> Dia de luz, festa de sol e o barquinho a deslizar no macio azul do mar. Tudo é verão, o amor se faz num barquinho pelo mar que desliza sem parar. Sem intenção nossa canção vai saindo deste mar e o sol beija o barco e luz dias são azuis.
>
> Volta do mar, desmaia o sol e o barquinho a deslizar e a vontade de cantar Céu tão azul, ilhas do sul e o barquinho e um coração deslizando na canção. Tudo isso é paz, tudo isso traz uma calma de verão e então o barquinho vai, a tardinha cai.
>
> O barquinho vai, a tardinha cai.

brisa

vento

cores

felicidade

52

E1 Aumentativos

Um livro grande, é um liv**rão**.

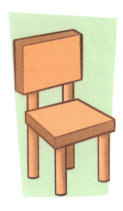

1. Diga depressa.

Um apartamento grande é um...
Uma cadeira grande é uma...
Um problema grande...
Um grande amigo...

Uma grande amiga...
Um programa bom...
Um barulho forte...
Uma mesa grande é uma...

2. Adivinhe o que é. Confira depois com o dicionário.

1. palavrão
2. casarão
3. portão
4. cidadão
5. papelão

☐ uma palavra importante
☐ uma porta larga
☐ uma metrópole
☐ papel grosso e resistente
☐ uma palavra vulgar, agressiva
☐ um enorme pedaço de papel
☐ uma porta do jardim para a rua
☐ pessoa com direitos civis e políticos
☐ uma casa muito grande

E2 Diminutivos

Casa pequena é cas**inha**.
Uma casa **bem cheia** está che**inha**.

Avião pequeno é avião**zinho**.
Um sanduíche **bem gostoso** está gosto**sinho**.

1. Agora pergunte a seu/sua colega:

O que é, o que é?

(batatinha) (barulhinho) (hotelzinho) (lojinha)

(mãozinha) (barzinho) (florzinha)

2. Trabalhem em pares. Escrevam frases com estas palavras:

pouquinho *Ela comeu um pouquinho de salada.*
certinho
pertinho
direitinho
limpinho
baixinho
baratinho

53

E3 Jogo de respostas

Trabalhe com seus colegas. Cada um responde a uma pergunta da maneira mais completa possível. Na resposta, o participante usa, necessariamente, um diminutivo ou um aumentativo.

Resposta longa, bem-organizada, completa **2 pontos**

Resposta curta, incompleta **0,5 ponto**

O grupo de participantes avalia cada resposta.

Respondam.
1. Como você comemora seu aniversário?
2. Do que você não gosta em seu dia a dia?
3. Você gosta de sair à noite? Por quê?
4. O dinheiro é muito importante para você? Por quê?
5. Que parte de seu trabalho você mais gosta de fazer?
6. Que parte de seu trabalho você não gosta de fazer?
7. Para você é fácil dizer "não"? Por quê?
8. Em casa, à noite, você acha difícil ficar sem televisão? Por quê?
9. Você gosta de trabalhar em equipe ou prefere trabalhar sozinho? Por quê?
10. Você tem *hobbies*? Explique como é seu lazer.

E4 Profissões

Leia os exemplos, procure mais profissões no dicionário.

Quem entrega cartas é o carteiro.

entregar
vender
consertar
limpar
...

**carteiro
porteiro
cabeleireiro
sapateiro
cozinheiro
hoteleiro
faxineiro
banqueiro
barbeiro**

Lição 6
De Norte a Sul

O que vamos aprender?

Caracterizar, descrever algo; comparar; expressar simpatia e antipatia.

Trajes típicos

Leia os textos e indique a ilustração adequada para cada um deles.

☐ O cangaceiro, antigo bandido da Região Nordeste.
Como passavam muito tempo pela caatinga, escondendo-se da polícia, sem poder fazer nada, os cangaceiros, vários deles antigos alfaiates, faziam suas próprias roupas, sandálias, bolsa e chapéu, enfeitando tudo de acordo com sua imaginação.

☐ Identifica-se facilmente uma baiana. Seus trajes são muito conhecidos no exterior principalmente por causa do trabalho de Carmem Miranda, que os vestia em seus *shows* e filmes em Hollywood. A baiana usa geralmente roupa toda branca, com muitas saias, colares e pulseiras e um turbante na cabeça. É figura típica da Bahia, na Região Nordeste.

☐ O estado de Santa Catarina, na Região Sul, recebeu grande quantidade de imigrantes alemães. A roupa típica da Bavária foi adotada pelos catarinenses como roupa típica sua: para as mulheres, saia franzida, blusa com rendinha e bordados e avental. Para os homens, calça curta de couro, camisa e chapéu de feltro com uma pena espetada nele.

☐ O gaúcho, habitante do estado do Rio Grande do Sul, na Região Sul, gosta da vida de fazenda. O cavalo, o churrasco e o chimarrão são muito importantes para ele. Sua roupa típica: bombachas, camisa, lenço vermelho no pescoço e chapéu.

A1 As regiões do Brasil

1. O Brasil é dividido em 5 regiões: Norte, Nordeste, Centro-Oeste, Sudeste e Sul. O que você sabe sobre elas?

Região Norte
4,79 hab./km² – PIB 5,4%
Atividades econômicas:
Extrativismo vegetal: látex, madeira, castanha, açaí.
Extrativismo mineral: ouro, diamantes, ferro, manganês, estanho, cassiterita.
Indústria: parque industrial de montagem de produtos eletrônicos.

Região Centro-Oeste
10,15 hab./km² – PIB 9,7%
Atividades econômicas:
Pecuária extensiva em grandes latifúndios.
Agricultura extensiva em escala comercial.
Extrativismo: grandes reservas de manganês.

Região Nordeste
36,77 hab./km² – PIB 13,6%
Atividades econômicas:
Agroindústria do açúcar e do cacau.
Exploração de petróleo.
Turismo interno nas belas praias da região.

Região Sudeste
95,58 hab./km² – PIB 54,9%
Atividades econômicas:
Indústria muito diversificada, concentrando 49,8% da produção nacional.
Agropecuária: cana-de-açúcar, laranja, café, grandes rebanhos bovinos.
Extrativismo: exploração do petróleo.
Grandes reservas de ferro e manganês.

Região Sul
51,97 hab./km² – PIB 16,4%
Atividades econômicas:
Indústria: parque industrial muito ativo.
Agropecuária: agricultura moderna de trigo, soja, arroz, milho, feijão e tabaco.
Rebanhos bovinos e suínos.
Extrativismo: madeira de pinho e carvão mineral.

2. A partir das informações da página 56, responda.

1. Qual é a região brasileira mais populosa?

....

E a menos populosa?

....

A diferença entre elas se mantém também em relação à produção?

....

2. Em que regiões se explora o petróleo?

....

3. Em qual das 5 regiões brasileiras o turismo é atividade econômica especialmente importante? ....

....

4. Observe as ilustrações abaixo e identifique-as, usando palavras da lista à direita. Em seguida, quando possível, coloque o símbolo nas regiões adequadas.

1. petróleo
2. soja
3. gado
4. carvão
5. turismo
6. agricultura
7. indústria

soja

3. Escolha uma das cinco regiões e descreva-a em detalhes, a partir das informações da página 56.

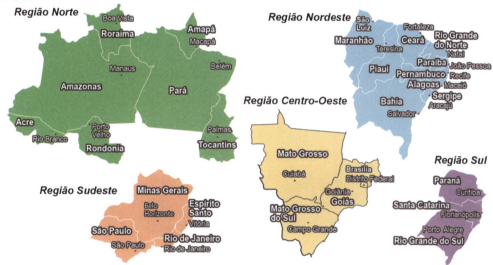

A2 Há muita coisa para se ver no Brasil

1. Ouça e leia o diálogo.

- Onde se produz mais vinho?
- Na Região Sul, sem dúvida.
- E onde é encontrado o maior parque industrial brasileiro?
- Na Região Sudeste, principalmente no estado de São Paulo.
- E o turismo? O que você me diz do turismo?

- O turismo está sendo desenvolvido em todo o país. Cada região tem seus encantos: praias, montanhas, grandes rios, extensas chapadas, selva, cidades históricas... Há muita coisa para se ver. Férias inesquecíveis podem ser programadas pelo Brasil afora. Questão de gosto.

2. Converse com seu/sua colega. O que há para se ver no país dele ou dela? Faça-lhe perguntas, como no diálogo acima. Fale de seu país.

A3 Estereótipos

O carioca é boa-vida. Vive na praia. Conta piadas.

Não gosto de papagaios. São cheios de preconceitos.

Odeio estereótipos, mas acho jacarés horríveis.

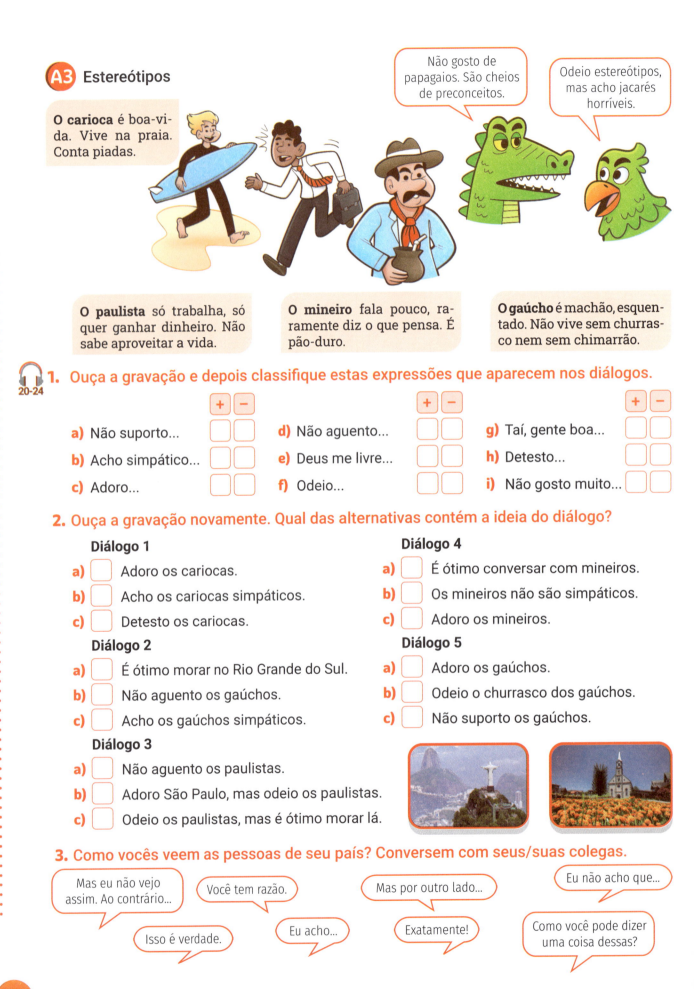

O paulista só trabalha, só quer ganhar dinheiro. Não sabe aproveitar a vida.

O mineiro fala pouco, raramente diz o que pensa. É pão-duro.

O gaúcho é machão, esquentado. Não vive sem churrasco nem sem chimarrão.

1. Ouça a gravação e depois classifique estas expressões que aparecem nos diálogos.

	+	−
a) Não suporto...	☐	☐
b) Acho simpático...	☐	☐
c) Adoro...	☐	☐
d) Não aguento...	☐	☐
e) Deus me livre...	☐	☐
f) Odeio...	☐	☐
g) Taí, gente boa...	☐	☐
h) Detesto...	☐	☐
i) Não gosto muito...	☐	☐

2. Ouça a gravação novamente. Qual das alternativas contém a ideia do diálogo?

Diálogo 1
a) ☐ Adoro os cariocas.
b) ☐ Acho os cariocas simpáticos.
c) ☐ Detesto os cariocas.

Diálogo 2
a) ☐ É ótimo morar no Rio Grande do Sul.
b) ☐ Não aguento os gaúchos.
c) ☐ Acho os gaúchos simpáticos.

Diálogo 3
a) ☐ Não aguento os paulistas.
b) ☐ Adoro São Paulo, mas odeio os paulistas.
c) ☐ Odeio os paulistas, mas é ótimo morar lá.

Diálogo 4
a) ☐ É ótimo conversar com mineiros.
b) ☐ Os mineiros não são simpáticos.
c) ☐ Adoro os mineiros.

Diálogo 5
a) ☐ Adoro os gaúchos.
b) ☐ Odeio o churrasco dos gaúchos.
c) ☐ Não suporto os gaúchos.

3. Como vocês veem as pessoas de seu país? Conversem com seus/suas colegas.

Mas eu não vejo assim. Ao contrário...

Você tem razão.

Mas por outro lado...

Eu não acho que...

Isso é verdade.

Eu acho...

Exatamente!

Como você pode dizer uma coisa dessas?

B1 Voz passiva com *ser*

LEMBRE-SE

ser + particípio
O livro foi escrito há muito tempo.

1. Observe os exemplos e relacione.

> Colônias alemãs foram fundadas por imigrantes em Santa Catarina.

> As praias do Brasil são procuradas por turistas de todo o mundo.

> Cana-de-açúcar está sendo produzida na Região Sudeste.

LEMBRE-SE

Alguns verbos têm dois particípios (regulares e irregulares). Os regulares são usados na voz ativa. Os irregulares, na voz passiva.

prender – prendido, preso
aceitar – aceitado, aceito
entregar – entregado, entregue
limpar – limpado, limpo
matar – matado, morto
pegar – pegado, pego
acender – acendido, aceso
soltar – soltado, solto

Ex.: *A polícia já tinha prendido o ladrão quando seu chefe foi preso.*

a) O Português ☐ foi descoberto em 1500.
b) Antigamente, as casas ☐ serão anunciados amanhã.
c) O Brasil ☐ é falado por milhões de pessoas.
d) Os resultados ☐ eram construídas com mais cuidado.
e) Com mais tempo, ☐ já tinham sido presos antes.
f) Os ladrões ☐ o trabalho teria sido mais bem-feito.

2. Ordene as frases.

☐ Quantas pessoas   ☐ para a festa?   ☐ estão sendo esperadas
☐ A língua que   ☐ é falada   ☐ por Pedro Álvares Cabral
☐ é o chinês.   ☐ foi descoberto ☐ por mais pessoas no mundo
☐ O Brasil

3. Fale com sua/seu colega.

Quem inventou o avião? — O avião foi inventado por Santos Dumont.

Cristóvão Colombo
Thomas Edison
José Saramago
Tom Jobim
Graham Bell
Santos Dumont

Quem (inventar) o telefone?
Quem (inventar) a lâmpada elétrica?
Quem (descobrir) a América?
Quem (compor) "Garota de Ipanema"?
Quem (escrever) A Jangada de pedra?

59

B2 Voz passiva com -se

1. Observe os exemplos e depois complete os anúncios com os verbos.

Alugam-se casas com vista para o mar. – Casas com vista para o mar são alugadas.
Fala-se português em vários países. – Português é falado em vários países.
Perderam-se documentos importantes. – Documentos importantes foram perdidos.

| perder | vender | alugar | gratificar | procurar | contratar |

Telefone
vendo Chip em Botafogo, linha 233. Traga h.c. com Flávio, 3233-1212

_____ professor de Português para estrangeiros com experiência 3247-9292,h.c

_____ rapaz c/ referência para caseiro em sítio na região de Jundiaí. Recado com Pedro, à noite
(92) 3223-2323

_____ dois chalés em Monte Verde para carnaval. Informações d. Emma, (011) 3800-3344, à noite

_____ Poodle branco nos Jardins na semana passada. Atende por Duda _____ 3600-1122

2. Como se troca um pneu? Complete.

| soltar parafusos | levantar o carro | retirar parafusos | tirar o pneu | colocar o estepe |

Primeiro soltam--se os _____

Depois, _____

Então, _____

Agora, _____

e _____

| colocar parafusos | apertar parafusos | descer o carro | guardar o pneu |

Depois, _____

Agora, _____

e _____

Agora, só falta guardar o pneu.

B3 Pronomes indefinidos

1. *todo/a — todos os — todas as — tudo*

Exemplo: *Tudo está em ordem no escritório.*

| Todo dia
Todos os dias
Toda semana
Todas as semanas | ela vai ao escritório. | Ela trabalha lá | o dia todo. | a semana toda. |

a) Traduza as frases acima para sua língua.
b) Faça frases.

| Ela trabalha
Nós fazemos ginástica
Eu faço mergulho
Eles viajam para o Brasil
Elas sabem
Ele compra
A professora come feijoada
Meu vizinho toca piano | todo
toda
todos os
todas as
tudo | no supermercado
dia(s)
sábado(s)
mês(es)
verão
ano(s)
sobre astrofísica
férias
semana |

c) Escreva de outra maneira.

Ele leu o livro do começo ao fim.   *Ele leu o livro todo.*

Ela dormiu das 8 às 20 horas.

No sábado, não saí de casa.

Eles ficam em Porto Alegre de 2ª a domingo.

Ele vendeu todas as coisas que tinha.

2. *cada*

Todas as crianças gostam de chocolate.

Cada criança vai ganhar um chocolate.

Faça frases.

| Cada
Todos os
Todas as
Tudo | aluno(s)
entrada(s)
quadro(s) | vão participar do projeto.
vai receber uma tarefa diferente.
são lindos.
custa uma fortuna.
para o *show* foram vendidas.
custou um absurdo. |

C1 Influências na cultura brasileira

Relacione as palavras com as fotos.

<u>1</u> língua   <u>2</u> culinária   <u>3</u> religião   <u>4</u> dia a dia   <u>5</u> música

Influências indígenas

instrumentos feitos de bambu e peças feitas de fibras ☐

mandioca e outras raízes ☐

cerâmica, cestas ☐

tatu   Iguaçu   Iracema   <u>1</u>

Influências africanas

Axé   Xingar   Cafuné ☐

Bumba meu boi ☐

Quilombo <u>4</u>

samba ☐

capoeira ☐

Iemanjá

candomblé ☐

62

C2 Culinária

No regime alimentar brasileiro, a contribuição africana se afirmou principalmente pela introdução do azeite de dendê e da pimenta-malagueta, tão característicos da cozinha baiana; pela introdução do quiabo; pelo maior uso da banana; pela grande variedade na maneira de preparar a galinha e o peixe. Várias comidas portuguesas ou indígenas foram, no Brasil, modificadas pela condimentação ou pela técnica culinária dos afrodescendentes. Alguns dos pratos mais caracteristicamente brasileiros são de técnica africana: a farofa, o quibebe, o vatapá. Das comidas preparadas pela mulher indígena, as principais eram as que se faziam com a massa ou a farinha de mandioca. Do milho, preparavam, além da farinha, a canjica e a pamonha.

Do peixe ou da carne picada e misturada com farinha, faziam a paçoca. Moqueca é peixe assado no rescaldo e vem todo embrulhado em folha de bananeira.

Baseado em "Casa Grande e Senzala", de Gilberto Freyre.

Glossário
quibebe — prato cremoso feito com abóbora.
vatapá — prato feito com peixe ou galinha, leite de coco, camarão, amendoim, castanha de caju e temperado com azeite de dendê e outros temperos.
canjica — tipo de creme com milho-verde ralado, açúcar, leite e canela.
pamonha — doce feito com milho-verde, leite de coco, manteiga, canela e cozido nas folhas do próprio milho.

quiabo — mandioca — azeite de dendê — castanha de caju — canela — amendoim

1. Procure no texto:

Ingredientes e pratos da cozinha africana.

_____
_____
_____

Ingredientes e pratos da cozinha indígena.

_____
_____

2. Fale com suas/seus colegas.

Que pratos estrangeiros são comuns em seu país?
Qual é o prato mais exótico que você já experimentou?
Que prato brasileiro você conhece?

3. De que tipo de comida você gosta ou não gosta?

Gosto... Detesto... ... é uma delícia. Não sei dizer... Não posso nem ver... Não suporto... Adoro comer... Sou difícil... Depende...

63

D1 Bumba meu boi

Bumba meu boi
A tradição no Maranhão

Junho é mês de festa no Maranhão. Na maioria das cidades, bandeirinhas, fitas e balões enfeitam as ruas e um ritmo vibrante toma conta das praças, levando milhares de pessoas aos arraiais. Não se trata de uma festa junina comum. Na capital, São Luís, ou em muitos povoados do interior, o dia 23 dá início a um dos espetáculos mais puros do Nordeste — as apresentações do Bumba meu boi, que se estendem até 29 de junho, dia de São Pedro. O Maranhão para nessa época. É o ponto alto de uma festa que começa a ser organizada em maio de cada ano. Seu término só acontece em agosto, depois de muita teatralização e bailado para ressurreição do boi, mas é na semana de 23 a 29 de junho que os conjuntos de Bumba meu boi mostram a melhor parte de sua arte e encenação — as danças de rua e as toadas. Apesar de algumas influências europeias, o espetáculo conta com estrutura, tipos, temas e músicas essencialmente brasileiros. A representação completa do auto tem uma duração aproximada de oito horas, devido à repetição das cenas. Mas o enredo da festa narra uma história bem simples: as desventuras de um casal de negros escravos. Grávida e com desejo de comer língua-de-boi, Catirina pede ao marido que lhe traga uma. Pai Francisco rouba um boi de seu patrão (o dono da fazenda é chamado de amo) e, quando começa a matar o animal, é descoberto. Ao saber o que se passa, o patrão manda um capataz averiguar tudo. O vaqueiro prende Pai Francisco, que precisa devolver o boi inteiro sob pena de ser morto. Tal fato acaba mobilizando toda a fazenda e para salvar o boi, pajés e doutores são chamados. Após várias tentativas conseguem ressuscitar o boi. Um final feliz em que tanto o boi quanto Pai Francisco se salvam, e a harmonia volta a reinar na comunidade.

1. Leia o primeiro parágrafo do texto.

Em que época acontece o Bumba meu boi?

- [ ] No início da primavera.
- [ ] No início do verão.
- [ ] No início do inverno.

2. Leia o segundo parágrafo.

O Bumba meu boi é uma...

- [ ] festa de tradição europeia.
- [ ] festa de rua com teatro, dança e música.
- [ ] peça de teatro.

3. Quais são os personagens principais do Bumba meu boi?

4. Coloque os fatos na ordem em que acontecem.

- [ ] Pai Francisco é preso.
- [ ] Todos estão felizes novamente.
- [1] O patrão quer saber o que aconteceu.
- [ ] Pai Francisco tem que devolver o boi.
- [ ] Todos trabalham para ressuscitar o boi.
- [ ] O boi volta à vida.

D2 Em algum lugar do Brasil

1. Lembra os tipos brasileiros que você conheceu na página 55? Você vai ouvir uma conversa. Onde estão conversando?

- [ ] No Rio de Janeiro.
- [ ] Em Minas Gerais.
- [ ] No Rio Grande do Sul.

2. Ouça novamente. Eles falam sobre:

- [ ] o tempo
- [ ] a cidade
- [ ] o trânsito
- [ ] política
- [ ] leite

3. O que você ouve no diálogo?

- [ ] Tenho certeza!
- [ ] Dizem que...
- [ ] Quem, eu?
- [ ] Na minha opinião...
- [ ] Sei dizer não, senhor.
- [ ] Eu não sou daqui.

4. Que formas existem na sua língua para fugir a uma resposta? Pergunte ao/à professor/a como seriam em português.

E Pacotes, potes e saquinhos

1. Leia e numere.

- [ ] 1 pacote de farinha
- [ ] 1 pote de margarina
- [ ] 1 pacote de macarrão
- [ ] 1 barra de manteiga
- [ ] 1 pedaço de torta
- [ ] 1 barra de chocolate
- [ ] 1 litro de óleo
- [ ] 1 caixa de sucrilhos
- [ ] 1 quilo de arroz
- [ ] 1 bandeja de ovos
- [ ] 1 garrafa de vinho
- [ ] 1 litro de leite
- [ ] 1 fatia de presunto
- [ ] 1 saquinho de chá
- [ ] 1 rolo de papel-alumínio
- [ ] 1 pote de iogurte
- [1] 1 pé de alface
- [ ] 1 cabeça de alho
- [ ] 1 dente de alho
- [ ] 1 maço de cheiro-verde
- [ ] 1 cacho de uvas
- [ ] 1 cacho de bananas
- [ ] 1 penca de bananas
- [ ] 1 vidro de maionese
- [ ] 1 tubo de mostarda

2. Leia e relacione.

1	Um pacote
2	Uma barra
3	Um tablete
4	Uma lata
5	Uma caixa
6	Um quilo
7	100 gramas
8	Uma dúzia
9	Uma garrafa
10	Um litro
11	Um saquinho
12	Um rolo
13	Um maço
14	Um vidro
15	Um pé

de

1, 6 feijão
café
palmito
vinagre
bananas
fósforos
chá
tomates
água mineral
brócolis
fermento
patê
papel higiênico
flores

sardinhas
alface
geleia
pão
carne
cigarros
espinafre
laranjas
cerveja
açúcar
cenoura
salame
papel toalha
queijo parmesão

3. Trabalhe com seu/sua colega. Você vai ao supermercado fazer suas compras do mês. Faça uma lista do que você precisa.

4. Você quer fazer seu prato favorito, mas não tem nada em casa. O que você vai comprar?

1 Revisão

R1 Pessoas

1. Fale com seus/suas colegas. Que roupas as pessoas das fotos estão vestindo? Imagine as pessoas por inteiro. Ela é gorda, bonita, jovem, inteligente...? Em que ela trabalha? O que está fazendo?

2. Trabalhe com uma/um colega. Escolham duas pessoas das fotos. Elas se encontram num barzinho. Imaginem o diálogo entre elas.

R2 Na porta do banheiro

São 7h da manhã. A família Prado está levantando. Todos têm que se preparar para o dia de trabalho, mas só há um banheiro na casa.
Você é um dos Prado — escolha entre os personagens — e precisa entrar no banheiro antes dos outros.
O pai tem de estar às 7h45 no escritório. Já chegou atrasado duas vezes nesta semana.

A mãe prepara café para todos e depois sai para trabalhar.
Júlia, a filha mais velha, precisa de muito tempo para tomar banho e começa a trabalhar às 8h15.
O avô precisa tomar seus remédios pontualmente às 7h. Os remédios estão no banheiro.
Ricardo, o filho do meio, tem de ir à faculdade. Tem prova às 8h.

R3 Secretária eletrônica

Você vai ouvir os recados que a Luísa recebeu na secretária eletrônica.

1. Seis das sete pessoas abaixo ligaram para Luísa. Numere na ordem em que ligaram.

☐ a mãe da Luísa   ☐ o chefe do Valter   ☐ Fátima, a irmã
☐ Valter, o marido   ☐ uma mulher (namorada do Valter?)   ☐ um homem
☐ Joca, um amigo

2. O que as pessoas querem?

3. Escolha um dos recados e imagine a resposta da Luísa.

R4 Qual é o intruso?

Abaixo há vários grupos de palavras. Em cada grupo, uma não combina com as outras. Diga qual é e por que ela é diferente.

| sogro   tio   filho   pai   festa |
| casamento   viagem   aniversário |
| eu adoro   eu detesto |
| eu odeio   eu converso |

| orelha   nariz   braço   olho |
| terno   camisa   gravata |
| seda   elefante   papagaio |
| jacaré   tucano |

68

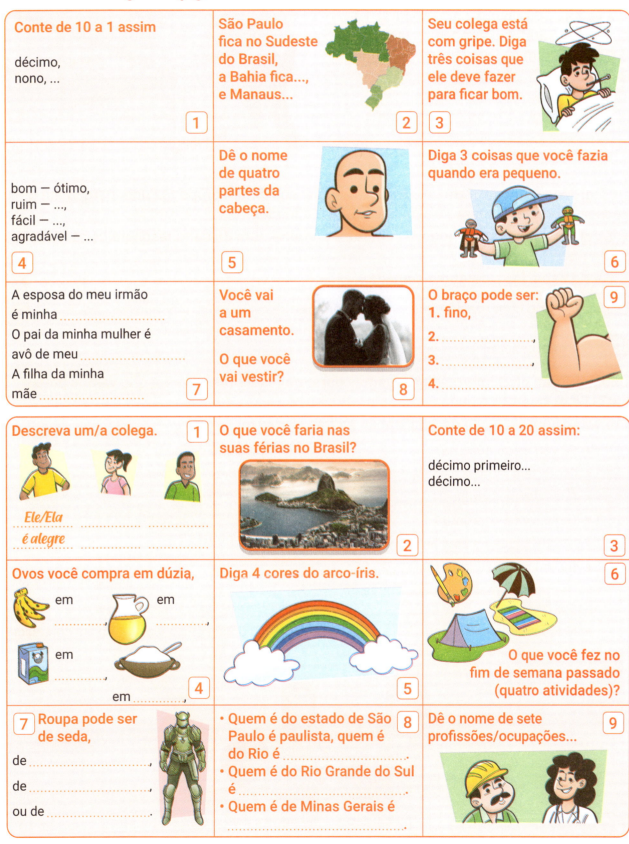

R6 Pingue-pongue

Trabalhem em 2 grupos.

Vocês têm 15 minutos para preparar 10 perguntas/tarefas sobre temas que vocês desenvolveram no livro (Brasil, vocabulário, gramática, ...).

> Exemplos:
> — Conjugue o verbo ser no presente.
> — Qual é o feminino de alemão?
> — O que é farofa?
> — ...

Os 2 grupos se sentam em um círculo. Uma pessoa de um grupo faz uma pergunta a uma pessoa do outro. Ela tem 10 segundos para responder.

• Se ela não sabe, sai do jogo. Quem fez a pergunta tem de dar a resposta certa. Se errar, sai também.

• Se ela sabe, faz a pergunta seguinte.

Ganha o grupo com mais pessoas no fim do jogo.

R7 Festa brasileira

Chegamos ao nível intermediário, vamos dar uma festa brasileira. Do que vamos precisar? Quem vai fazer o quê?

Converse com seus colegas, utilizando as frases abaixo.

- Eu vou trazer guaraná.
- Quem tem música para dançar?
- Posso trazer bexigas?
- O que vamos comprar?
- Mas é uma festa brasileira.
- Eu vou trazer suco de maracujá.
- Ótima ideia, mas com pouca pimenta, por favor.
- Mas isso não existe aqui.
- Álcool não!

- Eu gosto de *rock*.
- Que pena! Não temos pastéis nem empadas.
- Tem que ter pagode.
- Caipirinha!!!
- Eu adoro batida...
- Garfinhos, copos e pratinhos descartáveis.
- Vamos fazer uma feijoada.
- Eu detesto feijoada. Prefiro um churrasco.

Tenho sambas.

Vamos dar uma festa?

Vamos fazer um álbum de fotografias.

Vou trazer minha máquina fotográfica.

Novo Avenida Brasil 2

Curso Básico de Português para Estrangeiros
Exercícios

1 Lição

A1 1. Um pouco esquisito

A2 Observe a ilustração e complete o texto com vocabulário de A1 e A2 do livro-texto.

Ele é um pouco esquisito. Tem uma ....*sobrancelha*........... minúscula. As .... são enormes como as do Mickey. Os .... são pequenos, mas vivos. O .... é feio, parece uma batata. A .... é grande, vai de um lado a outro do rosto. Realmente, ele é um pouco estranho, mas as mulheres gostam dele.

2. Falar com as mãos? Relacione. Há várias possibilidades.

os dedos	os olhos	a mão	o nariz	a cabeça	as pernas	a orelha	a boca	os pés

....
....
....
....

> escutar comer falar escrever digitar discar cheirar respirar ouvir ler
> observar pensar assistir ver correr bater andar beber pisar

A2 3. Associações

Quais partes do corpo você associa aos desenhos?

1	2	3	4	5
dedos *mãos*				

Atividades

A3 **4. Conselhos**

A4 **Relacione os conselhos com os problemas. Há várias possibilidades.**

1. Estou trabalhando demais.
2. Meu filho está fumando.
3. O ônibus está atrasado.
   As pessoas ficam nervosas.
4. Este exercício é muito difícil.
5. Ela está muito mal.
6. A febre dela não diminuiu.
7. Meu vizinho é muito barulhento.
8. O chuveiro não está funcionando.
9. É difícil mudar os hábitos alimentares.
10. Não quero fazer minhas tarefas.

	Elas têm que ter paciência.
	Você precisa estudar mais.
	Acho que você precisa conversar com ele.
	É melhor levá-la ao hospital.
1	Você tem que descansar.
	Chame a polícia.
	Ligue 02 e fale com a recepção.
	Ela precisa ficar na cama.
	Então, não faça.
	É preciso ter força de vontade.

B1 **5. Verbos: *ver* e *sair***

1. Complete a tabela.

	ver		sair	
	Presente	Pretérito perfeito	Presente	Pretérito perfeito
Eu ⟶	*vejo*			
Você/Ele/Ela ⟶				
Nós ⟶				
Vocês/Eles/Elas ⟶				

2. Complete as frases com *ver* ou *sair* no presente ou pretérito perfeito.

a) Não .... nada de interessante neste filme. E você, ... ?

b) Normalmente, os funcionários .... às 17h30 do trabalho. Ontem, eles .... bem mais tarde.

c) O André está sempre com a namorada, mas ontem eu o .... com outra.

d) Não pude ver o *show* do Egberto Gismonti anteontem. Vocês .... ?

e) Não, não .... às 8 para .... o *show*, mas não conseguimos chegar lá por causa do trânsito.

B2 **6. Pronomes pessoais *lhe, lhes***

3. Complete.

a) O dentista explicou o problema para o paciente, mas não .... deu remédio.

b) Precisei falar com vocês, por isso eu .... telefonei ontem à noite.

c) Ele disse ao médico que está com dores, mas não .... explicou onde.

d) Só um psicólogo pode analisar os problemas que vocês têm e .... dar conselhos.

Atividades

B3 7. Superlativo absoluto

Uma casa pode ser caríssima

Uma escultura pode ser

Um fim de semana pode ser

B4 8. Plural

1. O que você vê no quadro?

Vejo cinco corações,

2. Escreva as frases no plural.

1. Um lápis é útil.   *Dois lápis são ainda mais úteis.*
2. Um homem bonito é difícil.
3. Uma parede azul é agradável.
4. Uma poltrona é confortável.
5. Um mês de férias é bom.

C 9. Conheça-se a si mesmo!

1. Faça o teste e descubra sua personalidade. Leia primeiro a descrição de cada item. Em seguida, preencha o quadro abaixo com pontos de 0 (muito baixo) a 5 (muito alto).

SOCIABILIDADE: Você gosta de desenvolver atividades em grupo ou prefere fazer tudo sozinho?

IMPULSIVIDADE: Você toma decisões por impulso ou costuma planejar detalhadamente antes de agir?

DISCIPLINA: Você é persistente? Os obstáculos não o fazem desistir facilmente de seus planos?

CONCENTRAÇÃO: Você consegue ficar atento durante muito tempo

COMPETITIVIDADE: Ganhar e ganhar sempre é muito importante para você ou se conforma rapidamente quando perde?

	0	1	2	3	4	5
Sociabilidade						
Impulsividade						
Disciplina						

	0	1	2	3	4	5
Concentração						
Competitividade						

Atividades

2. Você está procurando um esporte como atividade de lazer?
Cada um dos esportes abaixo tem uma nota. Aponte em cada linha aquele que tem a mesma nota que você marcou em sua autoavaliação.

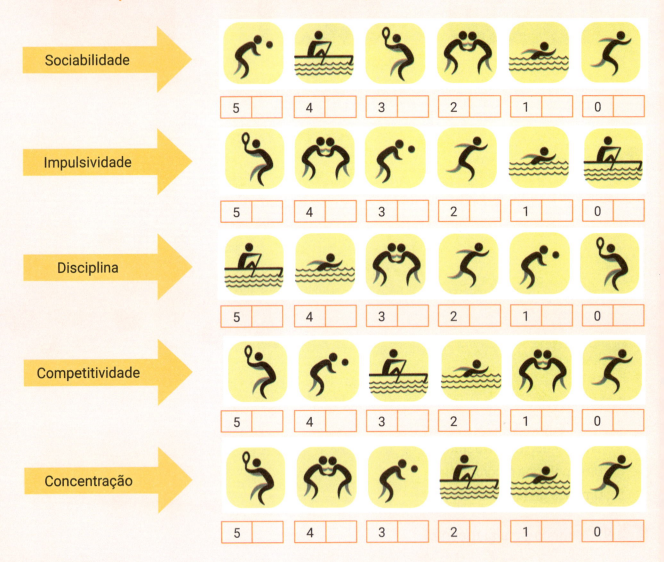

3. Considerando o resultado acima, complete:

1. Os dois esportes mais adequados para você são: .... e ....
2. Você não deve nem pensar em praticar: ....

4. Examine as fotos da página seguinte, dê o nome dos esportes e aponte suas características.

- **A.** caratê
- **B.** alpinismo
- **C.** vela
- **D.** salto em altura
- **E.** natação
- **F.** musculação
- **G.** lançamento de disco
- **H.** tênis
- **I.** argolas
- **J.** vôlei
- **K.** salto em distância
- **L.** corrida

1. chato
2. agressivo
3. individualista
4. solidário
5. disciplinado
6. cansativo
7. exibicionista
8. leve
9. difícil
10. fácil
11. caro
12. relaxante
13. estimulante
14. saudável
15. perigoso

Atividades

D1 Pequenos cuidados para o verão (1)

D2 Leia estes trechos de um artigo de revista e relacione os parágrafos com os desenhos.

☐ Pode parecer exagero, mas, no primeiro dia de sol, sua pele ainda está muito clara e sensível. Use filtro quinze, que a protege dos efeitos nocivos do sol.

☐ Passe creme hidratante no corpo inteiro, antes e após a exposição ao sol.

☐ O rosto não deve ficar em contato direto com o sol. Use chapéu de palha ou de tecido; óculos de sol também ajudam. Use também roupas leves, claras, de tecidos naturais de preferência.

☐ Lave os cabelos com xampu neutro.

☐ Prefira água e suco às bebidas alcoólicas. Beba muita água.

☐ Coma verduras e legumes cozidos. Aproveite a época e coma muita fruta fresca.

77

Atividades

11. Pequenos cuidados para o verão (2)

1. Ouça a entrevista do rádio. Quais temas são tratados pelo médico?

2. O que o médico diz?

a) Você tem de ....

b) É melhor usar ....

c) Tome ....

d) Não coma ....

E1 **12. Otimistas e pessimistas**

E2

Uma pessoa otimista se acha:	Uma pessoa pessimista se acha:
a) aberta	**a)** *fechada*
b) alegre	**b)**
c) calma	**c)**
d) extrovertida	**d)**
e) flexível	**e)**
f) forte	**f)**
g) linda	**g)**
h) desembaraçada	**h)**
i) simpática	**i)**
j) capaz	**j)**
k) satisfeita	**k)**
l) comunicativa	**l)**
m) realizada	**m)**

2 Lição

A1 1. Opiniões

A2 Organize o diálogo.

1. Como não?

2. Está certo, mas ele vive disso, então é trabalho.

3. Para mim, um pintor não trabalha.

4. Não concordo! Ele não é produtivo.

5. Ele não tem horário de trabalho e não tem salário.

– Ainda não entendi, mas o senhor está de parabéns...

— Para mim um pintor não trabalha.

....

....

....

....

2. Concordar e não concordar

Quais dos elementos abaixo você usa para concordar? E quais, para não concordar?

	C	NC			C	NC
1. Está certo	X		6. Claro!		
2. É isso mesmo			7. Como não?		
3. Desculpe, mas...			8. Concordo		
4. Eu acho que não			9. Está errado		
5. Não concordo			10. Lógico!		

A3 3. Direitos sociais

Relacione os temas abaixo com os parágrafos de A3 (p. 13 livro-texto).

Tema	Parágrafos
1. salário	VIII, IX, XXIII, XXX, VII, IX, XXIII, XXX
2. férias	
3. horário de trabalho	
4. direitos da mãe	
5. crianças	

Atividades

A4 4. Nostalgia

Escreva por que antigamente Artur tinha uma vida bem melhor.

Hoje   Antigamente

1. ter tempo	*Artur tinha muito tempo.*
2. não trabalhar	*Ele não*
3. ter poucos deveres	
4. vida tranquila	
5. descansar muito	
6. ficar em casa	
7. ser feliz	

Atividades

B1 5. Pretérito imperfeito: formas

Complete.

1. trabalhar – eu   *trabalhava*
2. morar – nós
3. sair – vocês
4. ser – ela
5. vender – eu
6. ter – eles
7. ser – nós
8. andar – você
9. escrever – elas
10. ler – eu
11. levantar – ela
12. dormir – ele

B2 6. Rotinas no passado

Quando eu ia à escola...

1. usar uniforme	
2. estudar pouco	
3. levantar cedo	
4. ter 3 meses de férias	
5. morar com meus pais	
6. andar sempre de bicicleta	

B3 7. Descrição no passado

1. Leia a história.

> Eu vejo um homem entrando no apartamento do meu vizinho.
> Não o conheço. Está escuro e não vejo muito bem como ele é.
> Poucos minutos depois, ouço um barulho forte. Não sei o que é.
> Meu vizinho é um homem estranho: ele não recebe muitas visitas, sai muito cedo, não fala com ninguém.

2. Agora conte a história.

Ontem à noite eu vi um homem entrando no apartamento do meu vizinho.

Poucos minutos depois, ouvi um barulho forte...

81

Atividades

B4 **8. Duas ações no passado: uma pontual e outra que dura.**

Faça frases.

a) nós — chegar
eles — dormir *Quando nós chegamos, eles estavam dormindo*

b) Sandra — telefonar
eu — tomar banho

c) nós — conhecer Paula
nós — morar em Itu

d) Ilca — entrar na loja
ela — fechar

e) eu — chegar ao Brasil
o país — ser diferente *Quando eu cheguei ao Brasil, o país era diferente.*

f) o teatro — estar vazio
nós — chegar

g) você — chamar
eu — estar ocupado

h) eles — casar
eles — ainda ser jovem

B5 **9. Duas ações longas no passado**

Faça frases.

a) eu — trabalhar
ele — descansar *Enquanto eu trabalhava, ele descansava.*

b) ele — procurar os papéis
ele — falar

c) nós — fazer o teste
o professor — ler o jornal

d) ele — cuidar do filho
ela — viajar pelo Brasil

e) vocês — assistir TV
o vizinho — estar sendo sequestrado

B6 **10. Pretérito perfeito ou imperfeito?**

No fim de semana passado, ... (ir) a uma festa. .... (conhecer) algumas pessoas interessantes, mas também .... muita gente chata (ter).

Meu amigo Nelson .... (beber) demais e .... (passar) mal.

Depois da festa, ainda .... (ir) à casa de Neusa. Quando ...., (chegar) ela já .... (estar) dormindo. Ela não .... (gostar) nada da visita.

Atividades

B6 **11. Não é fácil**

Raquel está procurando trabalho em São Paulo. Ela escreve um *e-mail* a Nílton, seu namorado, que mora em Coruripe, Alagoas. Escreva um *e-mail* utilizando as ilustrações e frases abaixo.

— ler jornal
— encontrar anúncio

— pegar ônibus às 7:30
— ônibus estar cheio
— ônibus demorar 1 hora

— ter mais de 15 pessoas na fila
— muitas pessoas procuram emprego

— fazer teste
— teste ser difícil

— fazer entrevista
— estar nervosa

— voltar para casa
— demorar 1h30

— estar cansada e com fome
— jantar

— chegar a resposta
— resposta ser negativa

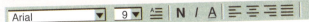

São paulo, 18/7

Oi, Niltinho.

Tudo bem com você? Eu estou mais ou menos, ainda procurando trabalho

Na semana passada, estava lendo o jornal e encontrei um anúncio interessante. no dia seguinte...

83

Atividades

B7 **12. Números ordinais**

Dez amigos queriam saber quem era o mais rápido. Depois da corrida, estes são os resultados:

Luís chegou entre Paulo e Airton.
Airton, Nélson e Zeca chegaram nesta ordem.
Ninguém chegou depois de Mário.

Robson chegou logo depois de Zeca.
Edson chegou um pouco antes de Mário.
Edson chegou depois de Juca e Marcelo, nessa ordem.

Escreva em que ordem cada um chegou.

Mário	*chegou em décimo lugar.*	Juca	....
Robson	....	Luís	....
Paulo	....	Edson	....
Zeca	....	Nélson	....
Marcelo	....	Airton	....

> Os números ordinais acima de 10 são pouco usados no dia a dia. Dois usos comuns são:
> — numeração dos andares de prédios
>   *Ela mora no décimo sexto andar.*
> — numeração de eventos periódicos
>   *XXII BIENAL DE LIVROS = Vigésima segunda...*

C1 **13. Entrevista**

  C2 1. Leia as fichas e depois ouça a gravação. Qual das pessoas está sendo entrevistada?

2. Ouça novamente e diga se as informações abaixo estão certas ou erradas.

Nome: Carlos Fontes
Idade: 23
Estado civil: solteiro
Formação: Administração de Empresas
Experiência: 1 ano (vendas)
Comentários: dinâmico, falador

Nome: Pedro Paulo Ferreira
Idade: 32
Estado civil: solteiro
Formação: Propaganda e Marketing
Experiência: 7 anos (vendas)
Comentários: calmo, inteligente

Nome: Robson Carvalho Neto
Idade: 27 anos
Estado civil: casado
Formação: Marketing
Experiência: 2 anos (vendas)
Comentários: muito inteligente, um pouco tímido

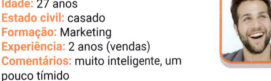

	O candidato	c	e
a)	não tem experiência em vendas.	☐	☐
b)	era gerente de vendas.	☐	☐
c)	trabalhou em várias firmas.	☐	☐
d)	é casado.	☐	☐
e)	quer trabalhar no ramo de vestuário.	☐	☐
f)	gosta de estatísticas.	☐	☐

3. A firma vai contratar a pessoa?

Atividades

D1 **14. Santos Dumont — O pai da aviação**

D2 **1. Ouça o texto**

Alberto Santos Dumont nasceu em Minas Gerais, na fazenda da família, em 1873, filho de riquíssimo fazendeiro. Ainda adolescente, instalou-se em Paris, onde estudou engenharia.

Muito criativo, tinha vários interesses, entre os quais a navegação aérea, muito em moda na época. Fez vários experimentos com balões e aviões, que lhe deram grande fama na capital francesa.

Em 1906, diante de uma grande multidão em expectativa, fez um voo espetacular no Campo de Bagatelle, pilotando um avião criado por ele, o 14-Bis. Foi, então, aclamado inventor do avião.

Morreu em 1932, suicidando-se num hotel de luxo, no Guarujá, cidade praiana do estado de São Paulo, vítima de profunda depressão causada, diz-se, pelo uso bélico do avião na Revolução Constitucionalista e pela morte de grandes amigos seus num acidente aéreo.

Baixo, franzino, pesando menos de 60 quilos, ele abriu o espaço para o voo humano. No Brasil, Santos Dumont é considerado o pai da aviação.

2. O que o texto diz sobre:

1. Campo de Bagatelle
2. Guarujá
3. 14-Bis
4. Fazenda em Minas Gerais
5. Depressão

3. Leia o texto

Persiste polêmica sobre 1º voo sem patente

Quem voou primeiro num aparelho mais pesado que o ar: o brasileiro Alberto Santos Dumont ou os irmãos Orville e Wilbur Wright, nos Estados Unidos? Nos anos 1904/1905, várias publicações afirmavam que os irmãos Wright estavam voando num equipamento mais pesado que o ar. Mas os voos não tinham nenhuma testemunha e a credibilidade do fato dependia da garantia dos próprios inventores.

Os franceses exigiram uma demonstração e Ernest Archdeacon, advogado e um dos mecenas da aeronáutica na França, estabeleceu um prêmio de 50 mil francos para o primeiro homem a voar a distância de um quilômetro num circuito fechado. No anúncio do prêmio, ele apregoava que "assim os senhores terão tudo a ganhar e nada a perder", referindo-se aos irmãos Wright. Estes, nessa época, asseguravam estar cobrindo distâncias de até 30 quilômetros em circuito fechado. O voo pioneiro, afirmavam, havia sido feito em 17 de dezembro de 1903 e fora realizado no Flyer 1 com Orville no comando. Mas não aceitaram a provocação de Archdeacon e só exibiram um aparelho em 1908. Esse aeroplano, porém, dependia de uma catapulta ou pista em declive para ser lançado ao ar e isso não mudou até 1910.

Santos Dumont havia voado em 23 de outubro de 1906 com seu 14-Bis frente a centenas de testemunhas. Menos de um mês depois, em 12 de novembro de 1906, ele repetiu a façanha num voo de 200 metros, quando conquistou o prêmio Aeroclube da França. Depois disso, abandonou o biplano, preferindo a leveza da Demoiselle.

Com uma superfície de asas oito vezes menor que a do 14-Bis, a Demoiselle, na avaliação de seu inventor, "foi, de todos os meus aparelhos, o mais fácil de conduzir e o que conseguiu maior popularidade".

As Demoiselles causavam espanto não só quando estavam no ar, mas também quando Santos Dumont as transportava na traseira de seu próprio automóvel, ou quando, por pura diversão, pousou na rua, em frente ao prédio onde morava.

4. Responda.

1. Por que os brasileiros consideram Santos Dumont o verdadeiro inventor do avião?
2. Qual é o argumento que usam para desacreditar os Irmãos Wright?

85

Atividades

15. *Curriculum Vitae*: Santos Dumont

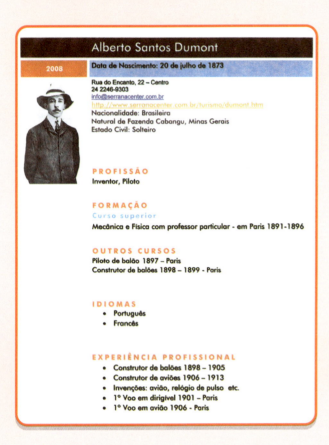

Prepare agora seu próprio *curriculum vitae*.

DADOS PESSOAIS
Nome: ....
Data de nascimento: ....
Local de nascimento: ....
Nacionalidade: ....
Estado civil: ....
Profissão: ....

FORMAÇÃO
Curso: ....
Período: ....

Outros Cursos
....
....

Idiomas
....
....

EXPERIÊNCIA PROFISSIONAL
....
....
....

16. Aviões

Leia as definições e relacione-as com as ilustrações.

1. Ultraleve — com motor de baixa potência, faz voos panorâmicos individuais.
2. Avião anfíbio — pousa em terra ou na água.
3. Avião a jato — transporta pessoas ou cargas a pequenas e grandes distâncias. Sem hélice, ele é impulsionado por jato.
4. Helicóptero — voa baixo, pousa em espaços pequenos. É veículo próprio para locomoção urbana.
5. Planador — não tem motor. Levado por outro avião para as alturas, ele se separa deste e começa a planar suavemente, aproveitando as correntes de ar.
6. Teco-teco — avião pequeno, de um só motor de explosão, de reduzida potência, para trajetos curtos.

Atividades

E1 17. Quantas palavras você consegue encontrar?

1. Procure no quadro abaixo, na horizontal e na vertical:

A. 10 palavras/termos relacionados com trabalho.
B. 10 palavras relacionadas com comida.
C. 10 palavras relacionadas com corpo e doenças.
D. 10 palavras associadas a características de pessoas.
E. 10 palavras relacionadas com casa.

```
P L A C C A M A W L K O A P A R T A M E N T O L L I E A O
O A R S O B R A D O Z E S T O M A G O R A L E G R E L R L
L R A I R Y Q R A L L E G U M E S R I N D E R D O R E A O
U A O S A L U O P F O X A L T O I I F E I J A O D A V P D
R N S O C I A C P E R I O D O I N T E G R A L C E M A O U
M J A E A M C I A R P O S T S Y M O B I F E W E G A D N M
A A M S O O N Q U I N T A L S W C G R O P E R A R I O G U
S X I T I T R A B A L H A R E N A O E L A M I L I O R A S
C I C A D E I R A S X G R E V E B R Y H P P B A P I N A E
H K A N N B G R Z A C U C A R R E D S O O R A D E N T E N
I O L T O R O O B A I X O C O V C O A Z D E D O I M P I S
L R L E E A L Z D E M I S S A O A D L U F G S O L O U L U
O A B E L C D A V I D U L A M S X I A L U O M A T O B I A
P E N S A O F A R O F A E I H O R A R I O F L E X I V E L
A H I L F S I M P A T I C O R I O T I M I D O T O N I D A
R A N U I L L A R Q U A R T O N I C O Z I N H A C R O A L
X U A N X R E S E R V A D O S C H O E L L E R R H E I N L
E L R D I A T I V O O F E N H E I M A S T S A L A R A M E
```

2. Complete as palavras com os sinais gráficos: acento agudo (´), acento circunflexo (^), til (~), acento grave ou crase (`) e cedilhas (ç).

Exemplo: PENSAO = pensão, CABECA = cabeça

A Trabalho	**B** Comida	**C** Corpo e doenças	**D** Pessoas	**E** Casa
pensão		*cabeça*		

Atividades

E2 18. Profissões

Observe a lista abaixo e escolha três áreas de trabalho para cada objeto à direita.

Zootecnia

Direito

Farmácia

Agronomia

Odontologia

Ciência da Computação

1. Agronomia
2. Arquitetura
3. Artes Cênicas (Teatro)
4. Artes Plásticas
5. Astronomia
6. Ciência da Computação
7. Ciências Aeronáuticas
8. Ciências Biológicas
9. Ciências Contábeis
10. Ciências Sociais
11. Cinema
12. Dança
13. Direito
14. Economia
15. Educação Física
16. Enfermagem
17. Engenharia Civil
18. Engenharia Mecânica
19. Engenharia Metalúrgica
20. Farmácia e Bioquímica
21. Fisioterapia
22. Fotografia
23. Hotelaria
24. Jornalismo
25. Medicina
26. Medicina Veterinária
27. Meteorologia
28. Moda
29. Nutrição
30. Odontologia
31. Psicologia
32. Publicidade e Propaganda
33. Turismo
34. Zootecnia

Quem usa o quê?	1º	2º	3º
microscópio	9	21	27
computador			
livro jurídico			
medicamento			
arado			
projeto			
pincel			
anestésico			
clínica			
jogos lúdicos			
tecido			
gravador			
lençol			
fórmula			
máscara			
parafuso			
compasso			
algodão			
termômetro			
cenário			
microfone			
mapa			
luz			
máquina fotográfica			
livro-caixa			
tinta			
aeronave			
trator			
prancheta			
bússola			
tribuna			
sapatilha			
telescópio			
produto químico			
tesoura			
agulha			
raios X			
cálculo			
estatística			
fichas			

3 Lição

A1 1. Roupa
O que eles estão usando?
1. relógio
2. ....
3. ....
4. ....
5. ....
6. ....
7. ....
8. ....
9. ....
10. ....
11. ....
12. ....
13. ....
14. ....

A2 2. Fazendo compras
Escolha os elementos certos para completar os diálogos.

1. • Pois não? Posso ajudá-la?
   • ....

2. • Não. Só temos em amarelo. Mas essa cor fica muito bem na senhora. Qual é o seu tamanho?
   • ....
   • Claro. O provador fica ali perto da caixa.

3. • Vai pagar em dinheiro ou pix?
   • ....
   • Só American Express.

a) Não sei, acho que é 40.
b) Pois não?
c) Vocês aceitam cartão?
d) Pode pagar ali no caixa.
e) Fique à vontade.
f) Gostaria de ver aquela blusa.
g) Quanto custa?
h) Tem 1,73 m.
i) Tem em seda?
j) Tem em vermelho?
k) Mais alguma coisa?
l) Posso experimentar?

A3 3. O que vestir?
O que você veste quando vai...

sapato   vestido   camiseta   tênis   terno
blusa   *jeans*   cueca   colar   calça
calcinha brincos   saia   camisa   meias
short

ao teatro	jogar tênis	ao supermercado
sapato		

Atividades

B1 4. Verbo irregular *pôr*

1. **Complete com o verbo *pôr* na forma adequada.**

   a) Eu nunca .... paletó e gravata porque não trabalho mais em escritório. Antigamente, eu ...., mas não gostava.
   b) Ontem, eles .... roupa esporte porque foram a um churrasco.
   c) Puxa, que calor! De manhã, quando me vesti, eu .... roupa de lã, mas agora está muito quente.

2. **Dê respostas afirmativas curtas com *pôr* ou *poder*.**

   a) • Você põe açúcar no café? • Ponho. ....
   b) • Você pode ajudar? • ....
   c) • Ele já pôs açúcar? • ....
   d) • Você pode ajudá-la? • ....
   e) • Vocês põem a mesa todo dia? • ....
   f) • Eles já puseram o quarto em ordem? • ....
   g) • Vocês podem vir amanhã? • ....
   h) • Vocês puderam resolver o problema? • ....
   i) • Antigamente, vocês podiam tirar férias todo ano? • ....
   j) • Antigamente, ela punha o dinheiro embaixo da cama? • ....
   k) • Você pode parar com isso, por favor? • ....

B2 5. Verbo irregular *vir*

1. **Complete o texto.**

Ele não me ama mais.

Quando ele .... me visitar, fica aqui só meia hora. Antigamente, quando ele ...., passava o dia comigo. Era tão bom... No domingo passado, ele não .... porque "não teve tempo". Ah! Fiquei o dia inteiro esperando por ele.

2. **Complete o diálogo.**

Mãe e filhos.

• Por que vocês não .... ontem?
• Porque não pudemos. Tivemos muito trabalho.
• Mas antigamente vocês .... aqui todo dia.
• É, eu sei. Mas agora não podemos mais .... como antigamente porque as coisas mudaram.

6. ***Vir* e *ver***

1. **Complete com as formas do presente.**

   a) Quando .... aqui, eu sempre .... você.
   b) Quando meu chefe .... aqui, ele sempre .... você.
   c) Quando nós .... aqui, nós sempre .... vocês.
   d) Quando meus amigos .... aqui, eles sempre .... você.

Atividades

2. Complete com as formas do pretérito perfeito.
   a) Ontem, eu .... aqui, mas não .... vocês.
   b) Ontem, todo mundo .... aqui, mas ninguém .... vocês.
   c) Ontem, nós .... aqui, mas não .... vocês.
   d) Ontem, seus colegas .... aqui, mas não .... vocês.

3. Cuidado!
Complete os balões.

Veja!! Ele está .... em nossa direção!

Onde? Onde? Não estou ....! Onde?

B3 **7.** *Ir e vir*
Complete o diálogo entre mãe e filho no telefone.

- Você .... para cá no Dia das Mães?
- Com quem você ....?
- Ótimo! Como vocês ....?
- Por quê?

- Vou.
- Não sei. Acho que com Luísa. Ela gostaria muito de .... aí para conhecê-la.
- .... de táxi. Não posso .... de carro.
- Estou sem.

B5 **8. Futuro do presente**
Complete o anúncio com os verbos abaixo.

| partir | poder | dormir | andar | vestir |
| usar | levar | subir | entrar | sair |

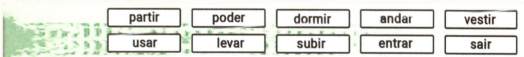

CAMINHADA DE SÃO FRANCISCO XAVIER A MONTE VERDE

No próximo dia 20 de maio, nós ..*partiremos*.. de São Francisco Xavier, pequeno povoado que não aparece no mapa.
Nós .... as montanhas e .... por campos de araucárias.
Depois, nós .... numa floresta tropical e .... neste ponto.
No segundo dia, ... em direçao a Monte Verde, subindo o Chapéu do Bispo.
Os participantes .... saco de durmir, mochila pequena, cantil, capa de chuva,
Sem esse equipamento, você não .... participar.
Não esqueça: Você .... roupas leves e largas, e .... sapatos confortáveis e resistentes, com sola aderente (de preferência usados).

NOVA TRILHA- RUA LUIZ CANUDO, 1347 - 04827-000 - SÃO PAULO - FONE 5259-8736

Atividades

B6 **9. Uma vida com mais saúde**

Para ter uma vida com mais saúde, o que você faria?

1. Dormir 8 horas por dia
   Dormiria 8 horas por dia.

2. Fazer ginástica logo cedo

3. Andar menos de carro e mais a pé

4. Comer só nas horas certas

5. Beber menos cerveja e vinho

6. Dizer "não" a doces e massas

7. Ir mais à piscina e menos ao bar

8. Parar de fumar

9. Ir ao médico duas vezes por ano

10. Ter mais tempo para descansar

C **10. Você está preparado/a para viver no Brasil? Faça o teste.**

1. Leia as frases e indique sua opinião dando valor 0 (= não concordo de jeito nenhum) a 5 (= estou 100% de acordo) a cada item.

2. Some os seus pontos e consulte a tabela abaixo para saber seu resultado.

Pra mim...					
...a pontualidade é muito importante.	1	2	3	4	5
...é absurdo começar uma festa às 11 da noite.	1	2	3	4	5
...– "Passa lá em casa um dia desses," – é realmente um convite.	1	2	3	4	5
...é importante ser direto e objetivo. Se as pessoas não gostam disso, é problema delas.	1	2	3	4	5
...é absurdo esperar na fila. Não tenho tempo para isso.	1	2	3	4	5
...é impossível viver numa casa sem aquecimento em dias frios (± 15 °C).	1	2	3	4	5
...fazer planos é condição necessária para o sucesso.	1	2	3	4	5
...o sol é muito importante, mas não entendo como algumas pessoas podem ficar na praia o dia inteiro.	1	2	3	4	5
...comer carne não é importante.	1	2	3	4	5
...visita só com convite formal.	1	2	3	4	5
...o carnaval é uma festa popular muito interessante, mas deveria ser comemorado só no sábado e domingo.	1	2	3	4	5

Se você tem de

0-20 pontos
Que tal rever as suas respostas? Foram honestas? O Brasil não é tão tropical assim.

21-40 pontos
Você não vai ter grandes dificuldades para viver entre os brasileiros.

41-55 pontos
Pense duas vezes antes de sair do seu país. Você pode ter dificuldades de adaptação em qualquer lugar do mundo.

Atividades

D1 **11. E agora?**

1. Observe as três ilustrações. Ouça a gravação e indique o diálogo a que cada uma se refere.

diálogo ☐   diálogo ☐   diálogo ☐

2. Ouça os diálogos um a um novamente e indique as respostas certas.

Festa
O problema é que
- a) os convidados chegaram muito antes da hora marcada.
- b) os convidados chegaram na hora.
- c) a família já deveria estar pronta, mas não está.

Roupa
O problema é que
- a) o chefe acha a roupa da Lídia inadequada.
- b) Lídia está usando roupa informal demais no trabalho.
- c) os colegas gostam do estilo da roupa da Lídia.

Churrasco
O problema é que
- a) Waldemar é muito amigo do Hans.
- b) Hans chegou com muitos amigos.
- c) Waldemar convidou Hans e mais três pessoas.

D2 **12. Lavanderia**

1. Examine o formulário do hotel e marque todas as palavras que você conhece.

LISTA DA LAVANDERIA	Nº 14417
Sr.	
Apto.	
Hora	
Data ..../......../................	
Aprontar	
Hora	

OBS.: Para qualquer recomendação especial e para evitar desentendimento sobre a roupa, é favor chamar a GOVERNANTA (Fone 216).

As roupas serão entregues diariamente até as 20h. Prazo normal para entrega: 2 dias, excluindo domingos e feriados.

NÃO ASSUMIMOS RESPONSABILIDADE POR QUALQUER ROUPA QUE POSSA DESBOTAR OU ENCOLHER NA LAVAGEM.

Por PERDA ou DANO de qualquer peça, o Hotel responde somente até o valor de 10 vezes o preço cobrado pela lavagem da roupa.

....
Assinatura hóspede

....
Camareira

8608 -100 bis. 1x50

SENHORA	SENHOR	CRIANÇA
Discriminação	Discriminação	Discriminação
Meia	Meias	Meias
Lenço	Lenço	Fralda
Calcinha	Cueca	Calção
Camisola	Camisa social	Camisa
Pijama	Camisa esporte	Calça
Penhoar	Pijama	Camiseta
Blusa	Robe	Pijama
Sutiã	Paletó	Roupão
Saia	Calça	
Vestido longo	Terno	Blusa de lã
Vestido curto	*Smoking*	
Saia longa	Blusa de lã	Babador
Saia preguéada	Jaqueta	Macacão
Maiô	Japona	
Calça comprida	Bermudas	
Casaco curto	Calção	
Casaco longo	Capa de chuva	
Conjuntos		
Blusa de lã		
L – Lavar	Urgência: 100%	
P – Passar		
L/P – Lavar/passar		

93

Atividades

2. Certo ou errado? De acordo com o formulário, a lavanderia do hotel:

	c	e
a) lava qualquer tipo de roupa (esporte e formal).	☐	☐
b) não trabalha aos domingos e feriados.	☐	☐
c) entrega roupa lavada e passada em 24 horas.	☐	☐
d) responsabiliza-se por qualquer problema com a roupa.	☐	☐
e) paga o valor total da roupa se você não a receber de volta.	☐	☐

E1 **13. Misturando cores**

E2

1. Branco com preto dá ....
2. Preto com azul dá ....
3. Azul com amarelo dá ....
4. Amarelo com vermelho dá ....

5. Vermelho com azul dá ....
6. Azul com branco dá ....
7. Branco com vermelho dá ....
8. Branco com marrom dá ....

14. Branco como...

a) Branco como ....
b) Vermelho como ....
c) Azul como ....
d) Verde como ....
e) Preto como ....
f) Amarelo como ....

a neve

carvão

o mar

o céu

ouro

camarão

15. Um vestido branco-gelo

Explique as cores. As palavras ao lado ajudarão você. Dê pelo menos um exemplo para cada cor. Às vezes, há mais possibilidades.

1. branco ⟶ um vestido — *branco-gelo* ....
2. amarelo ⟶ uma camiseta ....
3. azul ⟶ um paletó ....
4. marrom ⟶ um sapato ....
5. rosa ⟶ um cinto ....
6. verde ⟶ uma bolsa ....
7. vermelho ⟶ uma saia ....

piscina	bebê
gelo	abacate
café	limão
tomate	sangue
manteiga	noite
canário	chocolate
mar	petróleo
ouro	jacaré

94

4 Lição

A1 1. A família

```
REPÚBLICA FEDERATIVA DO BRASIL
ESTADO DE SÃO PAULO
30º SUBDISTRITO – IBIRAPUERA
MUNICÍPIO DA COMARCA DA CAPITAL
Julio Guilger Simões
SERVENTUÁRIO
Av. Padre Antônio José dos Santos, 546 – Brooklin – São Paulo – 7533-5744 – CEP 04563-000

C E R T I D Ã O

LIVRO  A-181  .:.:.     FOLHA    290 .:.:.   TERMO   108.095 .:

         CERTIFICO que aos   25 de junho de 1.990   .:.:.
no livro, folhas e termo supra, foi registrado o NASCIMENTO de
     Maíra Sontag Gonzalez          .:.:.:.:.:.:.:.:.
        nascida aos    12 de junho de 1990   .:.:.    às     17:00
horas neste subdistrito, no Hospital Israelita Albert Eins-
      tein                    .:.:.:.:.:.:.:._
____.:.:.:.:.:.:.:.     do sexo    feminino .:.:.:.:___
filha de Marcelo Fernando Gonzalez Bergweiler e Margare-
the Sontag ele nat. do Chile, ela nat. do Rio de Janeiro._
Avós paternos: Emílio Fernando Gonzalez Gomez e Berta Gisela
Bergweiler Ernstes Avós maternos: Peter Sontag e Lore Liese
Sontag        .:.:.                .:.:.:.:.:.:.:._
.:.:._____

OBSERVAÇÕES:        .:.:.:.:.:.:.:.   .:.:.:.:.:.:.:.:._
_____
_____

Nada mais. São Paulo, 25 de Junho de 1990.
Datilografada e conferida por: Tamar  .:.:.:.(        )
                                O referido é verdade e dou fé

Reconheço a firma ao lado de
_Vanes Simões Fragnato
e dou fé. São Paulo,25/6/1990
Em test. da verdade
Total devido(Certidão e Reconhecimento de Firma):59,12-/
```

Quem é quem? Leia a "Certidão" e escreva frases como no exemplo.

a) Maíra é ⟶ de Marcelo.

Maíra é filha de Marcelo

b) Marcelo é ⟶ de Maíra.

c) Margarethe é ⟶ de Maíra.

d) Marcelo é ⟶ de Margarethe.

e) Berta é ⟶ de Maíra e ⟶ de Margarethe.

f) Emílio é ⟶ de Maíra e ⟶ de Margarethe.

g) Maíra é ⟶ de Lore e Peter e ⟶ de Emílio e Berta também.

h) Marcelo é ⟶ de Peter e Lore.

i) Margarethe é ⟶ de Emílio e Berta.

Atividades

(A2) 2. Fecundidade

O Brasil é o sexto país do mundo em número de habitantes. Em 2008, a população chegou perto de 200 milhões de pessoas. Só o estado de São Paulo abriga cerca de 20% da população brasileira, com 44 milhões de habitantes.

Seguindo a tendência mundial, o crescimento da população brasileira vem se desacelerando há décadas. Em 1903, a taxa de fecundidade era, em média, de 7,7 filhos por mulher. Em 1960, era de 6,3 filhos e, em 2018, de apenas 1,7 filho por mulher. Esse índice está abaixo da taxa de reposição, que é de 2,2 filhos.

No texto, a que se referem esses números?

6º

....

....

200 milhões

....

....

44 milhões − 20%

....

....

7,7 filhos

....

....

1,7 filho

....

....

2,2 filhos

....

....

1903: 7,7 filhos   1960: 6,3 filhos   2018: 1,7 filho

(B1) 3. Verbo irregular *trazer*

Complete com o verbo *trazer*.

a) Gosto desta revista porque sempre .... reportagens excelentes.

b) Os senhores .... os documentos que lhes pedi para esta reunião?

c) Que lindo quadro! Toda vez que viajam, vocês .... coisas belíssimas.

d) A secretária ainda não .... a correspondência.

e) Com mais dinheiro eu sempre .... diamantes e anéis de ouro das minhas viagens para você, meu amor. Mas com meu salário...

Atividades

B1 **4.** *Levar* e *trazer*

Complete os diálogos com *levar* ou *trazer*.

a) • Vamos passar o fim de semana no sítio em Piraquara?
   • Não sei... é longe... estou cansada. E vocês vão .... aquela moça chata de São Paulo...
   • Que bobagem, Cecília. O Bernardo nos .... na sexta e o Jorge nos .... no domingo à tarde.

b) • Norberto, o que você vai .... à festa da Isabel?
   • Talvez uma garrafa de vinho que .... da França.
   • Então para a batida eu .... uma garrafa de pinga que Raquel e eu .... do Nordeste.

c) • Lúcia, você me empresta este livro?
   • Empresto. Mas você .... hoje e .... na 2ª de manhã, ouviu? Senão o Geraldo...

d) • Cadê o *Blu-ray* que estava aqui?
   • Eu .... para ver em casa. Algum problema?
   • Como?! Eu também queria ver hoje! Não se deve .... nada sem avisar!
   • Calma, Raimundo. Eu não sabia. Eu .... depois do almoço. Que coisa!

B2 **5.** Verbos *saber* e *conhecer*

1. Você sabe o que significa a palavra 'fofoca' em português? Complete o diálogo entre duas 'fofoqueiras' com *saber/conhecer* e você vai descobrir.

• Eu .... que a Marli vai se casar de novo.
• Ah é? Eu nem .... que ela era divorciada. E você .... o novo marido?
• .... É um comerciante grego que tem parentes no Brasil.
• É bonito?
• Olha...
• E a Marli .... falar grego?
• .... um pouco. Está aprendendo.
• E ela .... a família dele?
• Ainda não. Eu .... ontem que eles vão para a Grécia e ela vai aproveitar para ....-la.
• E você .... onde eles vão morar?
• Não .... Puxa, eu só disse que ela vai se casar...

2. Fazer 'fofoca' significa

a) ☐ conversar com uma outra pessoa.

b) ☐ levar e trazer informações pessoais sobre outras pessoas.

c) ☐ não falar a verdade.

Atividades

B3 6. Verbos no futuro do pretérito

Sozinho, numa ilha deserta, o que você faria?

– comer macacos — *Comeria.*
– vestir uma folha de bananeira
– dormir na rede
– trazer peixe do mar
– escrever poemas
– fazer roupas e sapatos naturais
– cantar o dia inteiro
– construir um barco
– aprender a língua dos animais
– saber como ficar rico
– encontrar o Sexta-Feira
– dizer 'bom dia' aos papagaios

Eu nunca comeria macacos.

B4 7. Mais-que-perfeito composto

1. Escreva as respostas.

Exemplo: Por que ela estava tão triste outro dia? (discutir com o namorado)
Porque ela tinha discutido com o namorado.

a) Por que você não quis ir ao cinema? (já – ver o filme)

b) Por que vocês não almoçaram conosco? (já – almoçar)

c) Por que eles estavam cansados? (vir a pé)

2. Observe a ilustração e escreva.

Exemplo: mandar a resposta / desistir
Quando ele mandou a resposta, eu já tinha desistido do casamento.

a) ligar / ir embora

Atividades

b) chegar / começar

....
....
....

c) trazer / fazer

....
....
....

c) querer comprar / acabar

....
....
....

B5 **8. Mais-que-perfeito simples e composto**

1. Leia o início do romance *Reunião de Família* de Lya Luft.

Alice, personagem central, prepara-se para sair de viagem.
Ela conversa com seu marido enquanto verifica se não esqueceu nada.

2. Marque os verbos que estão no mais-que-perfeito simples.

3. Substitua o mais-que-perfeito simples pelo mais-que-perfeito composto.

Reunião de Família
Lya Luft

Você acha que um dia a gente podia mandar colocar um espelho grande aqui na sala? — perguntei a meu marido antes de sair, remexendo na bolsa para conferir se pusera tudo ali, dinheiro, passagem de ônibus. Minhas mãos estavam frias.

— Espelho grande? Para quê? — Ele me encarou por cima dos óculos, abaixou o jornal.

Logo ia dormir a sesta, apenas esperava que eu saísse. Era tarde de sábado.

Parecia admirado; acho que nunca me vira ter ideias extravagantes, devia considerar aquilo uma extravagância.

— Nada — respondi, já arrependida. — Foi só bobagem minha, uma vez li que dá impressão de mais espaço. A sala é pequena...

— A sala é ótima assim. — Ele voltou a ler, ajeitou o jornal.

— Claro. Claro. Você tem razão...

Quando fui me aproximando da porta, ele se levantou, me beijou na face, pediu que me cuidasse direito. Descendo os degraus da frente, ouvi-o fechar a porta.

Então lembrei que esquecera de colocar perfume; mas não valia a pena voltar só por causa disso.

Atividades

C1 9. Provérbios

1. Você conhece o significado dos seguintes provérbios? Há provérbios com significados similares em sua língua? Relacione os provérbios com as ilustrações.

| 1 | Roupa suja lava-se em casa.
| | Filho criado, trabalho dobrado.
| | Santo de casa não faz milagre.
| | Uma andorinha só não faz o verão.
| | Burro amarrado também pasta.
| | Em terra de cego quem tem um olho é rei.
| | Filho de gato gosta de rato.
| | Mais vale um pássaro na mão do que dois voando.
| | Entre marido e mulher, ninguém mete a colher.

Filho de peixe, peixinho é.

Atividades

2. Agora complete os diálogos com os seguintes provérbios.

1. Filho de peixe peixinho é.
2. Roupa suja lava-se em casa.
3. Filho criado, trabalho dobrado.
4. Santo de casa não faz milagre.
5. Uma andorinha só não faz o verão.
6. Burro amarrado também pasta.
7. Em terra de cego quem tem um olho é rei.
8. Filho de gato gosta de rato.
9. Mais vale um pássaro na mão do que dois voando.
10. Entre marido e mulher, ninguém mete a colher.

a) • Mas Zé, você é casado!
   • E daí? ....

b) • Você quer aulas de inglês?! Mas seu marido não é americano?
   • Sabe como é ....

c) • Então, Zulmira, agora que o Gérson se casou, você tem mais tempo para fazer o que gosta.
   • Você é que pensa! ....

d) • Adilson brigou de novo com a mulher. Desta vez a coisa é séria. Acho que vou lá conversar com ele.
   • Olha, toma cuidado! Você sabe, ...

e) • Puxa, como o Julinho canta bem! Até parece profissional.
   • Com um pai cantor e uma mãe pianista, o que você quer?
   ....

f) • Ô Zélia, como você foi contar para o Eduardo a nossa briga?
   • ....

g) • Eu não entendo como o Quico pode ser chefe do departamento.
   • É... ele não é muito bom, mas ....

h) • Que bom que demitiram o diretor do hospital, esse corrupto, sem-vergonha! Agora as coisas vão melhorar.
   • Espera aí, ...

i) • Não entendo por que você aceitou este emprego agora.
   • Olha, na situação em que estou, ...

j) • Nossa, como a Marisa gosta de uma cervejinha!
   • Você não conhece o pai dela? ....

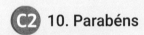 **10. Parabéns**

1. Leia a carta.

> Fortaleza, 29 de outubro.
> Antônio
> Tudo bem? Soube ontem pela Gisela que você conseguiu aquele estágio que você queria no Instituto Oceanográfico e vai passar um ano no Japão.
> Meus parabéns!!
> Fiquei muito feliz porque sei como isso é importante pra você. Espero vê-lo antes da viagem. Se não, te desejo muito sucesso por lá.
> Um abraço

2. Seu amigo vai ser pai. Utilizando a carta acima como modelo, escreva-lhe cumprimentando-o:

– dar os parabéns   – desejar felicidades   – desejar saúde

3. Mostre a carta para seu/sua professor/a.

101

Atividades

C2 11. **Parabéns pra você**
(Bertha Celeste Homem de Mello)

É pique, é pique, é pique, pique, pique. É hora, é hora, é hora, hora, hora.
Ra-tim-bum, Pedro, Pedro, Pedro.

D1 12. **Férias**

Luís Fernando Veríssimo

Nasceu em 1936, filho de Mafalda e Érico Veríssimo, também um famoso escritor. Em 1956, começa a trabalhar na Editora Globo. Entre 1962 e 1966, trabalha no Rio de Janeiro como tradutor, secretário redator de publicações comerciais... Em 1966, ele se muda para Porto Alegre.

A partir de 1969, publica suas crônicas no "Zero Hora". Entre 1982 e 1989, ele assina a página de humor da revista "Veja". Desde então, tem uma página semanal em "O Estado de São Paulo". Luís Fernando Veríssimo é, hoje, um dos cronistas e escritores mais conhecidos do Brasil.

1. Leia o texto e dê um título para cada parte.

- ☐ Dia de chuva 1
- ☐ Dia de chuva 2
- ☐ Dia de chuva 3
- ☐ Dia de chuva 4
- ☐ A saída
- ☐ Roupa de praia
- ☐ Conselho de pai
- ☐ Na cama 1
- ☐ Na cama 2
- ☐ Na cama 3
- ☐ No restaurante
- ☐ Indo para a serra
- ☐ Reclamação
- ☐ Chega no hotel
- ☐ Reencontro
- ☑ 1 A decisão

Parte 1 **Título: *A decisão***

– Praia! – gritou a filha.
– Serra! – gritou o filho.
– Quintal – sugeriu o pai, pensando na crise.
A mulher tinha um sonho: fazer um cruzeiro num transatlântico de luxo. Só uma vez na vida. Noites de luar no Caribe. Drinques coloridos à beira da piscina. Lugares exóticos com nomes românticos.
– Galápagos...
– Barbados...
– Falidos...
– Fal... Como, falidos?

Atividades

– É o que nós ficaríamos depois de uma viagem dessas. Você sabe quanto custa?

– Você só pensa em dinheiro.

– Dinheiro, não. Cruzeiro.[1]

– Praia, pai!

– Serra!

– Praia!

Chegaram a um acordo. Praia e serra. Uma semana de cada uma. O cruzeiro no Caribe aguardaria a improvável circunstância de o papai morrer e a mamãe casar com o Chiquinho Scarpa. Tinham ouvido falar de um hotel novo numa praia ainda não desenvolvida. Preços promocionais. E a distância, segundo o pai, que calculou as probabilidades de irem e voltarem de carro sem os combustíveis aumentarem no meio do caminho, era razoável. Para a praia, portanto. Uma semana!

| Parte 2 | Título: |

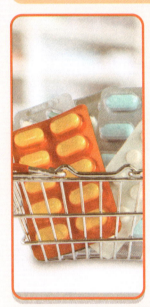

– Está tudo no carro?

– Está, Vilson, entra.

– Pomada contra queimadura?

– Está.

– Repelente contra inseto?

– Está.

– Quinino? Tabletes de sal? Ataduras? Rádio, para mantermos contato com a civilização?

– Vamos lá, pai!

– Antibióticos? Lança-chamas, contra um possível ataque de formigas gigantes?

– Está tudo no carro, Vilson. Deixa de bobagem e entra.

– Arrá. Não está tudo no carro.

Faltava a Agatha Christie. O pai voltou correndo para buscar a Agatha Christie. Cinco livros. Pelos seus cálculos, o manteriam longe do sol, da areia e da água fria por toda semana.

| Parte 3 | Título: |

– Você vai para a praia nua?

– Eu não estou nua, pai. Estou de biquíni.

– Vou ter que aceitar sua palavra...

| Parte 4 | Título: |

– Garçom, sal.

– Hã?

– Sal. Aquela coisa branca que parece açúcar.

– Ah.

– Não é possível. Ele não sabe o que é sal.

– Calma, Vilson. O hotel é novo. Ouvi dizer que eles estão aproveitando gente do local.

Atividades

— Mas o sal já deve ter chegado aqui. Já tem TV a cabo, e sal refinado é bem mais antigo.
— Ele só não ouviu o que você disse, Vilson. Olha, aí vem ele.
— Ah!, aí está. Obrigado.
— Obrigado, moço.
— Eu sabia...
— O quê?
— Ele trouxe açúcar.

| Parte 5 | Título: |

— Sabe que você, desse jeito, está muito, mas muito apetitosa?
— Ai!
— Que foi?
— Não me toca aí.
— Por quê?
— Queimadura. É por isso que eu vou dormir sem roupa.
— Eu não falei? Você devia fazer como eu. Eu nunca me queimo.
— Claro que não se queima. Passa o dia inteiro dentro do hotel, lendo a Agatha Christie.
— Quando o tal general me deixa. Ô velho chato! Só fala em doença. Sabe que eu já sei mais sobre a vesícula dele do que sobre a minha? E isso que eu convivo com a minha há anos. Vem cá vem.
— Ai! Aí também não pode tocar. Aqui. Aqui pode.
— Aí não me interessa.

| Parte 6 | Título: |

— Meu filho, eu quero que você pense numa coisa. Você sabe o que pode acontecer se você continuar indo tão longe no mar? Sabe?
— Sei, pai. Posso morrer afogado.
— Não é só isso, meu filho. Se você morrer afogado nós vamos ter que interromper as férias. E o hotel está pago até o fim da semana!

| Parte 6 | Título: |

— Eu pedi peixe.
— O senhor pediu peixe.
— Exato. E isto não é peixe.
— É, sim senhor.
— Não, meu amigo. Isto é carne.
— É peixe.
— É carne.
— Pai...
— O quê?
— Pode ser peixe-boi.
— Vilson! Você levantou a mão pro menino!
— Desculpe. É que eu dormi mal esta noite. Os mosquitos. E sonhei com a vesícula do general. Desculpe, meu filho.
— O senhor quer trocar de prato?

Atividades

— Não, não. Isto está ótimo. Bife com molho de camarão. A gente deve experimentar tudo na vida. Traga o sal, por favor.
— Hã?
— Esquece.

Parte 8 — Título:

— Veja que coisa fascinante é o ciclo da vida. Os mosquitos nos comem, as lagartixas comem os mosquitos, e tenho certeza de que cedo ou tarde servirão essas lagartixas no restaurante do hotel. Sem sal. O ciclo se completa. A vida segue o seu curso. É bonito isso. Chega pra cá.
— Não. Eu ainda estou queimada.
— Então você, Agatha. Venha você. Assim.
Oh, sim. Deixa eu abrir as suas páginas, deixa eu acariciar, lentamente, a sua lombada. Mmmm...
— Vilson...
— O quê?
— É você fazendo cócegas no meu pé?
— Eu não sonharia em tocar em você, querida.
— AHH! É a lagartixa!

Parte 9 — Título:

— Sabe general, eu sempre achei que, se houver inferno, ele é um hotel de praia num dia de chuva.
— Como?
— O inferno. Deve ser um hotel de praia em dia de chuva.
— Isso é porque você não sofre da vesícula.

Parte 10 — Título:

— Eu ainda mato o general.

Parte 11 — Título:

— Herodes foi um grande injustiçado da história. Devia-se fazer uma campanha para reabilitá-lo. Limpar o seu nome.
— Vilson, tenha paciência. Com essa chuva as crianças têm que ficar dentro do hotel. Aonde você vai?
— Me lembrei que estou aqui há cinco dias e ainda não fui à praia.
— Mas está chovendo!
— Certo. Se começar a parar eu volto correndo.

Parte 12 — Título:

— Bingo!
— Papai! Você completou a cartela!
— Grande, pai!
— Qualquer jogo que requeira capacidade intelectual é comigo mesmo. Desafio qualquer um neste hotel para um Burro em Pé até a morte.

105

Atividades

Parte 13 — Título:

– Querido...
– Hum?
– Larga a Agatha.
– Você não está mais queimada?
– Estou, mas não me importo.
– Já vi tudo. É porque eu ganhei no bingo. Há algo num vencedor que atrai as mulheres. Um certo magnetismo ani...
– Vilson...
– O quê?
– Cala a boca.

Parte 14 — Título:

– Está tudo no carro?
– Está, Vilson. Entra.
– A prancha? As conchas? Tudo?
– Tudo, Vilson.
– A lagartixa?
– Vamos embora, pai!

Parte 15 — Título:

– Ah, a serra! Vejam que beleza! Vocês acordarão cedo todas as manhãs e farão grandes caminhadas e depois me contarão como foi, se conseguirem me acordar. Encheremos os pulmões de ar puro e ainda levaremos um pouco para casa, dentro de isopores. Este hotel me parece bom.
– Por que você escolheu logo esse?
– Gostei do nome. "Falso Bávaro". Pelo menos parece honesto.

Parte 16 — Título:

– Vamos passear no mato. Vamos passear no mato!
– Pensei que você fosse passar os dias no hotel, lendo.
– Vocês não vão acreditar.
– O quê?
– O general também está aqui! Vamos passear no mato.

2. Leia o texto de novo e resolva as tarefas abaixo.

Parte 1: A palavra "falidos" significa

a) ☐ Uma ilha no Caribe.
b) ☐ Sem dinheiro.
c) ☐ Um navio de luxo.

Parte 2: Relacione as palavras com as imagens da página 105.

a) [1] pomada de queimadura
b) ☐ repelente para insetos
c) ☐ quinino
d) ☐ tabletes de sal
e) ☐ lança-chamas
f) ☐ antibióticos
g) ☐ rádio
h) ☐ ataduras

Atividades

Parte 5: O general, hóspede do hotel, é chato porque

a) ☐ passa o dia inteiro no hotel.
b) ☐ fala o tempo todo.
c) ☐ só fala de doenças.

Parte 12: Vilson

a) ☐ ganhou no bingo.
b) ☐ é um grande intelectual.
c) ☐ está jogando Burro em Pé.

Parte 8: Marque o desenho que corresponde à cena e mostre a "lagartixa".

D2 13. Nomes

1. A ficha. Ouça a gravação e complete a ficha.

Nome completo: *Estela Maria Novaes Silva Pereira da Rocha Stachmviski*
Nome do pai: *Pedro*
Nome da mãe: *Silvia*
Nome do marido: *Igor*

2. Os apelidos. Ouça a gravação e relacione.

Apelidos	Nomes		
a) Dudu	☐ José Carlos	h) Ju	☐ Maria Lúcia
b) Malu	☐ Maria Teresa	i) Cida	☐ Maria Aparecida
c) Zeca/Zé	☐ Fátima		
d) Guto	*a* Eduardo		
e) Fafá	☐ Jussara, Jurema		
f) Beto	☐ Gustavo/Augusto		
g) Maitê	☐ Roberto		

Apelidos famosos
Chico — Francisco Buarque de Holanda (músico)
Lula — Luiz Inácio Lula da Silva (político)
Pelé — Edson Arantes do Nascimento (ex-jogador de futebol)

Atividades

3. Ouça a gravação e complete a autorização. Quem vai viajar?

a) ☐ O pai com seus três filhos.

b) ☐ O irmão com a irmã dele.

c) ☐ A tia com seus três sobrinhos.

> **Autorização**
>
> Eu, ... na qualidade de ....
> autorizo a Sra. .... a
> viajar com seus três ....,
> .... (.................) ....
> (..............), ... (...................).
> Clodoaldo B. Silveira
> Juiz de Menores da 3ª Comarca

E1 Famílias de palavras

Complete o quadro com palavras da mesma família.

Verbo	Substantivo	Adjetivo
entrevistar		
	a imigração	
casar		
	o divórcio	
chover		
	a aposentadoria	
		legível, lido
empregar		
	o estacionamento	

E2 15. Formação de palavras

1. Procure no dicionário os adjetivos terminados em *-ável* ou *-ível* a partir dos seguintes verbos:

suportar	....	discutir	....
comparar	....	confundir	....
desejar	....	definir	....
aceitar	....	ler	....
calcular	....	compreender	....
imaginar	....	poder	....

2. Complete as frases com adjetivos da lista acima.

a) Parece que é muito rico, milionário. Sua fortuna é ....

b) 32 graus! O calor hoje está ....

c) Para ser gerente, uma experiência no setor é ....

d) Reconheci-o pela roupa. Seu estilo é ....

e) Ninguém pode ler isso! É ....

f) Vamos continuar a greve. Essa proposta é ....

g) Ele está chateado, perdeu os documentos. É ....

5 Lição

A1 1. O que fazer?

Que atividades de férias você encontra neste quadro?

Vamos jogar futebol?

A2 Talvez

Organize o diálogo. Há várias possibilidades.

1. Não sei, está muito quente.
2. Ou tênis! Você por acaso gosta de tênis?
3. Por que talvez? Vamos lá, já temos 10 pessoas, só falta mais uma.
4. Talvez.
5. Vamos jogar futebol?
6. Mas você não vai fazer nada?
7. Talvez, não sei ainda.
8. Mais ou menos, mas não tenho muita vontade de jogar agora.

A3 3. Viagem a Aracaju?

A4 1. Escreva as frases que melhor se adaptam a cada ilustração.

 a    b    c    d

– não sabe se/ir/de ônibus, avião ou carro   a) ....
– talvez/ficar/na casa da Márcia   b) ....
– existe/hotel barato?   c) ....
– pode ser que/ir/dia 20 para Aracaju   d) ....

Atividades

B1 **4. Pretérito perfeito composto do indicativo**

1. Complete com as palavras no quadro.

tem feito
tem recebido
fora do peso ideal
temos dormido
tem comido
tem dado
está

a) A 💃 está ....*fora do peso ideal,*... porque ela ....(comer) muito 🍰 ultimamente. Ela precisa comer menos carboidratos.

b) O 👨‍🏫 ....(estar) muito cansado ultimamente porque ....(dar muitas aulas).

c) Nós ....(dormir) até as ⏰ ultimamente porque não precisamos trabalhar de manhã.

d) O 🎤 ....(receber) muito dinheiro ultimamente porque ele ....(fazer) *shows* todas as noites.

2. Odila vai deixar o emprego. Ela não aguenta mais. Nas últimas semanas, tem sido difícil trabalhar. Por quê?
  1. *O chefe tem reclamado de tudo.* ....
  2. ....
  3. ....
  4. ....

3. Elaine Aparecida vai se casar no mês que vem. Ela tem estado muito ocupada. O que ela tem feito ultimamente?
  1. *Ela tem feito compras para a casa nova.* ....
  2. ....
  3. ....
  4. ....

4. Pretérito perfeito simples ou composto. Complete o e-*mail*.

messagem	inserir	opções	formatar	texto

programar	anexar	salvar rascunho	✉️ enviar

Para:	andre@vidaboa.com
De:	trabalho@trabalho.com
Assunto:	olá

Rio, 3 de Dezembro ....
Caro André
Eu não lhe......................(escrever) antes porque
......................(trabalhar) muito ultimamente.
Nesses últimos meses, nós......................(ter) problemas com nossos clientes.
Eu não......................(fazer) outra coisa a não ser trabalhar, trabalhar, trabalhar... Ontem......................(ficar) até às 10 horas no escritório! Um horror!
Quanto ao resto, tudo bem. A praia continua onde você a......................(deixar). Vejo-a todos os dias quando vou ao escritório. O sol...

110

Atividades

B2 ### 5. Advérbios em *-mente*

1. **Escreva o advérbio.**

calmo	—	frio	—	perfeito	— ....
duro	—	leve	—	pessoal	— ....
doce	—	livre	—	pobre	— ....
especial	—	longo	—	rápido	— ....
fácil	—	natural	—		
fraco	—	nervoso	—		

2. **Faça frases.**

Eu	escrever	meus problemas	frequente	
Vocês	resolver	a situação	claro	
Ela	explicar	em inglês	fácil	-mente
Eles	falar	para nós	perfeito	

Exemplo: *Ela escreve para nós frequentemente.*

3. **Complete as frases com a forma do adjetivo ou do advérbio.**

a) (calmo/ nervoso) Ele nunca está .... Ele sempre fala comigo ....

b) (especial) Ele recebeu atenção .... O programa foi feito .... para ele.

c) (duro/pobre) Eles são muito .... e o trabalho deles é muito .... Eles vivem ....

d) (emocional/ racional) Ela é uma pessoa muito .... Ela nunca reage ....

B3 ### 6. Outros advérbios

1. **Complete as frases com os advérbios à direita.**

Exemplo: Um bom professor ensina ..... *bem* ..... .

a) Um bom cozinheiro cozinha ....

b) Um mau cantor canta muito ....

c) Ele não ouve bem, por isso falo ....

d) Estou com pressa. Fale mais ....

e) Ele vive mal porque ganha muito ....

f) Psiu! A criança está dormindo. Fale ....

g) Estou cansado. Hoje, trabalhei ....

h) Não entendi. Por favor, fale mais ....

> demais
> pouco
> muito
> baixo
> alto
> depressa
> devagar
> bem
> mal

2. **Agora escreva um *e-mail* para Márcia, sua amiga em Aracaju.**

messagem	inserir	opções	formatar	texto

Para: marcia@aracaju.com.br

De:

Assunto: visita a Aracajú

enviar

Campinas, 12 de março
Querida Márcia.
Tudo bem com você? Estou te escrevendo porque pode ser que eu ....

111

Atividades

B3 **7. Pronomes indefinidos**

Complete e escreva a resposta.

a) • Vocês tem ......*alguma*...... pergunta?
   • *Não, nenhuma.*

b) • Faltou .... na aula de ontem?
   • ....

c) • Eles trouxeram .... presente do Paraguai?
   • ....

d) • Você tem .... problema?
   • ....

e) • Você sabe .... sobre ele?
   • ....

f) • Você conhece .... nesta festa?
   • ....

g) • Eu deixei .... sobre a mesa?
   • ....

> Eu deixei algo sobre a mesa?

B4 **8. Pronomes indefinidos e dupla negação**

B5 Complete e escreva a resposta.

a) Você tem ......*algum*...... mapa do Brasil? • *Não, não tenho nenhum.*
b) Você tem .... revista brasileira? • ....
c) Você conhece .... no Brasil? • ....
d) Você sabe .... sobre a professora? • ....
e) Você tem .... foto dela? • ....

C1/3 **9. Você gosta da natureza?**

1. Você é ecologista, amante da natureza ou predador? Olhe e responda.

112

Atividades

1. O que chama mais a atenção na ilustração?
a) ☐ as montanhas
b) ☐ as plantas
c) ☐ os animais
d) ☐ as casas

2. Um lugar assim é para:
a) ☐ o fim de semana
b) ☐ viver
c) ☐ achar inspiração
d) ☐ comer e dormir

3. O que mais incomoda na floresta é:
a) ☐ a falta de conforto
b) ☐ os mosquitos
c) ☐ tudo
d) ☐ o isolamento

4. Amar a natureza é:
a) ☐ preservar a si mesmo
b) ☐ demagogia
c) ☐ coisa de *hippie*
d) ☐ respeito social

5. A natureza é:
a) ☐ expressão de Deus
b) ☐ mãe de todos
c) ☐ perfeita
d) ☐ simples

6. O maior problema ecológico é:
a) ☐ a poluição sonora
b) ☐ a poluição visual
c) ☐ o desmatamento
d) ☐ a poluição da água e do ar

7. A vida no campo é:
a) ☐ monótona
b) ☐ tranquila
c) ☐ chata
d) ☐ saudável

8. Para descansar você prefere:
a) ☐ viajar para São Paulo
b) ☐ ligar a televisão
c) ☐ ir para um hotel-fazenda
d) ☐ ir à praia

9. Olhando para a ilustração você sente:
a) ☐ preguiça
b) ☐ entusiasmo
c) ☐ volúpia
d) ☐ depressão

10. O que mais acalma na natureza é:
a) ☐ o azul dos oceanos
b) ☐ o canto dos pássaros
c) ☐ os diferentes tons de verde
d) ☐ o ar puro

2. Agora conte seus pontos.

	1	2	3	4	5	6	7	8	9	10
A	4	2	3	4	2	2	2	2	2	4
B	3	4	4	2	3	1	3	1	3	2
C	2	3	1	1	1	4	1	4	4	3
D	1	1	2	3	4	3	4	3	1	1

De 10 a 20 pontos
Predador
Você precisa ampliar sua consciência e respeitar mais a natureza. Temos que fazer isso para as próximas gerações. Lute contra a poluição e em favor das florestas. Quem sabe assim poderemos ouvir no futuro o canto dos pássaros.

De 21 a 30 pontos
Amante da natureza
Você ama tanto a natureza que nem percebe que o homem é seu maior inimigo. Nem todos aprenderam a respeitá-la, por isso você tem de lutar para que as próximas gerações ainda possam ter alguma coisa.

De 31 a 40 pontos
Ecologista
Você sabe que a ecologia não é só a defesa dos animais, mas um problema para nós e para o futuro. Por isso, continue pensando assim. A natureza afeta as nossas vidas diretamente. Ensine outras pessoas a respeitá-la.

Atividades

D1 10. O desafio verde

1. Ouça o texto e decida qual dos adesivos abaixo melhor representa o tema.

> Como diz a canção, "o Brasil é um país tropical, abençoado por Deus e bonito por natureza". Realmente, sem problemas de terremotos, tufões, ciclones, clima, o Brasil é um país abençoado. 58% da Amazônia, com 30.000 espécies vegetais, é brasileira. O Pantanal, a maior planície inundável do mundo, tem mais espécies de aves que os Estados Unidos e mais espécies de peixes que a Europa toda. Cerca de 12% da água-doce existente no planeta está no Brasil.
>
> O brasileiro, com seu trabalho, tem aproveitado a natureza: 83% da energia consumida no país vem de fontes renováveis, como os biocombustíveis e as hidrelétricas. A agricultura e a pecuária se desenvolveram muito a ponto de o país ser fonte de alimentos para o mundo em geral. O Brasil, sem dúvida, com seus recursos naturais, é uma potência ambiental. O problema é que há grupos que tentam, por todas as formas, proteger o meio ambiente de maneira quase irracional: a ideia é manter a natureza intacta, intocada, numa redoma. Deixam-se sem luz milhares de pessoas para salvar um cardume de sardinhas.
>
> O desafio é conseguir lidar com a natureza sem destruí-la: usá-la e, ao mesmo tempo, preservá-la. Só assim a natureza sobreviverá num mundo cada vez mais necessitado de seus recursos.

2. Qual destas frases resume melhor a ideia central do texto?

a) ☐ A fome é consequência da destruição da natureza.

b) ☐ O Brasil é uma potência ambiental por causa de seus vastos recursos naturais.

c) ☐ O Brasil, uma grande potência ambiental, deve encontrar formas de usar a natureza em benefício próprio, sem prejudicá-la.

Atividades

3. De acordo com o texto,

a) O Brasil tem ☐ 12%   da água-doce existente no mundo.

☐ 16%

☐ 25%

b) A Amazônia é ☐ completamente   brasileira.

☐ em parte

☐ em grande parte

c) É ☐ possível   usar os recursos ambientais sem

☐ impossível   prejudicar a natureza.

d) O Brasil ☐ tem   condições ambientais muito boas.

☐ não tem

(D2) 11. Notícias e serviços 24 horas por dia – 87 FM.

1. Ouça a gravação. Qual dos títulos abaixo melhor se adapta ao texto?

O transporte na cidade

Serviços públicos na cidade   A cidade é você

2. Ouça a gravação novamente. Quais dos assuntos abaixo são mencionados no programa de rádio?

a) ☐ A limpeza nas ruas   **d)** ☐ Lojas que funcionam 24 horas por dia

b) ☐ O trânsito   **e)** ☐ A poluição sonora

c) ☐ A poluição do ar   **f)** ☐ O sistema de transporte

3. Observe as ilustrações e fale sobre as sugestões do rádio que as pessoas não estão seguindo.

a)

b)

c)

d)

e)

f)

Atividades

E2 12. Animais

Quais são as suas associações? Relacione as palavras com os animais das ilustrações.

a) borboleta

b) pássaro

c) gato

d) cachorro

e) cavalo

f) burro

g) porco

	a	b	c	d	e	f	g
preto			x				
marrom							
magro							
grande							
amarelo							
bonito							
pequeno							
elegante							
alegre							
pesado							
ativo							
tímido							
preguiçoso							
agradável							
sensual							
antipático							
correr							
simpático							
rápido							
inteligente							
trabalhar							
relaxar							
amigo							
comer							
verão							
brincar							
feio							
prazer							
barulho							
silêncio							
couro							
bosque							
fazenda							
cheiro							
montanha							
lazer							

	a	b	c	d	e	f	g
fim de semana							
jardim							
lixo							
férias							
cozinha							
quadro							
branco							
casa							
campo							
quarto							
verde							
filhos							
noite							
jogos							
restaurante							
ecologia							
cedo							
carne							
charme							
esporte							
baixo							
feijoada							
gordura							
transporte							
rural							
amor							
zoológico							
hambúrguer							
manhã							
churrasco							

6 Lição

A1 1. Uma região brasileira

A2 1. Decifre a carta enigmática e escreva o texto.

2. Complete a rosa dos ventos

Noroeste

Sudeste

A3 2. Simpatia e antipatia

1. Há muitos modos de exprimir opiniões e sentimentos.

 +
Adoro...
Gosto muito de...

Acho bom...
Acho simpático...
É ótimo...

 –
Odeio...
Detesto...
Não suporto...
Não aguento...
Acho chato...
Acho antipático...
É horrível...
É chato...

Atividades

2. Complete as frases abaixo com os elementos adequados do quadro anterior.

a) Eu .... meu vizinho. Ele é um carioca muito antipático.

b) Lá em casa, a gente .... chimarrão. A gente toma chimarrão todo dia.

c) Churrasco de gaúcho é ótimo. Eu ....!

d) São Paulo é uma cidade grande demais .... morar lá!

e) Em Belo Horizonte não tem praia. A gente não tem o que fazer no domingo .... morar lá.

f) Em Brasília, tudo é novo, muito moderno. Eu .... Brasília.

g) Eu .... o calor. Por isso, não poderia nunca morar em Manaus.

h) Muita gente não gosta de Recife mas eu ....! Não tem outra cidade igual para mim.

B1 **3. Voz passiva**

1. Leia o texto abaixo e sublinhe as formas na voz passiva.

O povo brasileiro

A população brasileira é formada por três raças – índios, negro-africanos e europeus.

Quando os portugueses chegaram ao Brasil em 1500, a enorme área, que é hoje o país, era habitada por cerca de um milhão de índios. A partir da segunda metade do século XVI, negros africanos foram trazidos para o Brasil pelos colonizadores para trabalhar na produção de açúcar. Até o século XIX pelo menos 3,5 milhões de negros (provavelmente muito mais) foram transportados da África para o Brasil por comerciantes de escravos.

A partir da segunda metade do século XIX, grande número de imigrantes, mais de 5 milhões, vindos da Itália, de Portugal, da Espanha, da Alemanha e dos outros países da Europa Central e do Oriente Médio, foram recebidos pelo país. Os japoneses, um povo que não era conhecido pelos brasileiros até então, começaram a chegar em grandes ondas a partir de 1908.

A população brasileira atual é, portanto, resultado do encontro de muitos povos. A importância de cada raça, no entanto, varia de região para região. Os brancos predominam nos estados do Sul, onde foi recebido o maior número de imigrantes europeus. O elemento índio tem grande importância na bacia do Amazonas – onde se concentram os 'caboclos', descendentes de índios e portugueses. Os afro-brasileiros são encontrados em maior número nos estados do Nordeste e do centro, onde era maior a população escrava.

2. Reescreva as frases que têm forma na voz passiva, substituindo-as pela voz ativa.

Três raças – índios, afrodescendentes e europeus – formam a população brasileira.

118

Atividades

B2 **4. Pronomes indefinidos:** *todo o/toda a, todos os/todas as/tudo*

1. Escreva uma frase.

O fogo destruiu

todo o	1	casas
toda a	2	produção do ano
todos os	3	mercado
todas as	4	edifícios
tudo	5	escolas
	6	!

O fogo destruiu 1 .... ,

2 .... , 3 .... ,

.... 4 .... , 5 ....

.... , 6 ....!

2. Escolha, entre os elementos à direita, os que podem substituir as partes sublinhadas das frases. Reescreva as frases.

a) Ele lê <u>qualquer jornal</u> que ele encontra.

....

b) Ele lê o jornal <u>do começo ao fim</u>.

....

c) Ela fica em casa <u>24 horas por dia</u>.

....

d) Ela <u>sempre</u> fica em casa.

....

e) Ele vem aqui <u>pelo menos uma vez por semana</u>.

....

f) Ele vem aqui <u>de segunda-feira a domingo</u>.

....

- [ ] semana toda
- [ ] o dia todo
- [ ] todo
- [ ] toda semana
- [ ] todo dia
- [*a*] todo jornal

5. Pronomes indefinidos: *cada – todos os/todas as*

Complete os textos e resolva os problemas.

A Um músico tem 3.225 CDs e 5 amigas. .....*Todas as*..... suas amigas receberão o mesmo número de CDs. Como ele deve distribuí-los?

Resposta: Ele deve dar .... CDs para .... amiga.

B O filho de um intelectual tem biblioteca com 6.125 livros. Ele quer dividir sua biblioteca entre 7 escolas do seu bairro .... escolas receberão a mesma quantidade de livros. Como será feita a divisão?

Resposta: .... escola receberá .... livros.

C Uma companhia de exportação e importação de frutas tropicais está procurando um gerente de vendas. Há 9 candidatos para o emprego. O chefe de departamento entrevistará .... candidatos. Ele tem 6 horas para isso. Como deve dividir seu tempo?

Resposta: Ele deve conversar .... minutos com .... candidato.

Atividades

C1 6. Orixás

C2 Segundo o candomblé, todas as pessoas reproduzem o temperamento de algum orixá do seu panteão

1. Leia as frases e depois o texto.

Os adeptos do candomblé acreditam que
- ☐ toda pessoa tem um orixá.
- ☐ o comportamento de uma pessoa é semelhante ao do seu orixá.
- ☐ durante a vida, a pessoa pode mudar de orixá.
- ☐ a pessoa recebe do seu orixá as características que marcam sua personalidade; por isso, é seu "filho".

Os santos de cada um

Da mesma forma que os católicos julgam ter um anjo da guarda particular, os adeptos do candomblé acreditam que cada pessoa possui seu orixá ou "santo", e com ele se identifica. O orixá funcionaria como um arquétipo, um padrão de comportamento do qual não se pode fugir. A certeza sobre quem é de que santo só vem com o jogo de búzios, mas o caráter de cada orixá fornece uma boa pista. Os mais conhecidos:

OXÓSSI

É o orixá caçador. Na Bahia, foi sincretizado com São Jorge e, no Rio de Janeiro, com São Sebastião. Seus filhos herdam dele a independência e a esperteza. Estão sempre descobrindo algo novo. Sua característica é o movimento. Caetano Veloso é de Oxóssi.

OXUM

Divindade dos rios. Foi sincretizada com Nossa Senhora das Candeias. Vaidosa, anda sempre com um espelho para se olhar. As mulheres de Oxum apreciam joias, roupas caras, são elegantes e graciosas. Mãe Menininha, que sempre usava brincos e pulseiras, foi uma de suas filhas. Martha Rocha é outra.

OGUM

É guerreiro e também a divindade do ferro. Sincretizado com Santo Antônio de Pádua, na Bahia, e com São Jorge, no Rio de Janeiro. Bravo, impaciente, impulsivo e muito persistente. Os filhos de Ogum só muito raramente desistem de seus objetivos.

  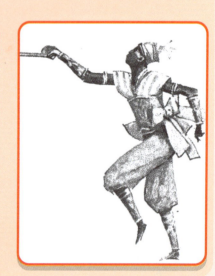

Atividades

OXALÁ

Foi o primeiro orixá a ser criado pela divindade suprema Olodumaré. Sincretizado com o Senhor do Bonfim. São de Oxalá as pessoas tranquilas, reservadas e que inspiram confiança.

EXU

Uma de suas funções no candomblé é servir de mensageiro entre os homens e os outros orixás. Foi sincretizado com o Diabo, porque é manhoso e especialista em provocar brigas e problemas onde quer que apareça. Mas tem seu lado bom. Tratado com jeito, pode ser de grande ajuda. Assim são as pessoas de Exu.

XANGÔ

Deus do raio e dos trovões, sincretizado com São Jerônimo. Viril e conquistador, ele roubou a sensual orixá Iansã de seu marido Ogum. Seus filhos são voluntariosos e altivos. E, naturalmente, se encantam facilmente pelo sexo oposto. Jorge Amado, que criou Gabriela, Dona Flor e Tereza Batista, é de Xangô. Gabriela, se jogasse búzios, poderia descobrir-se uma filha de Iansã.

OMOLU

Divindade das doenças contagiosas, é também conhecido como Obaluaê e sincretizado com São Lázaro. As pessoas que estão sempre sofrendo têm Omolu como santo. Se não há motivos para tristeza, os filhos de Omolu arranjam algum.

IANSÃ

Orixá dos ventos. Foi sincretizada com Santa Bárbara. As mulheres de Iansã são autoritárias e voluptuosas. Apesar de muito ciumentas, sentem-se atraídas por romances extraconjugais.

IEMANJÁ

A deusa do mar. Mãe de várias divindades, como Xangô, Ogum e Oxóssi. Sincretizada com Senhora da Conceição. As mulheres de Iemanjá são protetoras, sérias e possuem um forte sentido de hierarquia. Costumam ser muito respeitadas.

2. Relacione as características com os orixás.

1. força   Oxóssi
2. inteligência   Oxum
3. beleza   Ogum
4. conflito   Exu
5. conquistas amorosas   Xangô
6. sensualidade   Oxalá
7. criatividade   Omolu
8. tranquilidade Iansã
9. melancolia   Iemanjá
10. respeito

3. Você também tem seu orixá. Identifique-o. Em algumas linhas, explique por que você se sente "filho/a" dele.

121

Atividades

D1 7. Uma lenda indígena

1. Observe os desenhos e depois leia a lenda. As ilustrações vão ajudá-lo/la.

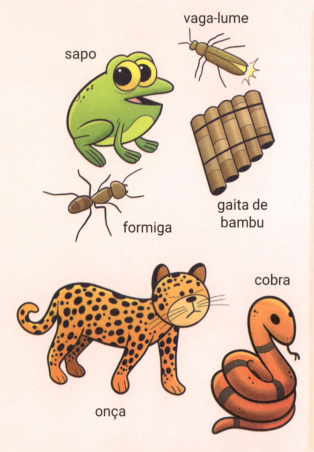

Arutsã – O sapo esperto

O sapo Arutsã foi até a casa da onça para pedir-lhe uma gaita de bambu. Os outros animais avisaram Arutsã do perigo que estava correndo. Mas ele não lhes deu atenção e continuou seu caminho.

A onça foi gentil ao recebê-lo e convidou o sapo para um banho no lago. O sapo aceitou o convite, mas percebeu que, no caminho para o lago, a onça andava sempre atrás dele. Desconfiado, ficou atento.

À noite, a onça esperou o sapo adormecer para devorá-lo, mas Arutsã colocou sobre seus olhos os olhos de um vaga-lume e assim enganou a onça.

No dia seguinte, já com a gaita, o sapo despediu-se da onça. Esperto que era, espalhou formigas no caminho. As formigas atacavam a onça, e a onça, para se livrar delas, batia as patas no chão. Assim o sapo sabia exatamente onde a onça estava e podia continuar seu caminho, muito feliz da vida.

O sapo passou então pelo território das cobras. A onça tinha pedido a elas para matar o sapo. As cobras o perseguiram. Nesse momento, o sapo deu um grande salto e pulou para a lua. Lá em cima, bem contente, até hoje, está tocando sua gaita. Em noites claras, a onça fica olhando para a lua, lamentando o fracasso do seu plano.

2. Numere os desenhos na ordem do texto.

Atividades

3. Leia primeiro as duas colunas abaixo, depois mais uma vez a lenda. Reproduza a lenda, relacionando a primeira coluna com a segunda.

1. O sapo pediu à onça   **a)** ☐ para nadar.

2. A onça convidou o sapo   **b)** ☐ o sapo fingiu que estava acordado.

3. O sapo ficou desconfiado   **c)** ☐ enquanto a onça fica na terra olhando para a lua.

4. Para não ser comido pela onça,   **d)** ☐ o sapo fugiu para a lua.

5. Para escapar das cobras   **e)** ☐ porque a onça nunca andava na frente dele.

6. O sapo toca sua gaita na lua   **f)** ☐ uma gaita.

D2 **8. Dizem por aí...**

1. Leia mais uma vez sobre os estereótipos na página 58, e ouça a gravação.

A entrevista é com

☐ um paulista   ☐ um mineiro

☐ um gaúcho   ☐ um carioca

2. Ouça a gravação de novo.

Quais estereótipos sobre a região do entrevistado são mencionados na entrevista?

O .... ☐ é machão.   ☐ é boa-vida.   ☐ só quer ganhar dinheiro.

☐ só trabalha.   ☐ odeia trabalhar.

☐ não gosta de mulheres.   ☐ é pão-duro.   ☐ não diz a verdade.

☐ é mão de vaca.   ☐ não diz o que pensa.

☐ fala pouco.   ☐ não suporta o calor.

3. O entrevistado

☐ concorda basicamente com as afirmações da entrevistadora.

☐ não concorda.

☐ ele não gosta das pessoas de sua região e critica a atitude delas.

☐ ele gosta das pessoas de sua região e explica a atitude delas.

4. Forme frases que reproduzam as ideias da entrevista.

	é pão-duro,	porque gosta de luxo.
	é fechado,	porque precisa do dinheiro para ter segurança.
	desconfia	com pessoas que ele não conhece.
	é machão	porque adora o trabalho.
O	é trabalhador	com as pessoas que ele conhece bem.
	é aberto	por causa do meio ambiente em que ele vive (as montanhas).
	é sincero	com os amigos.
	é caloroso	de estranhos.

Atividades

(E) 9. Quantas palavras você consegue encontrar?

```
R E G I A O R T I G E C U P A I S O N E E N A S W C M V
I B K D E S M U E L M R T R B H O L A X I D W U O H E O
O A S U R S L A P I S I C O R T I N A E N Z A B W T R C
A U A N S P O L T R O N A F E I L D L R H U U T D M E A
T A P E T E U Z L U M S V E S T I D O C U S H R A O S B
U M S G M O S U V E A T Z S R H T M D I M M S O L O T U
F C O M P R A R I K T P E S O F A C H C F A I P U C I L
E U S E A D E M E M A R B O G A B D B I E P E I E H E A
I E D R N E N G R A O E E R W R T O L O J A R C B K R R
N C A V N N K E A L K C H E Q U E A U S N G Y A E E E I
C A D E R N O B L H I O R L E A R T S D S A A L I V R O
A E K S D A V U L A S I L E I Y N E A A T R R R U I L O
R I A T E A C A A X E S P E L H O I U G E C M A E N R A
T N M I R B K R R U C H U V A W A N M U R H A L B E I N
A K E R S A U M E S A A E R L A R V E N D E R L E N B E
O U A J C J C T O A K N I I U S A H I C R T I O N A E L
E C I A H U T S M L O L N S N T T S A P A T O A M O S T
M U N E O R O D I N H E I R O U O A K T A W U L A M A T
```

Procure no quadro acima na vertical e na horizontal:

A – 8 palavras relacionadas com geografia/clima.   D – 8 palavras relacionadas com comércio.
B – 8 palavras relacionadas com escola.   E – 8 palavras relacionadas com roupa.
C – 8 palavras relacionadas com móveis.

Complete as palavras que encontrou com os sinais gráficos (^), (~) e cedilha(ç).

Exemplo: PRECO = preço, SOFA = sofá

A – Geografia	B – Escola	C – Móveis	D – Comércio	E – Roupa
1.		*sofá*	*preço*	
2.				
3.				
4.				
5.				
6.				
7.				
8.				

1 Revisão

R1 Jogo: Vamos preservar o mico-leão-dourado

Instruções

Este jogo pode ser jogado sozinho em casa ou com os/as colegas em classe.

1. Em casa: um só jogador.

1. Você precisa de uma peça e de um dado.
2. Jogue o dado e responda à questão correspondente ao número que tirou.
3. Verifique as suas respostas imediatamente.
4. Some (+) os números de mico-leão-dourado com respostas certas. Subtraia (−) os números dos galhos com respostas erradas.
5. O jogo termina ao chegar ao mico-leão-dourado 59.
6. Jogue o jogo várias vezes até conseguir no mínimo 250 pontos.

Como calcular os pontos?

Exemplo:

1ª jogada: casa 6, certo   ⟶   + 6
2ª jogada: casa 11, certo   ⟶   + 11
                                    = 17
3ª jogada: casa 15, errado   ⟶   − 15
                                    = 2
4ª jogada: casa 20, certo   ⟶   + 20
                                    = 22

2. Em classe: 2 a 6 jogadores.

1. Cada jogador tem uma peça de cor diferente.
2. O primeiro jogador joga o dado e responde à questão correspondente ao número que tirou.
3. Se a resposta está certa, o jogador coloca sua peça nessa casa.
4. Se a resposta está errada, o jogador não avança.
5. Os outros jogadores fazem o mesmo.
6. Ganha quem chega à META primeiro com o número certo no dado.

O jogo começa na página seguinte

Aqui estão as perguntas para salvar o mico-leão-dourado.

1. (comprar) Eu comprei. (ler) Eu ....
2. O marido da minha irmã é meu ....
3. O pai de meu pai é meu ....
4. **Avance até o nº 10.**
5. bom, ruim, fácil ....
6. **Volte para o nº 3.**
7. Um livro grande é um livrão. Uma mesa grande é uma ....
8. Dê o nome de 4 cidades brasilei-ras. ...., ..., ..., ...
9. A filha da minha mãe é minha ....
10. Sábado tem churrasco. O que você vai vestir? ...., ..., ...
11. **Volte para o nº 7.**
12. Gordo – ....
13. Para andar, uso os pés. Para comer, ...
14. O jornaleiro vende ....
15. O leiteiro vende ....
16. O que você fez ontem? (4 ações) Eu... ...., ..., ..., ...
17. Casa, casinha. Loja, ...
18. **Volte para o nº 12.**
19. **Avance para o nº 25.**
20. Dê o nome de 3 doenças. ...., ..., ...
21. 8 partes do corpo. ...., ..., ..., ..., ..., ...
22. Então melhorou da gripe? Que nada! Estou me sentindo .... Coitado!
23. Diga o nome de 4 peças que homens e mulheres podem vestir. ...., ...
24. Antigamente, ... melhor.
25. Antigamente, nós .... numa casa.
26. Antigamente, eles .... mais dinheiro.
27. Qual é a .... dele?/ Ele é engenheiro.
28. Trabalho só das 8h às 12h, em ....
29. **Volte para o nº 18.**
30. **Avance para o nº 35.**
31. Ganho pouco dinheiro. Meu .... não é bom.

32. Os operários estão em .... Eles querem ganhar mais.
33. Quantos dias por semana você trabalha? ....
34. Eu moro no (19º) .... andar.
35. .... com .... dá verde.
36. Não tenho dinheiro. Vou pagar com ....
37. Você já .... as roupas na mala?
38. Eu vim, mas elas não ....
39. Vamos trocar: você .... para cá e eu .... para aí.
40. **Avance até o nº 43.**
41. Está frio. O que você vai vestir? (4 peças) ...., ..., ..., ...
42. Ele tem o rosto .... como uma bola.
43. **Volte até o nº 33.**
44. Sou carioca porque .... no Rio.
45. Você vem à festa? Pode .... vinho?
46. Dê o nome de 5 estados do Brasil. ...., ..., ..., ..., ...
47. Encontrei a Malu. Por ela .... que Patrícia se casou.
48. Eu .... bom dia! Você não ouviu?!
49. Hoje é meu .... Faço 34 anos.
50. **Volte para o nº 43.**
51. **Avance para o nº 53.**
52. Jairo ainda não .... Já são 8 horas.
53. Nas férias quero .... uns dias no Nordeste.
54. O Jairo não veio. Ultimamente, ele .... muito ocupado.
55. São Paulo fica no Sudeste. Manaus, no ....
56. Os gaúchos moram no ....
57. Ele fala bem português, mas fala .... francês.
58. .... dia levanto cedo.
59. .... dos alunos receberá um presente.

R2 Descreva as pessoas

Como elas são? Quem está usando o quê?

Inácio Tinhão	Cecília Ramos	Inácio Tinhão Filho	Karen Meireles
\multicolumn{4}{c}{Corpo}			
meio gordo			
\multicolumn{4}{c}{Roupa}			
	sapato rosa		
\multicolumn{4}{c}{Temperamento}			
			alegre,
			extrovertida

128

R3 Campos de palavras

Separe as palavras de acordo com sua área. Às vezes, há várias possibilidades.

1. Alimentação
2. Clima
3. Corpo/Saúde
4. Economia
5. Família
6. Férias/Lazer
7. Geografia
8. Moradia
9. Móveis
10. Profissão
11. Trabalho
12. Roupas

A	a agricultura	1, 2, 4, 7, 11
	o algodão	
	o aluguel	
	o abajur	
	a aposentadoria	
	o arco-íris	
	o azeite	
B	a bagagem	
	o banqueiro	
	o barco	
	a barriga	
	a bebida	
C	a cadeira	
	o calor	
	o carteiro	
	o chimarrão	
	a chuva	
	o condomínio	
	a cortina	
	as costas	
	o cunhado	
D	o dinheiro	
	o divórcio	
	a demissão	
	a doença	
	o doce	
E	o empregado	
	o infarto	
	o espelho	
	o espinafre	
	a esposa	
	o estômago	
	a excursão	
F	a farinha	
	a faxineira	
	o fazendeiro	
	a febre	
	a fibra	
	a floresta	
	o frio	
G	o gado	
	a geladeira	
	o genro	
	a greve	
	o guaraná	
H	a higiene	

	o horário	
	o hospital	
	o hoteleiro	
I	a ilha	
	a indústria	
	o ingrediente	
	o inquilino	
	o inverno	
J	a janela	
	o jardim	
	o joelho	
	a jornada	
	o jornaleiro	
L	a lã	
	os lábios	
	os legumes	
	o linho	
	o *living*	
	a loja	
M	a mala	
	a malha	
	a manteiga	
	a mão de obra	
	o mapa	
	a mata	
	a mudança	
N	o namorado	
	o nariz	
	o negócio	
	a nora	
	o Noroeste	
O	a orelha	
	o operário	
	o óleo	
	o outono	
	o ovo	
P	o palmito	
	o parente	
	o passeio	
	o patrão	
	o petróleo	
	a pecuária	
	a planta	
	o plantão	
	a poltrona	
	a pousada	

	a primavera	
Q	o queijo	
	o queixo	
	o quiabo	
	o quilo	
	o quintal	
R	o regime	
	o refrigerante	
	o remédio	
	o resfriado	
	a reunião	
	o rio	
	o roupeiro	
S	o salário	
	o saquinho	
	o sapateiro	
	a seca	
	a sede	
	a selva	
	o sogro	
	o solo	
T	o tablete	
	o tamanho	
	a tensão	
	o térreo	
	o tio	
	a tosse	
	o trigo	
	o turismo	
U	a usina	
	a uva	
V	a vagem	
	o vatapá	
	o verão	
	o vento	
	o verdureiro	
	o vestido	
	a viagem	
	a visita	
	o viúvo	
W	o *WC*	
	o *windsurf*	
X	o xadrez	
Z	o zelador	
	a zona	
	o zoológico	

R4 Encontre o estranho

comprei	fui	li	veja	escreveu
acho que	penso que	acredito que	não aceito que	imagino que
ótimo	péssimo	ruim	agradabilíssimo	facílimo
São Paulo	Rio de Janeiro	Belo Horizonte	Santos	Recife
lã	algodão	seda	linho	couro
listrado	azul	liso	xadrez	estampado

R5 Tudo de bom!

Encontre o nosso texto de despedida. As primeiras letras das palavras já marcamos.

S	X	T	.	O	S	A	U	T	O	R	E	S	.
E	W	O	S	L	S	O	M	A	J	E	S	E	D
U	A	B	O	X	T	S	V	O	W	N	U	E	A
C	L	U	N	Z	U	C	E	C	U	I	R	L	P
U	L	R	.	V	D	V	U	Ê	D	T	K	I	R
R	E	A	M	I	O	V	Q	C	O	N	Y	M	E
S	R	O	I	M	D	Z	S	O	M	A	R	U	N
O	F	Z	F	Z	E	Y	X	W	V	L	E	S	D
B	W	K	O	A	B	O	M	E	E	S	P	T	E
A	S	I	Y	U	K	I	L	T	U	M	E	K	N
Y	Z	C	V	O	C	C	A	R	O	G	A	L	D
W	X	O	L	G	E	H	T	R	I	F	X	I	O
P	E	D	K	B	Z	K	O	O	B	R	A	S	.
O	R	T	U	G	U	Ê	S	D	O	R	A	F	I

Seu curso básico de português

Fonética

PASSO 1

40 1.1. [or], [ɔr] Ouça o áudio e marque o som que você ouviu.

	[or]	[ɔr]
dor		
enorme		
forma		
corpo		
formal		
pior		
porta		
dorme		
por		
forte		
jornal		
zelador		
melhor		

41 1.2. Leia.

Um corpo forte.
Uma porta enorme.
Um zelador formal.
Dor de dente

Por favor!
Maior é pior.
Menor é melhor.

42 2. [k] [kw] Ouça o áudio e marque o som que ouviu.

	[k]	[kw]
queixo		
esquisito		
tranquilo		
quente		
quilo		
questão		
frequente		
química		
quando		
consequência		
queimar		

43 2.1. Leia.

Um queixo pequeno.
Um quadro esquisito.
Um queijo quente.
Uma questão frequente.
Um quarto tranquilo.

44 3. [e] [ɛ] Ouça o áudio e marque as palavras com o som /e/.

- [ ] pé
- [ ] perna
- [ ] cotovelo
- [ ] febre
- [ ] joelho
- [ ] péssimo
- [ ] dedo
- [ ] orelha
- [ ] pescoço

45 4. Palavras com muitas vogais. Leia e repita.

> ideia, geleia, maio, Itatiaia, Atibaia, Aurélio, Ibirapuera

46 5. [ew], [ɛw], [iw], [ɔw], [uw] se escrevem "el" ou "éu", "il" ou "iu", "ol", "ul". Ouça o áudio e marque o som que você ouviu.

	[ew]	[ɛw]	[iw]	[ɔw]	[uw]
Brasil					
selva					
sol					
cantil					
adultos					
afável					
culpados					
civil					
filme					
vulgar					
viril					
cruel					
anel					
impulso					
céu					
chapéu					
ouviu					
serviu					
lençol					
consulta					
último					

47 6. Leia.

Goool do Brasil!
Que hotel agradável!
O preço é bem razoável.
Papel avulso é horrível, prefiro bloco.

PASSO 2

48 1.1. Leia [t] [d].

> tudo, todo, dedo, dado, três, treze, dez, dois, duas, data, tempo, determinado, importado, aposentado

49 1.2. [tj] se escreve "ti", [dj] se escreve "di". Ouça o áudio e marque o som que você ouviu.

	[tj]	[dj]
direito		
condição		
moradia		
adicional		
atividade		
diurno		
diferença		
tímido		
simpático		
prático		
decidido		
ótimo		
tarde		
faculdade		
paternidade		

50 2. Leia.

> difícil, constituição, político, comunicativo, antigamente, esportivo, típico, dia a dia

51 3. Entonação. Ouça e repita.

Como não, você não concorda?!
De jeito nenhum!
É isso mesmo, concordo com você!
Não é bem assim.
Você está certíssimo!
Não, você está totalmente errado!

PASSO 3

52 1.1. [f], [v]. Marque o som que você ouviu.

	[f]	[v]
vestido		
verde		
febre		
fibra		
vender		
festa		
vermelho		
visita		
favor		
fazer		
leve		
ferver		
faca		
vaca		

53 1.2. [b], [v]. Marque o som que você ouviu.

	[b]	[v]
gravata		
bermuda		

	[b]	[v]
você		
banco		
livros		
vibrar		
abrir		
bolsa		
bonita		
receber		
vim		
veio		
vidro		
vinho		

54 2. [h] de carro, se escreve "r" ou "rr" e [r] de caro, se escreve "r". Ouça o áudio e marque o som que ouviu.

	[h]	[r]
vestiria		
gostaria		
perigoso		
regata		
lavanderia		
barriga		
risonho		
remédio		
carreira		
rosto		
claro		
roupa		
escuro		
rotina		
careca		
amarelo		

55 3. [ʃ] se escreve "ch" e "x". [ʒ] se escreve "j" ou "ge", "gi". Ouça o áudio e marque o que ouviu.

	[ʃ]	[ʒ]
conjunto		
churrasco		
caixa		
julho		
jantava		
xadrez		
roxo		
jovem		
laranja		
enxergar		
genial		
chegava		
loja		
regime		
ginástica		
lógico		
viajar		
hoje		

56 **4. Ouça o áudio e repita.**

cheio / jato	semana / lata
encher / agitar	Ana / batata
preencher / hoje	cama / abacate
jato / chato	manhã / mala
juta / chuta	

PASSO 4

57 **1.1. [ʎ] se escreve "lh" e [aw], [ɛw], [iw], se escrevem "al, el, il,. Ouça o áudio e marque os sons diferentes.**

filho / fio	
milho / mil	
velho / veio	
viu / vil	
pilha / pia	
til / tio	
mal / mau	
mel / meu	

58 **1.2. [ʎ], [l]. Ouça o áudio e marque os sons idênticos.**

falha / fala	
bola / bola	
palha / pala	
bolha / bolha	
sal / sai	
filha / fila	
velho / velho	
velha / vela	
colhe / cole	

59 **1.3. Ouça o áudio e repita.**
Uma saia vermelha.
Uma colher velha.
Uma meia vermelha.
Uma malha feia.
O joelho da mulher do filho do Júlio.

60 **2. Leia.**
Conheceram e passearam.
Namoraram e casaram.
Separaram e divorciaram.
Chegaram e ficaram.
Nasceram e morreram.
Dormiram e acordaram.
Abriram e fecharam.
Trouxeram e levaram.

61 **3. Entonação.**
Posso experimentar?
Posso pagar com cartão?
Posso trocar?
Fique à vontade!
Pois não.
Não tem mais, acabou.

PASSO 5

62 **1. [s] [z]. Ouça o áudio e repita.**
Boas férias.
Os mesmos problemas estruturais.
Adeus grandes planos!
Sapatos azuis e pequenos.

Camisas estampadas e xadrez.
Desastres ecológicos.
Ônibus e estradas turísticas.
Fiz o mesmo país duas vezes.

63 **2. Ouça e repita.**
As asas azuis.
As aulas das oito.
Os olhos das irmãs.
Os homens altos.

64 **3. [s], [z], [ʃ]. Ouça o áudio e marque os sons diferentes.**

japonês / japonesa	
chinês / chinês	
peça / pesa	
lixo / liso	
fecha / ficha	
chão / são	
chato / jato	
vez / vez	
paz / pazes	

65 **4. [ẽw], [õj] se escrevem "ão" e "õe". Ouça o áudio e repita.**

poluição	poluições
caminhão	caminhões
circulação	circulações
solução	soluções
sugestão	sugestões
excursão	excursões

66 **5. [ũ], [u] se escrevem "um, un" e "u". Identifique o som.**

	[ũ]	[u]
um		
num		
nenhum		
algum		
nunca		
mundo		

	[ũ]	[u]
uma		
numa		
nenhuma		
alguma		
nuca		
mudo		

67 **6. Leia.**
Diga não ao lixão.
O rodízio de veículos não é solução para o controle de poluição.
A educação é fundamental para a preservação ambiental.
Trair e coçar é só começar.

PASSO 6

68 **1. [k], [g]. Ouça o áudio e marque os sons diferentes.**

gado / gado	
cato / gato	
paca / paga	
pacote / pagode	
cacho / cacho	
pegar / pecar	
penca / penca	
carvão / carvão	
barraca / barraca	

133

69 2. [p], [b]. Ouça o áudio e marque o som que você ouviu.

	[p]	[b]
pão		
bom		
pomba		
bomba		
populoso		
chapada		
barulho		
piada		
limpo		
lâmpada		
bigode		
bandeja		
presunto		

70 3. Leia.

Livre, leve e solta.
Pegue, pague e leve.
Pesque e pague.
Pegue e faça.
Cuidado, pegue leve!
Puxa, ele pegou pesado!

71 4. [s], [z], [R], [r]. Como se escreve?

	[s]	[z]	[R]	[r]
sapo				
Roma				
assassino				
zero				
ensinar				
aroma				
ácido				
caro				
próximo				
descer				
carro				
excelente				
honra				
exame				
hora				

72 5. Leia.

A aranha arranha a rã.
A rã arranha a aranha.
Nem a aranha arranha a rã.
Nem a rã arranha a aranha.
Olha o sapo dentro do saco
O saco com o sapo dentro,
O sapo batendo papo
E o papo soltando o vento.

Apêndice gramatical

Observação

As informações contidas neste apêndice referem-se exclusivamente ao conteúdo das lições 1 a 6 deste livro.

Conteúdo

1. Substantivos e adjetivos 136
    1.1. Singular e plural

2. Adjetivos 136
    2.1. Superlativo e absoluto

3. Pronome 137
    3.1. Pronomes pessoais
        3.1.1. Pronome objeto indireto
        3.1.2. Pronome reflexivo
    3.2. Pronomes indefinidos
        3.2.1. Dupla negação

4. Advérbios 138
    4.1. Advérbio em -mente
    4.2. Outros advérbios de modo

5. Verbos 138
    5.1. Conjugação
    5.2. Quadro geral do emprego dos tempos do Indicativo
    5.3. Voz passiva
        5.3.1. Voz passiva com verbo ser
            5.3.1.1. Verbos de duplo particípio
        5.3.2. Alguns verbos com particípio duplo
        5.3.3. Voz passiva com se (voz passiva sintética)

1. Substantivos e adjetivos
1.1. Singular e plural

-a, -e, -i -o, -u	+ s		a e i o u	— a casa — a cidade — caqui — o livro — o baú	— as casas — as cidades — os caquis — os livros — os baús
- r -z -ês	+ es		r z ês	— a mulher — o rapaz — o francês	— as mulheres — os rapazes — os franceses
-m ⟶	m̶ + ns		m m	— o homem — bom	— os homens — bons
-al ⟶ -el ⟶ -ol ⟶ -ul ⟶	l̶ + is		al el ol ul	— o animal — o papel — o lençol — azul	— os animais — os papéis — os lençóis — azuis
⟶ -il ⟶	il̶ + eis l̶ + s		il il il il	— fácil — difícil — civil — gentil	— fáceis — difíceis — civis — gentis
-ão	⟶ + s ⟶ + ões ⟶ + ães		ão ão ão	— a mão — o coração — o pão	— as mãos — os corações — os pães

2. Adjetivos
2.1. Superlativo absoluto

-o -e -eio -io -vel	⟶ o̶ ⟶ e̶ ⟶ o̶ ⟶ o̶ ⟶ v̶e̶l̶	+ íssimo + iíssimo + bilíssimo	caro lindo leve feio cheio sério necessário frio confortável agradável	— caríssimo — lindíssimo — levíssimo — feíssimo — cheíssimo — seríssimo — necessaríssimo — friíssimo — confortabilíssimo — agradabilíssimo

Este hotel é caríssimo, mas confortabilíssimo.

fácil — facílimo difícil — dificílimo	bom/boa — ótimo mau/má, ruim — péssimo	grande — máximo pequeno — mínimo

3. Pronomes
3.1. Pronomes pessoais
3.1.1. Pronome objeto indireto

eu	me/mim	Ele me mostrou a casa. Ele mostrou a casa para mim.
você, ele, ela	lhe	Eles não lhe disseram nada. (Eles não disseram nada para você/para ele/para ela.)
nós	nos	Ele não nos deu a informação. (Ele não deu a informação para nós.)
vocês, eles, elas	lhes	Ele lhes explicou a situação. (Ele explicou a situação para eles/para elas/para vocês.

3.1.2. Pronome reflexivo

eu	me	Eu me visto.
você, ele, ela	se	Você se veste.
nós	nos	Nós nos vestimos.
vocês, eles, elas	se	Vocês se vestem.

3.2. Pronomes indefinidos

Cada todo toda toda a todo	Dei um presente para cada criança. Ela trabalha todo o dia. (2ª feira, 3ª feira...) Ela faz pergunta toda hora, e incomoda todo mundo. Ele comeu toda a pizza sozinho. = Ele comeu a pizza toda/inteira sozinho Ele leu o livro todo em dois dias. Ele leu todo o livro em dois dias. = Ele leu o livro inteiro em dois dias.	
No plural, *todo* e *toda* são acompanhados necessariamente de artigo definido.		
todos os todas as tudo	Todos os dias ele reclama do barulho. Todas as vezes que ele vem a São Paulo, está chovendo. Vou convidar todos os meus amigos. Eu vendi tudo. Ele viu tudo e contou tudo à polícia.	
algum alguma alguns algumas alguém algo	Algum problema? Alguma pergunta? Comprei alguns livros. Visitei algumas amigas. Alguém ligou? Você sabe algo sobre a Bahia?	
nenhum nenhuma ninguém nada	• Quantos livros ele leu? • Quantas pessoas telefonaram? • Quem ligou? • O que você quer?	• Nenhum. • Nenhuma. • Ninguém. • Nada.

3.2.1. Dupla negação

Eu **não** vi **ninguém**.

Ele **não** quer **nada**.

Não temos **nenhuma** resposta.

Eu **não** recebi **nenhum** jornal.

4. Advérbios

4.1. Advérbios em -mente

O trabalho é fácil. Eu o fiz facilmente.

ADJETIVO	ADVÉRBIO	
calmo/a	calmamente	Ele respondeu calmamente.
longo	longamente	Ele a olhou longamente.
leve	levemente	Ele bateu na porta levemente.

4.2. Outros advérbios de modo

Um bom cantor canta bem.

depressa	Ande mais depressa!	alto	Não fale tão alto!
devagar	Fale mais devagar.	baixo	Você está falando muito baixo.
bem	Ele cozinha bem.	muito	Ele ajuda muito.
mal	Ela canta mal.	pouco	Ela ganha pouco.

5. Verbos

5.1. Conjugação

Verbos regulares

	Presente	Pretérito perfeito	Pretérito imperfeito	Futuro do presente	Futuro do pretérito	Mais-que-perfeito simples	Mais-que-perfeito composto	Perfeito composto
-ar	falo	falei	falava	falarei	falaria	falara	tinha falado	tenho falado
	fala	falou	falava	falará	falaria	falara	tinha falado	tem falado
	falamos	falamos	falávamos	falaremos	falaríamos	faláramos	tínhamos falado	temos falado
	falam	falaram	falavam	falarão	falariam	falaram	tinham falado	têm falado
-er	como	comi	comia	comerei	comeria	comera	tinha comido	tenho comido
	come	comeu	comia	comerá	comeria	comera	tinha comido	tem comido
	comemos	comemos	comíamos	comeremos	comeríamos	comêramos	tínhamos comido	temos comido
	comem	comeram	comiam	comerão	comeriam	comeram	tinham comido	têm comido
-ir	abro	abri	abria	abrirei	abriria	abrira	tinha aberto	tenho aberto
	abre	abriu	abria	abrirá	abriria	abrira	tinha aberto	tem aberto
	abrimos	abrimos	abríamos	abriremos	abriríamos	abríramos	tínhamos aberto	temos aberto
	abrem	abriram	abriam	abrirão	abririam	abriram	tinham aberto	têm aberto

Verbos irregulares

	Presente	Pretérito perfeito	Pretérito imperfeito	Futuro do presente	Futuro do pretérito	Mais-que-perfeito simples	Mais-que-perfeito composto	Perfeito composto
dizer	digo	disse	dizia	direi	diria	dissera	tinha dito	tenho dito
	diz	disse	dizia	dirá	diria	dissera	tinha dito	tem dito
	dizemos	dissemos	dizíamos	diremos	diríamos	disséramos	tínhamos dito	temos dito
	dizem	disseram	diziam	dirão	diriam	disseram	tinham dito	têm dito
fazer	faço	fiz	fazia	farei	faria	fizera	tinha feito	tenho feito
	faz	fez	fazia	fará	faria	fizera	tinha feito	tem feito
	fazemos	fizemos	fazíamos	faremos	faríamos	fizéramos	tínhamos feito	temos feito
	fazem	fizeram	faziam	farão	fariam	fizeram	tinham feito	têm feito
pôr	ponho	pus	punha	porei	poria	pusera	tinha posto	tenho posto
	põe	pôs	punha	porá	poria	pusera	tinha posto	tem posto
	pomos	pusemos	púnhamos	poremos	poríamos	puséramos	tínhamos posto	temos posto
	põem	puseram	punham	porão	poriam	puseram	tinham posto	têm posto
trazer	trago	trouxe	trazia	trarei	traria	trouxera	tinha trazido	tenho trazido
	traz	trouxe	trazia	trará	traria	trouxera	tinha trazido	tem trazido
	trazemos	trouxemos	trazíamos	traremos	traríamos	trouxéramos	tínhamos trazido	temos trazido
	trazem	trouxeram	traziam	trarão	trariam	trouxeram	tinham trazido	têm trazido
vir	venho	vim	vinha	virei	viria	viera	tinha vindo	tenho vindo
	vem	veio	vinha	virá	viria	viera	tinha vindo	tem vindo
	vimos	viemos	vínhamos	viremos	viríamos	viéramos	tínhamos vindo	temos vindo
	vêm	vieram	vinham	virão	viriam	vieram	tinham vindo	têm vindo
vestir	visto	vesti	vestia	vestirei	vestiria	vestira	tinha vestido	tenho vestido
	veste	vestiu	vestia	vestirá	vestiria	vestira	tinha vestido	tem vestido
	vestimos	vestimos	vestíamos	vestiremos	vestiríamos	vestíramos	tínhamos vestido	temos vestido
	vestem	vestiram	vestiam	vestirão	vestiriam	vestiram	tinham vestido	têm vestido

5.1.1. Quadro geral do emprego dos tempos do indicativo

Presente	— Ele sempre trabalha bem.
Presente Contínuo	— Ele está trabalhando bem agora.
Pretérito Perfeito	— Ontem ele trabalhou bem.
Pretérito Imperfeito	1. — Antigamente ele trabalhava bem. (hábito no passado)
	2. — Quando meu amigo entrou na sala, vi que <u>estava</u> nervoso. (descrição no passado)
	3. — Ele <u>estava lendo</u> o jornal, quando o telefone tocou. [duas ações no passado, uma longa (no Imperfeito) e uma curta (no Perfeito).]
	4. — Enquanto ele <u>trabalhava</u>, ela <u>gastava</u> dinheiro. (duas ações longas no passado).
Futuro Imediato	— Nós vamos comprar um carro.
Futuro do Presente	— Compraremos um carro.
Futuro do Pretérito	— Com mais dinheiro, eu <u>viveria</u> melhor.
Mais-que-perfeito simples	— Ela estava contente porque <u>recebera</u> boas notícias.
Mais-que-perfeito composto	— Ela estava contente porque <u>tinha recebido</u> boas notícias.
Perfeito composto	— Ela está cansada porque <u>tem trabalhado</u> muito ultimamente.
	(O Perfeito composto indica ação iniciada no passado chegando ao presente. A ação não está terminada.)
	— Eu não <u>tenho dormido</u> muito bem, por isso estou muito cansado ultimamente.

5.3. Voz passiva

5.3.1. Voz passiva com verbo ser (voz passiva analítica)

A notícia foi dada à noite. Notícias são dadas diariamente. Tudo será explicado amanhã.

5.3.1.1. Verbos de duplo particípio (verbos abundantes)

Matar — matado, morto — O bandido já tinha matado alguns reféns quando foi morto pela polícia.

Matado: Forma regular do particípio, é usada com verbo na voz ativa.

Morto: Forma irregular do particípio, é usada com verbo na voz passiva.

5.3.2. Alguns verbos com particípio duplo

	Forma regular (voz ativa)	Forma irregular (voz passiva)
aceitar	aceitado	aceito
acender	acendido	aceso
entregar	entregado	entregue
enxugar	enxugado	enxuto
imprimir	imprimido	impresso
limpar	limpado	limpo
matar	matado	morto
prender	prendido	preso
salvar	salvado	salvo
secar	secado	seco
soltar	soltado	solto

5.3.3. Voz passiva com *se* (voz passiva sintética)

Aluga-se apartamento novo.

Alugam-se casas na praia.

Textos gravados

Faixa 1

Novo Avenida Brasil 2
Curso básico de Português para estrangeiros
Livro-texto e Livro de Exercícios

De: Emma Eberlein Oliveira Fernandes Lima – Lutz Rohrmann – Tokiko Ishihara – Cristián González Bergweiler – Samira Abirad Iunes.

© E.P.U. Editora Pedagógica e Universitária Ltda., São Paulo, 2009. Todos os direitos reservados. A reprodução desta obra, no todo ou em parte, por qualquer meio, sem autorização expressa e por escrito da Editora, sujeitará o infrator, nos termos da Lei nº 6.895, de 17/12/1980, à penalidade prevista nos artigos 184 e 186 do Código Penal, a saber: reclusão de um a quatro anos.

Faixa 2

Novo Avenida Brasil 2 – Livro-texto – Lição 1 – Corpo
A1 Acho lindíssimo
– Este quadro é muito esquisito.
– Eu acho genial. É muito interessante.
– Eu não entendo nada de pintura, mas acho muito estranho. Olhe que pernas e pés enormes! Você viu o braço e a mão como são grandes? E a cabeça é minúscula.
– Mas é um quadro moderno.
– Tudo bem, eu sei que é moderno. Mas não gosto. Acho feio.
– Mas eu acho lindíssimo. Olhe direito. O corpo é longo e liso. No rosto só se veem os olhos e o nariz. É tão interessante...
– Mas não tem boca...

Faixa 3

A3 Será que vou ter um infarto?
– O senhor não tem nada grave por enquanto. É só uma gripe.
– Mas, doutor, ando com muita dor de cabeça, dor nas costas. Ando muito cansado ultimamente.
– O senhor está muito nervoso e fuma demais. Isso não é bom.
– Estou com febre, doutor. Estou preocupado com o coração. Será que vou ter um infarto?
– Muito bem, vou lhe explicar qual é a sua "doença": o senhor está pesando 86 quilos. Para 1 metro e 70 de altura, o senhor está fora dos padrões. O senhor tem que se alimentar melhor.
– E o coração?
– O senhor precisa parar de fumar. E tem mais, tem que fazer ginástica.
– Mas...
– Vou lhe dar um remédio para a gripe e também uma dieta. Nada de sal, açúcar e gorduras em excesso. Senão vai piorar.

Faixa 4

A4 Estou péssimo
– Então, Arlindo, melhorou da gripe?
– Que nada! Estou péssimo. É o regime. Esse médico quer me matar de fome.
– Calma, no começo é sempre assim. Depois você se acostuma.
– Isso é o que você pensa. Já faz uma semana e não emagreci nem um quilo.
– Você tem que ter paciência. Uma semana é muito pouco.
– Mas eu não aguento de fome. Estou fraco, estou passando mal.
– Vamos à churrascaria?
– Ah, não! Sinto muito.
– Droga!
– Coitado! Espero que fique bom logo.

Faixa 5

C Características
– O que você acha do homem nesta foto?
– Espere. Deixe-me ver melhor. É um homem de 35 anos. Talvez um pouco mais. É meio gordo. O cabelo dele é castanho, mas ele é careca. Os olhos são castanhos também.
– Como você acha que ele é? Inteligente?
– É. Inteligente e alegre. Um homem aberto, muito comunicativo e risonho, mas não é esportivo.
– Nervoso?
– Não, de jeito nenhum. Ele parece calmo, otimista.
– Tímido?
– Também não.
– Esportivo?
– Não. Esportivo não. Eu acho que é do tipo que no clube, em vez de jogar futebol ou nadar, ele prefere ficar sentado no restaurante, bebendo e conversando com os amigos. Gosto do jeito dele. É um homem simpático.

Faixa 6

D2 Ioga?
Ouça a gravação. Toque a parte do corpo mencionada.
Você está sentindo o corpo pesado
Você está relaxando, ouve o barulho do riacho ao longe.
As orelhas
Você sente o corpo relaxando cada vez mais.
A perna esquerda
O vento sopra suavemente e você se sente tranquilo, repousado
O nariz
Seus problemas parecem distantes, loooonnnge
A boca
O braço direito

você sente o corpo mais quente
mais e mais pesado
você está completamente relaxado
os pés
as mãos
o calor sobe pelo corpo
fica difícil se mexer
você se sente muito bem
os olhos
a cabeça
relaxe
relaxe cada vez mais
ouça o barulho do riacho, sinta o vento, as costas
o peito
você se sente vivo, novas energias circulam no seu corpo
você está muito bem, tranquilo, relaxado
a vida é boa, boa, tudo é fácil... você está bem... costas

Faixa 7

Novo Avenida Brasil 2 – Livro-texto – Lição 2 – Trabalho
A4 A vida da mulher: antigamente, era melhor?
Ouça a gravação e dê a sua opinião.
– Pressão dobrada: no escritório, o chefe; em casa, a família.
– Antigamente era melhor: a mulher ficava em casa e cuidava só da família.
– O que você acha disso?
– Eu não concordo. Acho que antigamente a vida da mulher era mais difícil. A mulher trabalhava...
– Trabalho dobrado: trabalho no escritório. Depois, mais trabalho em casa.
– Antigamente era melhor: a mulher tinha mais tempo.
– Tensão, tensão, tensão! A mulher compete com os homens e com as outras mulheres.
– Antigamente a mulher era mais feliz. A vida para ela era mais tranquila.

Faixa 8

D2 O nosso tema de hoje é: a greve.
– Bom dia, ouvintes da Jovem Pan. Estamos iniciando a "cidade minuto a minuto" e o nosso tema de hoje, lógico, é o problema que atinge a todos: a greve de ônibus que parou a cidade. Estamos ao lado de Jorge Ataulfo de Almeida, presidente do Sindicato dos empregados em empresas de transporte coletivo.
– Jorge, a cidade está parada, não há ônibus. Os trabalhadores não conseguem chegar às fábricas... Por que esta greve?
– A greve tem uma razão muito simples. Nossos salários estão muito baixos. Os motoristas e cobradores não estão podendo viver com o pouco dinheiro que ganham. Além disso, trabalhamos 8 horas por dia. Às vezes mais. Em ônibus velho e num trânsito terrível. Também tem o problema...
– Mas, Jorge, a população toda está sofrendo porque vocês querem melhores salários. Isso não é injusto?
– Veja bem, a greve é o único instrumento de pressão que temos. A população tem de entender isso. Os culpados pela greve não somos nós. São os donos das empresas. Eles não querem pagar mais. Não temos outra saída.
– Bem, temos agora algumas perguntas dos nossos ouvintes.

Faixa 9

Novo Avenida Brasil 2 – Livro-texto – Lição 3 – Roupa
A2 Eu gostaria de ver...
– Posso ajudá-la?

– Eu gostaria de ver o conjunto do anúncio.
– Pois não. Seu tamanho é 42?
– Não, 44. Tem em verde?
– Olha, verde não tenho mais, mas este azul-claro fica muito bem na senhora.
– Não sei. Posso experimentar?
– Claro. O provador é ali à esquerda. Fique à vontade.
...
– Gostei do conjunto. Vou levá-lo.
– Mais alguma coisa?
– Não, obrigada, só o conjunto.
– Pois não. Vai pagar em dinheiro ou com cartão?
– Com cartão.
– Pode pagar ali no caixa. Muito obrigada.

Faixa 10

A3 O que vestir?
– Sábado tem um churrasco na casa da Márcia. É a primeira vez que vou num e não sei que roupa pôr.
– Normalmente churrascos são muito informais. Você poderia usar um *jeans* e uma camiseta ou uma camisa esporte.
– Você tem certeza? A Márcia anda sempre tão elegante...
– Não se preocupe. Em churrasco a gente vai bem à vontade.

Faixa 11

D1 Minha tia vai para Brasília
– Alô.
– Alô, Valdir, é a Jandira de Sertãozinho.
– Oi, Jandira, tudo bem?
– Fala mais alto, não tô ouvindo.
– A ligação tá ruim.
– Valdir, eu preciso de um favor seu.
– Fala.
– É o seguinte, minha tia Lucinda vai aí pra Brasília amanhã. Você poderia ir buscá-la na rodoviária?
– Mas eu não conheço sua tia, como é que eu vou fazer.
– Olha, ela vai chegar no ônibus das seis e meia. Ela é gordinha, baixinha, de uns 60 anos.
– Mas, a rodoviária tá cheia de gordinhas baixinhas.
– Vou descrever a roupa que ela vai usar. Anote aí, uma saia azul, uma blusa estampada e um casaco amarelo.
– Como? Não ouvi direito. Fala de novo.
– Uma saia azul, uma blusa estampada e um casaco amarelo.
– Tô ouvindo, casaco amarelo, e o que mais.
– Ela vai com uma mala preta, e um lenço xadrez na cabeça, que é pra você não se enganar.
– Éééééé vai ser difícil me enganar.
– Aí, você leva ela pra sua casa, e o meu tio vai buscá-la às 8 horas, tudo bem?
– Tudo bem, às seis e trinta na rodoviária, e ela fica esperando na minha casa.
– Muito obrigada, Valdir. Desculpe o incômodo, mas é que a minha tia nunca saiu daqui. Te ligo amanhã, tá?
– Tá bom, não se preocupe. Tchau.

Faixa 12

Novo Avenida Brasil 2 – Livro-texto – Lição 4 – Vida em família
A2 Parentes
1. Ouça o áudio e desenhe a árvore genealógica da Família Becker. Dê nome aos seus membros.
Pedro Becker, 37 anos, bancário:

"Este é meu avô paterno. Ele chegou ao Brasil em 1930, de navio. Ele já era casado com minha avó, mas só tiveram filhos aqui. Eles foram morar no interior de São Paulo com o irmão dele, que já tinha vindo alguns anos antes. Lá no interior nasceram o meu pai e meus tios. Meu pai veio para a capital para estudar, eu não sei exatamente quando. Aqui ele conheceu minha mãe e se casaram em 1955. Somos quatro irmãos, todos já casados e com filhos".

Faixa 13

2. Ouça o áudio e faça uma lista com o nome das pessoas que moravam na casa da Leda.

Leda Pereira Duarte, 35 anos, arquiteta

Quando nasci, meus pais tinham acabado de chegar ao Rio. Morávamos em Santa Teresa. Sou filha única, mas nossa casa vivia cheia: meus avós maternos sempre moraram conosco, e também um tio do meu pai e a mulher dele. Além disso, sempre havia primos passando as férias conosco ou tias do interior nos visitando. Meu pai sempre dizia que éramos o hotel da família no Rio. Minha família sempre foi muito tradicional. Quando acabei a faculdade e quis sair de casa, foi um escândalo: "Filha minha só sai de casa casada", disse meu pai, e foi assim que aconteceu.

Faixa 14

C2 Parabéns

Em datas importantes, é assim que a gente cumprimenta os amigos no Brasil. Identifique a ocasião.
— Sejam muito felizes!
— Feliz Natal!
— Parabéns! Sucesso!
— Meus parabéns!
— Feliz Aniversário!
— Feliz Ano-Novo!
— Boas-entradas!

Faixa 15

D2 Entrevista com Dona Yoshiko Ishihara, 89 anos

— Quando a senhora chegou ao Brasil?
— Em 1934. Tinha 13 anos.
— No Brasil, quais foram as primeiras dificuldades?
— Dificuldades... ah, tinha muitas. Primeiro a língua. Ninguém falava português. Era muito difícil conversar com as outras pessoas na fazenda.
— E na família? Tinha escola para os imigrantes?
— Tinha uma escola para crianças.
— A senhora foi para a escola.
— Ah, não... eu já era grande.
— E quais eram as outras dificuldades.
— Ah... a alimentação. A comida era muito diferente. Não tinha nada, nada de comida japonesa.
— O que por exemplo?
— Ah... verduras, temperos, arroz branco... essas coisas.
— E a vida na fazenda?
— A vida na fazenda...? Era difícil... Muito difícil... Tinha de colher café. A gente... meu pai... nunca tinha trabalhado na lavoura...
— A senhora também trabalhou na lavoura.
— Trabalhei!!! Eu também colhi café.

Faixa 16

Novo Avenida Brasil 2 – Livro-texto – Lição 5 – Turismo e ecologia

Humberto explica:

"Eu estava muito cansado quando tirei férias. Precisava. Na praia, o tempo estava perfeito. Enquanto eu pescava, fazia grandes planos..., mas, quando voltei, adeus planos!... Tudo voltou ao normal: a mesma poluição, os mesmos problemas no trabalho... Tenho pensado seriamente em mudar de vida".

Faixa 17

A2 Preciso de umas férias

— Ultimamente só tenho tido dores de cabeça no trabalho. É encrenca atrás de encrenca. Todo dia, a mesma coisa. Preciso de umas férias. Estou pensando seriamente em ir para o Pantanal. Ficar pescando, vendo jacarés, passarinhos...
— Você vai acampar lá?
— Ainda não decidi. Acho que vou ficar num hotel-fazenda. Só que é muito caro. Por acaso você conhece alguém por lá para me orientar?
— Não, não conheço ninguém. Mas sei que há muitas pousadas. Pousada deve ser mais em conta que hotel-fazenda.
— Tomara!

Faixa 18

D2 O Barquinho

Dia de luz, festa de sol
e o barquinho a deslizar
no macio azul do mar.
Tudo é verão, o amor se faz
num barquinho pelo mar
que desliza sem parar.
Sem intenção nossa canção
vai saindo deste mar
e o sol beija o barco e luz
dias são azuis.
Volta do mar, desmaia o sol
e o barquinho a deslizar
e a vontade de cantar
Céu tão azul, ilhas do sul
e o barquinho e um coração
deslizando na canção.
Tudo isso é paz, tudo isso traz
uma calma de verão e então
o barquinho vai, a tardinha cai.
O barquinho vai, a tardinha cai.

Faixa 19

Novo Avenida Brasil 2 – Livro-texto – Lição 6 – De norte a sul

A2 Há muita coisa para se ver no Brasil

— Onde se produz mais vinho?
— Na Região Sul, sem dúvida.
— E onde é encontrado o maior parque industrial brasileiro?
— Na Região Sudeste, principalmente no estado de São Paulo.
— E o turismo? O que você me diz do turismo?
— O turismo está sendo desenvolvido em todo o país. Cada região tem seus encantos: praias, montanhas, grandes rios, extensas chapadas, selva, cidades históricas... Há muita coisa para se ver. Férias inesquecíveis podem ser programadas pelo Brasil afora. Questão de gosto.

Faixa 20

A3 Estereótipos

1. Ouça a gravação e depois classifique as expressões que aparecem nos diálogos.

Diálogo 1
– Não suporto os cariocas!
– Por que não?
– São antipáticos. Acham que são os melhores do mundo, os mais simpáticos, os maiores... Antipáticos! É exatamente isso que eles são.

Faixa 21
Diálogo 2
– Os gaúchos, taí gente boa. Adoro conversar com eles. Com um bom chimarrão a conversa vai longe. Nossa! Como gaúcho gosta de sua terra. Quando o assunto é o Rio Grande do Sul, aí então é que a conversa não tem mais fim. É ótimo conversar com eles. Adoro.

Faixa 22
Diálogo 3
– Só pensam em trabalhar. Odeio São Paulo. Odeio. Lá ninguém tem tempo. Tudo é difícil. Deus me livre morar lá! Não aguento os paulistas.

Faixa 23
Diálogo 4
– Eu nunca sei o que eles querem. O que estão pensando... nunca. Não gosto muito de mineiro. Prefiro gente mais aberta, como os cariocas, por exemplo.

Faixa 24
Diálogo 5
– Detesto os gaúchos. Eles e aquela mania de fazer churrasco. Só gaúcho sabe fazer churrasco. Churrasco só é bom quando é feito por gaúcho. Por ninguém mais. Só por gaúcho. Eita gente antipática, meu Deus!

Faixa 25
D2 Em algum lugar do Brasil
– É bom mesmo o cafezinho daqui, meu amigo?
– Sei dizer não, senhor, não tomo café.
– Você é dono do café e não sabe dizer?
– Ninguém tem reclamado dele não, senhor.
– Então me dá café com leite, pão e manteiga.
– Café com leite só se for sem leite.
– Não tem leite.
– Hoje não, senhor.
– Por que hoje não?
– Porque hoje o leiteiro não veio, ué.
– Ontem ele veio?
– Ontem, não.
– Quando é que ele vem?
– Tem dia certo não, senhor. Às vezes vem, às vezes não vem... só que no dia que devia vir, em geral não vem.
– Mas, ali fora tá escrito: Leiteria.
– Ah! isso tá sim, senhor.
– Quando é que tem leite?
– Quando o leiteiro vem.
– Tem aí um sujeito comendo coalhada. É feita de quê?
– O quê? Coalhada? Então o senhor não sabe de que que é feita a coalhada?
– Tá. Tá bem. Você ganhou. Me traz um café com leite, sem leite. Escuta uma coisa... como é que tá indo a política aqui na sua cidade?
– Ah, sei dizer não, senhor. Eu não sou daqui.
– E há quanto tempo o senhor mora aqui?

– Vai "pruns" 15 anos. Isto é... não posso "agarantir" com certeza, né? Um pouco mais, um pouco menos.
– Já dava para saber como vai indo a situação, não acha?
– Ah. o senhor fala... a situação? É... dizem que vai bem, né?
– Para que partido?
– Pra todos os partidos, parece...
– Eu gostaria de saber quem é que vai ganhar a eleição aqui.
– Eu também gostaria. Uns falam que é um... outros falam que é outro... nessa mexida...
– E o prefeito?...
– Que é que tem o prefeito?
– Que tal é o prefeito daqui?
– O prefeito? É tal e qual eles falam dele, ué...
– Que é que falam dele?
– Dele? Uai, esse trem todo que falam de tudo quanto é prefeito.
– Você certamente já tem candidato.
– Quem? Eu? Tô esperando as plataformas...
– Mas tem ali um retrato de um candidato, dependurado na parede. Que história é essa?
– Aonde ali? Ué, gente! Penduraram isso aí, é?

Faixa 26
Novo Avenida Brasil 2 – Livro-texto – Revisão
R3 Secretária eletrônica
– Oi, Luísa, é o Joca. Eu não posso viajar com vocês no fim de semana, mas vocês podem pegar as chaves da casa da praia aqui comigo.
– Filha, por onde você anda? Faz três dias que quero falar com você. Me liga ainda hoje, por favor. Seu pai e eu queremos visitá-la e precisamos combinar o dia. Tchau, se cuida, tá? Beijo no Valter.
– É o Valter. Vou chegar tarde hoje. Não me espera para o jantar. Vou sair com um cliente.
– Luísa, é a Fátima. Vou amanhã à noite olhar móveis para o meu apartamento novo. Quer me acompanhar? Aliás, a mamãe quer muito falar com você. Beijo.
– Valter... não posso te encontrar hoje... te telefono amanhã.
– Ah! meu Deus... Odeio estas máquinas.

Faixa 27
Novo Avenida Brasil 2 – Lição 1 – Livro de exercícios
11 Pequenos cuidados para o verão
Entrevista com o Doutor Pazello
– 13 horas na Rádio Pirata. Agora a entrevista do dia com o Doutor Pazello. Boa tarde, doutor. O verão está chegando, e o que o senhor aconselha aos nossos ouvintes que vão para a praia no feriado?
– Boa tarde. Todo mundo sabe que o melhor sol aparece antes das 10 da manhã e depois das 4 da tarde. Só que na praia a gente quer acordar tarde, tomar um café da manhã bem consistente e só então deitar na areia para se bronzear. Você até pode fazer isso, mas, tome alguns cuidados.
– Quais cuidados, doutor?
– Como eu ia dizendo, cuidado com o sol. Use protetor solar com filtro 8, 15 ou mais, se sua pele for muito sensível. Sol direto na cabeça também pode lhe trazer problemas. Use sempre chapéu.
– E além do chapéu, doutor. Que tipo de roupa o senhor aconselha no verão?
– Esqueça as roupas escuras, os *jeans*, os sapatos fechados. Seu corpo precisa respirar. Prefira roupas largas e frescas. Quanto mais leve, melhor.
– Algum cuidado com a alimentação? Uma dieta?

144

– Não é bem uma dieta. Tome muita água e suco de frutas. Nada de massas e comidas pesadas. Cuidado com as batidas ou caipirinhas, heim!

Faixa 28
Novo Avenida Brasil 2 – Lição 2 – Livro de exercícios
13 Entrevista
– Bom, podemos chamar o próximo. Você tem a ficha?
– Está aqui.
– Hmm, parece interessante, marketing... jovem... inteligente. Manda entrar!
– Boa tarde. Meu nome é Ricardo Fontes, diretor de vendas. Sente-se por favor.
– Boa tarde, doutor Ricardo. Obrigado.
– Pela sua ficha, você já trabalhou em vendas. Conte-me um pouco sobre sua experiência.
– Bom, eu trabalhava como gerente de vendas. Eu cuidava dos vendedores, dos relatórios e da propaganda de alguns produtos.
– E quais produtos vocês vendiam?
– Material para escritório, sabe? Papel, clipes, canetas, um monte de coisas.
– E você só trabalhou nessa firma?
– É, já estou há muito tempo lá. Entrei lá logo depois que me formei.
– E por que quer sair?
– Não sei... Não pagam muito bem e eu estou querendo casar, sabe? Além disso, fico quase o tempo todo fazendo estatísticas de vendas e lendo relatórios dos vendedores. Eu quero alguma coisa mais interessante.
– Então, prefere que tipo de trabalho?
– Bom, alguma coisa interessante, que seja um desafio: lançar um novo produto, criar uma campanha de propaganda, sei lá! Também quero parar de vender artigos de escritório. Roupas me parecem um bom produto, um produto muito interessante. Eu sempre gostei.
– Bom, muito obrigado por ter vindo! Ainda temos umas entrevistas, mas até amanhã terá uma resposta nossa.
– Tá certo. Aguardo a sua resposta. Muito prazer e até logo.
– Até logo.
– Até amanhã.
– O que o senhor achou?
– Eu imaginava outra pessoa pela ficha, mas é interessante. Já tem experiência, parece inteligente. Vamos ver. Tem mais alguém?
– Tem. A ficha está aqui. O nome é...

Faixa 29
14 Santos Dumont – O pai da aviação
Alberto Santos Dumont nasceu em Minas Gerais, na fazenda da família, em 1873, filho de riquíssimo fazendeiro. Ainda adolescente, instalou-se em Paris, onde estudou engenharia. Muito criativo, tinha vários interesses, entre os quais a navegação aérea, muito em moda na época. Fez vários experimentos com balões e aviões, que lhe deram grande fama na capital francesa. Em 1906, diante de uma grande multidão em expectativa, fez um voo espetacular no Campo de Bagatelle, pilotando um avião criado por ele, o 14-Bis. Foi, então, aclamado inventor do avião. Morreu em 1932, suicidando-se num hotel de luxo, no Guarujá, cidade praiana do estado de São Paulo, vítima de profunda depressão causada, diz-se, pelo uso bélico do avião na Revolução Constitucionalista e pela morte de grandes amigos seus

num acidente aéreo. Baixo, franzino, pesando menos de 60 quilos, ele abriu o espaço para o voo humano. No Brasil, Santos Dumont é considerado o pai da aviação.

Faixa 30
Novo Avenida Brasil 2 – Lição 3 – Livro de exercícios
11 E agora?
Diálogo 1
– O quê?!! Não é possível! Eles já chegaram?
– Mas que horas são agora?
– São quase 8h.
– Mas quando eu convidei o pessoal, eu disse 8 horas! Ai, meu Deus... Esses alemães.
– Ninguém está pronto! Vai, meu filho, vai pra sala e fica lá com eles até alguém poder aparecer.

Faixa 31
Diálogo 2
– Você viu a roupa da Lídia? Ela pensa que está na praia. Sainha curta, aquela camiseta, você viu? Sandalinha... só falta a esteira e o bronzeador...
– É! Qualquer dia ela vem trabalhar de maiô.
– Pois é! Como é que ninguém se incomoda? Alguém precisa dizer alguma coisa para ela. Onde está o chefe dela que não diz nada? Mas isso é um absurdo!

Faixa 32
Diálogo 3
– Qual é o problema, Magali?
– Você não viu? O Hans chegou.
– E daí? Você não o convidou para o churrasco?
– Convidei, mas ele chegou com 10 amigos. A carne não vai dar, não vai dar.
– Calma, mulher, calma! A gente dá um jeito. Eu vou rápido ao supermercado e trago mais uns frangos.
– Ai, meu Deus! Você vai mesmo?

Faixa 33
Novo Avenida Brasil 2 – Lição 4 – Livro de exercícios
C2 11 Parabéns para você
Parabéns pra você, nesta data querida
Muitas felicidades, muitos anos de vida.
É pique, é pique, é pique, é pique, é pique.
É hora, é hora, é hora, é hora, é hora.
Ra-tim-bum, Pedro, Pedro, Pedro, Pedro.

Faixa 34
13 Nomes
1 A ficha
– A senhora tem que preencher a ficha com o nome e endereço completos, número da identidade, e tudo mais.
– Xiii... aqui não dá o nome completo.
– Como assim... não dá?
– Eu me chamo Estela Maria Novais Silva Pereira da Rocha Stacheviski.
– Ah, mas a senhora põe só o mais importante.
– Mas todos são importantes: Novais Silva é da minha mãe, Pereira da Rocha é do meu pai e Stacheviski do meu marido.
– Então ponha só o do marido e as iniciais dos outros.
– Ah, não! Os sobrenomes dos meus pais são conhecidíssimos! E a senhora disse completo!
– Mas, minha senhora, é o último que conta.
– Ah, não! Assim não dá.

Faixa 35

2 Os apelidos

– Dudu, você foi na festa da Malu?

– Fui.

– E quem estava lá?

– O pessoal de sempre: o Zeca, com a mulher, o Guto, a Fafá, prima da Malu, o sobrinho do Paulo, o Beto, o...

– Ué, só tinha homem?

– Claro que não. A Maitê, que você não conhece, estava lá. Ela é irmã do João Carlos, a Ju, a Bia... Quando cheguei, muita gente já tinha ido embora...

Faixa 36

Autorização

– Queria uma autorização para viajar com crianças.

– A senhora é parente?

– Sou. Sou tia deles.

– Quantas crianças?

– Três.

– O nome e idade delas.

– Jefferson da Silva, de 5 anos, Lincoln da Silva, de 3 anos e Vilson da Silva, 2 anos.

– E o nome da senhora?

– Maria Aparecida da Silva Oliveira.

– Nome dos pais e endereço fixo.

– Minha irmã se chama...

Faixa 37

Novo Avenida Brasil 2 – Lição 5 – Livro de exercícios
10 O desafio verde

Como diz a canção, "o Brasil é um país tropical, abençoado por Deus e bonito por natureza". Realmente, sem problemas de terremotos, tufões, ciclones, clima, o Brasil é um país abençoado. 58% da Amazônia, com 30.000 espécies vegetais, é brasileira. O Pantanal, a maior planície inundável do mundo, tem mais espécies de aves que os Estados Unidos e mais espécies de peixes que a Europa toda. Cerca de 12% da água doce existente no planeta está no Brasil.

O brasileiro, com seu trabalho, tem aproveitado a natureza: 83% da energia consumida no país vem de fontes renováveis, como os biocombustíveis e as hidrelétricas. A agricultura e a pecuária se desenvolveram muito a ponto de o país ser fonte de alimentos para o mundo em geral. O Brasil, sem dúvida, com seus recursos naturais, é uma potência ambiental. O problema é que há grupos que tentam, por todas as formas, proteger o meio ambiente de maneira quase irracional: a ideia é manter a natureza intacta, intocada, numa redoma. Deixam-se sem luz milhares de pessoas para salvar um cardume de sardinhas.

O desafio é conseguir lidar com a natureza sem destruí-la: usá-la e, ao mesmo tempo, preservá-la. Só assim a natureza sobreviverá num mundo cada vez mais necessitado de seus recursos.

Faixa 38

11 Notícias e serviços 24 horas por dia – 87 FM.

87 FM, música, notícias e serviços 24 horas por dia!

E lembre-se: a nossa cidade depende de todos nós. Siga estes conselhos. Torne a nossa vida mais agradável.

Não jogue papéis ou cigarros na rua! Utilize os cestos de lixo. Não é assim que você faz em casa?

Se possível, deixe seu carro em casa e ande de ônibus ou de metrô. O ar que todos respiramos está cada dia mais poluído e os carros são os maiores culpados.

Saindo de carro, só use a buzina se necessário. O barulho que você faz com ela não vai melhorar o trânsito. Só vai causar mais irritação.

Colabore!

Se cada um de nós se lembrar dessas dicas, todos viveremos bem melhor!

E agora ouça a nova composição de...

Faixa 39

Novo Avenida Brasil 2 – Lição 6 – Livro de exercícios
8 Dizem por aí...

– Lúcio, você é mineiro, não é? De onde?

– Sou mineiro de Belo Horizonte.

– Todo mundo diz que mineiro é fechado, que fala pouco, que não diz o que pensa.
Você concorda?

– O mineiro é fechado por causa da... bom, porque é uma... realmente uma característica do mineiro, ser fechado, por causa do meio ambiente, né? Porque você sabe que Belo Horizonte é uma cidade cercada por montanhas. Acho que é isso que influencia a personalidade das pessoas que vivem lá em Belo Horizonte.

Agora... o mineiro é um povo muito afável, muito caloroso e muito aberto – quando ele faz amizade, ele é uma pessoa muito sincera. Eu acredito que seja uma ideia mais... uma ideia mais preconcebida do mineiro. Ele tem realmente uma certa desconfiança das pessoas que não conhece. Mas o aspecto de ele ser desconfiado depende muito do grau de intimidade que se tem com o mineiro.

Em geral são pessoas muito... muito... eh... prestativas, muito simpáticas e muito afáveis e muito simples também. Principalmente o mineiro do interior. Mas a desconfiança é a falta de segurança talvez do mineiro.

– E dizem por aí que o mineiro é pão-duro, mão de vaca. Você acha?

– Eu concordo. Bom, porque o mineiro geralmente gosta de guardar dinheiro, né. Dizem que mineiro guarda dinheiro debaixo do colchão. Ele não gosta de abrir mão nem pra jogar peteca. Mas é uma característica principalmente do interior de Minas.

E fazer economia em Minas é uma... uma coisa típica do mineiro. Pra não gastar ele guarda dinheiro... para ter segurança que tem dinheiro..., mas não aproveita as oportunidades de gastar aquele dinheiro com luxo porque... geralmente... em geral as pessoas são muito simples em Minas. Mas é realmente uma característica mineira, essa necessidade de se sentir seguro... com a posse de dinheiro.

E o empresário mineiro é pão-duro... e as pessoas mais simples também... têm uma necessidade de guardar o dinheiro pra sentir a segurança... quer dizer, sentir a segurança pessoal... não gasta dinheiro, mas sabe que tem aquele dinheirinho guardado em casa. Mas, olha, eu concordo, viu, acho que está certo isso.

Faixa 40

Novo Avenida Brasil 2 – Fonética
PASSO 1

1.1. [or], [ɔr] Ouça o áudio e marque o som que você ouviu.
dor, enorme, forma, corpo, formal, pior, porta, dorme, por, forte, jornal, zelador, melhor.

Faixa 41
1.2. Leia

Um corpo forte. / Uma porta enorme. / Um zelador formal. / Dor de dente. / Por favor! / Maior é pior. / Menor é melhor.

Faixa 42
2. [k] [kw] Ouça o áudio e marque o som que ouviu.

queixo, esquisito, tranquilo, quente, quilo, questão, frequente, química, quando, consequência, queimar.

Faixa 43
2.1. Leia.

Um queixo pequeno.
Um quadro esquisito.
Um queijo quente.
Uma questão frequente.
Um quarto tranquilo.

Faixa 44
3. [e] [ɛ] Ouça o áudio e marque as palavras com o som /e/.

pé, febre, dedo, perna, joelho, orelha, cotovelo, péssimo, pescoço.

Faixa 45
4. Palavras com muitas vogais. Leia e repita.

ideia, geleia, maio, Itatiaia, Atibaia, Aurélio, Ibirapuera.

Faixa 46
5. [ew], [ɛw], [iw], [ɔw], [uw] se escrevem "el" ou "éu", "il" ou "iu", "ol", "ul". Ouça o áudio e marque o som que você ouviu.

Brasil, selva, sol, cantil, adultos, afável, culpados, civil, filme, vulgar, viril, cruel, anel, impulso, céu, chapéu, ouviu, serviu, lençol, consulta, último.

Faixa 47
6. Leia.

Goool do Brasil!
Que hotel agradável!
O preço é bem razoável.
Papel avulso é horrível, prefiro bloco.

Faixa 48
PASSO 2
1.1. Leia. [t] [d]

tudo, todo, dedo, dado, três, treze, dez, dois, duas, data, tempo, determinado, importado, aposentado.

Faixa 49
1.2. [tʃ] se escreve "ti", [dʒ] se escreve "di". Ouça o áudio e marque o som que você ouviu.

direito, condição, moradia, adicional, atividade, diurno, diferença, tímido, simpático, prático, decidido, ótimo, tarde, faculdade, paternidade.

Faixa 50
2. Leia.

difícil, constituição, político, comunicativo, antigamente, esportivo, típico, dia a dia.

Faixa 51
3. Entonação. Ouça e repita.

Como não, você não concorda?!
De jeito nenhum!
É isso mesmo, concordo com você!

Não é bem assim.
Você está certíssimo!
Não, você está totalmente errado!

Faixa 52
PASSO 3
1.1. [f], [v]. Marque o som que você ouviu.

vestido, verde, febre, fibra, vender, festa, vermelho, visita, favor, fazer, leve, ferver, faca, vaca.

Faixa 53
1.2. [b], [v]. Marque o som que você ouviu.

gravata, bermuda, você, banco, livros, vibrar, abrir, bolsa, bonita, receber, vim, veio, vidro, vinho.

Faixa 54
2. [h] de carro se escreve "r" ou "rr", e [r] de caro se escreve "r". Ouça o áudio e marque o som que ouviu.

vestiria, gostaria, perigoso, regata, lavanderia, barriga, risonho, remédio, carreira, rosto, claro, roupa, escuro, rotina, careca, amarelo.

Faixa 55
3. [ʃ] se escreve "ch" e "x". [ʒ] se escreve "j"ou "ge", "gi". Ouça o áudio e marque o que ouviu.

conjunto, churrasco, caixa, julho, jantava, xadrez, roxo, jovem, laranja, enxergar, genial, chegava, loja, regime, ginástica, lógico, viajar, hoje.

Faixa 56
4. Ouça o áudio e repita.

cheio / jato, encher / agitar, preencher / hoje, jato / chato, juta / chuta, semana / lata, Ana / batata, cama / abacate, manhã / mala.

Faixa 57
PASSO 4
1.1. [ʎ] se escreve "lh" e [aw], [ɛw], [iw] se escrevem "al, el, il". Ouça o áudio e marque os sons diferentes.

filho/fio – milho/mil – velho/veio – viu/vil – pilha/pia – til/tio – mal/mau – mel/meu.

Faixa 58
1.2. [ʎ], [l].
Ouça o áudio e marque os sons idênticos.

talha/fala – bola/bola – palha/pala – bolha/bolha – sal/sai – filha/fila – velho/velho – velha/vela – colhe/cole.

Faixa 59
1.3. Ouça o áudio e repita.

Uma saia vermelha.
Uma colher velha.
Uma meia vermelha.
Uma malha feia.
O joelho da mulher do filho do Júlio.

Faixa 60
2. Leia

Conheceram e passearam.
Namoraram e casaram.
Separaram e divorciaram.
Chegaram e ficaram.
Nasceram e morreram.
Dormiram e acordaram.

Abriram e fecharam.
Trouxeram e levaram.

Faixa 61
3. Entonação.
Posso experimentar?
Posso pagar com cartão?
Posso trocar?
Fique à vontade!
Pois não.
Não tem mais, acabou.

Faixa 62
PASSO 5
1. [s], [z]. Ouça o áudio e repita.
Boas férias.
Os mesmos problemas estruturais.
Adeus, grandes planos!
Sapatos azuis e pequenos.
Camisas estampadas e xadrez.
Desastres ecológicos.
Ônibus e estradas turísticas.
Fiz o mesmo país duas vezes.

Faixa 63
2. Ouça e repita.
As asas azuis. / As aulas das oito. / Os olhos das irmãs. /
Os homens altos.

Faixa 64
3. [s], [z], [ʃ]. Ouça o áudio e marque os sons diferentes.
japonês/japonesa – chinês/ chinês – peça/pesa – lixo/liso
– fecha/ficha – chão/são – chato/jato – vez/vez – paz/
pazes.

Faixa 65
4. [ãw], [õj] se escrevem "ão" e "õe". Ouça o áudio e repita.
poluição/poluições – caminhão/caminhões – circulação/
circulações – solução/soluções – sugestão/sugestões
– excursão/excursões.

Faixa 66
5. [ũ], [u] se escrevem "um, un" e "u". Identifique o som.
um, uma, num, numa, nenhum, nenhuma, algum, alguma,
nunca, nuca, mundo, mudo.

Faixa 67
6. Leia.
Diga não ao lixão.
O rodízio de veículos não é solução para o controle de
poluição.
A educação é fundamental para a preservação ambiental.
Trair e coçar é só começar.

Faixa 68
PASSO 6
1. [k], [g]. Ouça o áudio e marque os sons diferentes.
gado/gado – cato/gato – paca/paga – pacote/ pagode
– cacho/cacho – pegar/pecar – penca/penca – carvão/
carvão – barraca/barraca.

Faixa 69
2. [p], [b]. Ouça o áudio e marque o som que você ouviu.
pão, bom, pomba, bomba, populoso, chapada, barulho, pia-
da, limpo, lâmpada, bigode, bandeja, presunto.

Faixa 70
3. Leia.
Livre, leve e solta.
Pegue, pague e leve.
Pesque e pague.
Pegue e faça.
Cuidado, pegue leve!
Puxa, ele pegou pesado!

Faixa 71
4. [s], [z], [R], [r]. Como se escreve?
sapo, Roma, assassino, zero, ensinar, aroma, ácido, caro,
próximo, descer, carro, excelente, honra, exame, hora.

Faixa 72
5. Leia.
A aranha arranha a rã.
A rã arranha a aranha.
Nem a aranha arranha a rã.
Nem a rã arranha a aranha.
Olha o sapo dentro do saco
O saco com o sapo dentro,
O sapo batendo papo
E o papo soltando o vento.

Soluções

Livro-texto

Lição 1

O que vamos aprender?

3, 4, 1, 2 = 1º diálogo – ilustração 3; 2º diálogo – ilustração 4; 3º diálogo – ilustração 1; 4º diálogo – ilustração 2.

A1. Este quadro tem uma mulher com uma criança pequena em seus braços. Há também alguns prédios e algumas palmeiras. Acho-o interessante porque...

A2. 1. 1-c, 2-f, 3-l, 4-g, 5-h, 6-i, 7-d, 8-e, 9-m, 10-t, 11-o, 12-n, 13-q, 14-r, 15-s, 16-a, 17-b, 18-k, 19-p, 20-j.

A3. 1. 4. Faça regime!
5. Tome um remédio para gripe!
6. Vá ao oftalmologista, ao médico!
7. Você não tem nada grave. / Você precisa fazer uma dieta. / Vá à farmácia. / Será que comeu algo estragado?
8. Você precisa parar de beber.
9. Vá ao dentista! / Você precisa de um dentista.
10. Tome cuidado!

A3. 2. Exemplos: – Ando triste. – Você precisa ir ao médico.
– Estou com dor de cabeça. – A senhora precisa trabalhar menos.
– Estou resfriado. – O senhor precisa tomar uma injeção.

B1. 1. vi / viu / vimos / viram.
2. Tânia viu Pedro na praia.
Nós vimos o filme ontem.
Eu vejo minhas amigas todos os dias.
Tião e Zé viram o jornal de hoje?
Você viu Paula hoje?

B2. 1. lhes, **2.** lhe, **3.** lhes, **4.** lhes, **5.** lhe, **6.** lhe.

B3. 1. lindíssimo, **2.** interessantíssimo, **3.** péssimo, **4.** ótimo, **5.** confortabilíssima, **6.** ótimo, interessantíssimo, lindíssimo, **7.** confortabilíssima.

B4. Se a classe tem 10 pessoas: **a)** 20 olhos, **b)** 20 pés, **c)** 100 dedos, **d)** 10 narizes e **e)** 10 cabeças.

D1. 1. Ipanema: charme e exercícios.

E1. 2. a perna: comprida, grossa, fina, direita, esquerda, curta...
3. as costas: estreitas, quadradas, largas...
4. a cabeça: pequena, grande, quadrada...
5. a mão: comprida, pequena, grande, direita, esquerda, gorda...
6. o pé: comprido, pequeno, grande, fino, direito, esquerdo...
7. o nariz: estreito, comprido, grosso, pequeno, grande, fino, largo...
8. o queixo: comprido, quadrado, fino, largo...
9. o cabelo: comprido, castanho, fino, grosso, loiro, liso, curto, crespo...
10. os olhos: estreitos, pequenos, grandes, azuis, direito, esquerdo...
11. a boca: estreita, pequena, grande, fina...
12. a testa: estreita, alta, larga...
13. o pescoço: comprido, grosso, quadrado, fino...
14. as orelhas: pequenas, grandes, direita, esquerda, gordas, magras...
15. os ombros: estreitos, pequenos, grandes, quadrados, largos...
16. o bigode: grosso, pequeno, liso, fino, loiro...
17. as sobrancelhas: estreitas, compridas, grossas, direita, esquerda...

E2. 1. e
2. a) As sobrancelhas e o bigode dele são escuros, e o nariz é grande.
b) O cabelo é encaracolado e o bigode é claro, mas a sobrancelha é escura.
c) O cabelo é comprido, o bigode é castanho. Os olhos são enormes.
d) O nariz é fino e pequeno. O cabelo é curto.
e) Igual à primeira.
f) Os olhos são grandes, a sobrancelha e os cabelos são escuros.

Lição 2

(1. –) (2. +) (3. +) (4. +) (5. –) (6. –) (7. –) (8. +) (9. +) (10. +)

2. 1) mais horas por dia. **2)** estava chovendo. **3)** enquanto ela estava viajando. **4)** e as filas eram longas.

A1. 1-5, 2-2, 3-7, 4-3, 5-8, 6-9, 7-10 (as respostas são apenas sugestões).

A4. Exemplo: Eu acho que antigamente a mulher tinha mais tempo para se dedicar à educação de seus filhos, mas agora ela tem a possibilidade de seguir uma carreira...

B2. 1. a) passava as férias na fazenda, **b)** ia à praia todos os dias, **c)** e íamos tomar cerveja, **d)** por isso chegavam atrasados, **e)** mas não as lia.
2. Exemplo: Quando eu era criança eu morava em uma casa pequena, eu gostava de andar de bicicleta com meus amigos, eu lia muitas histórias em quadrinhos, eu não gostava de assistir televisão...

B3. Eu vi alguém no jardim da casa ao lado. Eu estava em meu quarto fechando as cortinas quando eu ouvi um barulho estranho. Meu vizinho era um homem fechado, não tinha muitos amigos. Ontem eu não o vi. Eu não o conhecia muito bem. Todo dia ele saía bem cedo e voltava tarde da noite. Ele recebia poucas visitas, quase ninguém.

B4. a) As salas <u>estavam</u> vazias quando nós <u>chegamos</u>.
b) Quando você me <u>chamou</u> eu <u>estava</u> ouvindo rádio.
c) Ela não <u>recebeu</u> a resposta que <u>estava</u> <u>esperando</u>.
d) Quando eu <u>abri</u> a porta do quarto, eles ainda <u>estavam</u> dormindo.

B5. a) Nós trabalhávamos enquanto ela assistia televisão.
b) Enquanto ela viajava, ele ficava em casa.
c) Enquanto ele ia buscar as crianças, ela fazia o almoço.
d) Enquanto eu falava, ela lia o jornal.

e) Ela dirigia o carro enquanto ouvia música.

f) Eles trabalhavam enquanto elas gastavam muito dinheiro.

g) Ela falava enquanto ele pensava em outras coisas.

h) Enquanto tomava banho de chuveiro, cantávamos.

B6. Exemplos: Nas últimas férias eu fui para Salvador. Fazia muito calor lá. Fiquei poucos dias porque tinha muita gente na cidade e nas praias. O hotel em que fiquei era muito confortável. Lá eu conheci muita gente. Quase todas as pessoas eram muito interessantes e simpáticas. Eu fiz muitas coisas lá. Todas as noites eu saía com amigos, depois jogávamos cartas. Foi muito bom! Conheci toda a região. Fizemos passeios lindos.

B7. segunda / sétima / terceira / vigésimo sexto.

D1. 2. 50% das mulheres que trabalham sustentam sozinhas sua família.

3. a) têm mais chance de desenvolver sua carreira, **b)** trabalhar fora, **c)** têm dupla jornada.

D2. 1. Greve é a recusa, resultante de acordo de operários, estudantes, funcionários etc., a trabalhar ou a comparecer onde o dever os chama, enquanto não sejam atendidos em certas reivindicações.

2. A greve é de motoristas e cobradores. A greve tem como causa principal os salários baixos.

3. Os culpados são os donos das empresas que não querem pagar mais.

E1. 1. a) meio período, **b)** aposentar-se, **c)** aviso prévio, **d)** pedir demissão.

E2. 1. 2, 1, 4, 3, 5.

2. 1) Registro Geral, **2)** Cadastro de Pessoas Físicas, **3)** Registro Nacional de Estrangeiros, **4)** Cadastro de Identificação do Contribuinte.

Lição 3

1, 4, 2, 3. Luís Afonso: 3ª ilustração; Virgínia: 1ª ilustração; Ana Luísa: 4ª ilustração; Felipe: 2ª ilustração.

A3. 1. 1) ir trabalhar: terno/conjunto de blazer e calça comprida.

2) ir à praia: *short*/sunga/biquíni/ maiô.

3) ficar em casa: camiseta/*jeans*.

2. 1) um casamento: terno/vestido.

2) um piquenique: *jeans*/*short*.

3) um coquetel: calça/saia.

B1.1) ponho, põe, pomos, põem.

2) a) pus, pôs, pusemos, puseram.

b) punha, púnhamos, punham.

c) pus, puseram, põem, pusemos, ponho, punha, púnhamos.

3) 1. pôr, **2.** ponha, **3.** pôs, **4.** pus, **5.** pude, **6.** pode/pode, **7.** põe/pode, **8.** puseram/puderam, **9.** punha/podia, **10.** pude/pôs.

B2. 1. a) Venho / Vem / Vêm / Vimos.

b) Vim / Veio / Vieram / Viemos.

c) vinham, vínhamos, vinha, vinha.

2. – Eles vieram ontem aqui.

– Eu nunca venho aqui aos sábados.

– Você vinha muito aqui antigamente.

– Ninguém vinha aqui porque era longe sem carro.

– Vocês não vieram comigo ontem.

– Nós não viemos porque não tivemos tempo.

– A gente não veio à aula na semana passada.

Ir e vir

1. Sugestões: Quando você vem aqui? Eu irei depois de amanhã. Quando nós vamos lá? Nós iremos em julho.

2. No verão eu sempre vou à praia do Lázaro, porque gosto de lá. Eles sempre vêm aqui me visitar. Ontem nós fomos à casa da Vanusa para jantar. Nosso chefe vem mais cedo hoje, porque temos muito trabalho.

B4. 1. vesti, vestiu, vestimos, vestiram/ vestia, vestia, vestíamos, vestiam.

B5. 1. O casamento vai ser na Igreja Matriz São Sebastião Mártir em Venâncio Aires.

Vai ser às onze horas.

Depois da cerimônia religiosa, os noivos receberão os convidados na Sociedade de Literaturas.

2. – A associação São Luís vai apresentar sua linha de artigos de grifes nacionais e estrangeiras.

– O curso de pintura sobre seda vai ser realizado à rua Adolfo Neves, 589 – Sumaré.

– O brechó Velhos Tempos vai iniciar sua liquidação no próximo sábado.

B6. 1. Eu viajaria pelo mundo, não trabalharia mais, faria muitas festas, ajudaria muitas pessoas.

Eu também investiria o dinheiro em bons negócios, poria o dinheiro em um bom banco, assim não teria grandes problemas.

D1. 1. a. **2. a)** Jandira, **b)** 6h30, **c)** para sua casa.

D2. 1. Não. A lavanderia fecha aos domingos.

2. Não. Aos sábados e feriados a lavanderia cobra um adicional de 50%.

3. Não. Eles não se responsabilizam por botões e enfeites que não podem ser lavados, mudança de cor, encolhimento ou gasto como resultado da lavagem, ou por qualquer objeto deixado nos bolsos ou junto à roupa.

4. O hotel não oferece serviço de lavagem a seco, mas esse serviço é oferecido por uma lavandeira externa.

5. Para passar roupa dentro de uma hora o hotel cobra uma taxa adicional de 50%.

E1. 1. a) 3, 12, 11; **b)** 5, 7; **c)** 10,17; **d)** 15; **e)** 13; **f)** 9,7; **g)** 4, 14, 16; **h)** 6; **i)** 18; **j)** 1; **k)** 8.

2. 1) perder o emprego, **2)** ter um lapso mental, **3)** ficar constrangido, **4)** ter total liberdade, **5)** estar em dificuldade financeira.

3. Verde: verde-abacate, piscina, limão, folha...; amarelo: amarelo-ouro, ovo, canário, manga...; marrom: marrom-café, chocolate, terra...

E2. 1. e, **2.** o, **3.** a, f, **4.** b, k, **5.** d, **6.** n, **7.** e, **8.** l, m, **9.** c, **10.** g, h, i, j, p.

Lição 4

Página Inicial: tia, avó, prima, pai, sogro, cunhada.

A1. Bodas de Ouro/neto

A2. 1. Exemplo: Avô – Wilhelm August Becker, avó – Frida Becker, primeiro filho – Charles Becker, segundo filho – Ronald Becker, terceiro filho – Pedro Becker. Mãe – Alzira Becker, primeiro filho/neto – Augusto Becker, segundo filho/neto – Marcos Becker, terceiro filho/neto – Pedro Becker, quarto filho/ neto – Fábio Becker.

2. Exemplo: Leda, pais, avós maternos, tio e esposa, primos, tias do interior.

3. Exemplo: Eu sou casado com minha esposa, e a mãe dela que é viúva mora conosco. Nas férias, o irmão de minha esposa vem da Alemanha e fica em nossa casa. Ele é solteiro.

B1. 2. Eu trago o livro de português sempre.

O jornal traz notícias interessantes todo dia.

Você trouxe pão e leite ontem.

Nós trouxemos livros da Alemanha no ano passado.

Pedro vai trazer sua nova namorada amanhã.

150

Maíra e Mariana vão trazer cerveja para a festa sexta-feira.

3. levar, levar, trazer, levar, trazer.

B2. 2. Sei falar português. / Conheço Paulo e Renata faz muitos anos. / Sei nadar muito bem. / Soube que Marisa casou na semana passada. / Conheço seu endereço novo. / Posso telefonar para você hoje à noite?

B3. disse, digo, diria, disse, dizer, diz, dizer.

B4. 3. Ontem, quando eu cheguei em casa, Cora já tinha feito o jantar.
Ontem, quando você telefonou, Cora já tinha saído.
Ontem, quando nós entramos, Cora ainda não tinha escrito o cartão.
Ontem, quando elas receberam o *e-mail*, Cora ainda não tinha voltado.
Ontem, quando você viajou, Cora já tinha ido embora.

B5. 2) espalhara-se, crescera, circulara, aproveitara-se, demonstrara.
3) tinha se espalhado, tinha crescido, tinha circulado, tinha se aproveitado, tinha demonstrado.

C1. d) convite da criança, **a)** convite de 15 anos.

C2. 1. Casamento, **2.** Natal, **3.** Formatura, **4.** Bodas de Ouro, **5.** Aniversário, Festa de quinze anos, **6 e 7.** Ano-Novo.

D1. 1) 1908: Início da imigração japonesa.
249.000: Número de japoneses que haviam entrado no Brasil até 1973.
1.600.000: Número atual de japoneses e de seus descendentes no Brasil.
2) 1º parágrafo: A chegada / 2º parágrafo: As famílias / 3º parágrafo: A roupa / 4º e 5º parágrafos: O tipo físico / 6º parágrafo: A mulher e o dinheiro / 7º parágrafo: A ordem / 8º parágrafo: Preconceitos.
3) b) 3 – Estavam todos, homens e mulheres, vestidos à europeia.
c) 6 – pois todos trazem dinheiro; dez yens, 20, 30, 40, 50 ou mais yens, mas todos trazem um pouco.
d) 5 – A estatura média japonesa é inferior à nossa média.

D2. 1) 1, 3, 4. **2)** a, d, e, g.

E1. 1. o paletó: o cinto/ o anel/ a cueca/ o chapéu/ o uniforme/ a gravata/ a lã/ a saia/ a manga/ as meias/ vestir/ xadrez/ estampado/ a seda.
os dentes: careca/ baixinha/ o coração/ gordo/ a gripe/ a garganta/ a febre/ o pé/ os olhos/ emagrecer.

a profissão: a aposentadoria/ demitir/ as férias/ a greve/ o meio período/ o emprego/ o salário.
a família: a sogra/ a sobrinha/ os netos/ solteiro/ a tia/ o viúvo.

E2. 1) 1, 5, 9. **2)** 2. é filho de pai rico ou influente. 3. é uma ofensa pesada. 4. figura folclórica, espécie de sereia de lagos e rios. 5. não se casar, ficar solteira.

Lição 5

Página Inicial: 1. 2, 5, 1, 3, 4.
2. Humberto está resignado. / Ele tem dúvidas. / As férias de Humberto foram boas.

A1. na cidade: pintar, fazer caminhadas, estudar, correr, visitar galerias de arte, visitar museus, descansar, viajar, ler, trabalhar, ir ao cinema, ir ao teatro, ir ao concerto, malhar, ficar em casa... na praia: ir à praia, acampar, nadar, pescar, pintar, fazer *windsurf*, fazer caminhadas, correr, mergulhar, descansar, não fazer nada, surfar, ler, pegar a estrada, dormir, esquiar... na montanha: acampar, nadar, pescar, pintar, fazer caminhadas, descansar, correr, fazer um churrasco, ir à fazenda, fazer alpinismo, viajar, ler...

B1. 1. tenho pensado/ tem pensado/ temos pensado/ têm pensado.
2. Ultimamente eu não tenho visto meus amigos porque tenho tido problemas no trabalho.
Ultimamente ela tem lido muitos jornais porque precisa estar bem-informada.
Ultimamente nós não temos saído muito de casa porque estamos sem dinheiro.
Ultimamente eles têm comido fora porque estão sem tempo.
Ultimamente eu não tenho vindo aqui porque tenho estado doente.
Ultimamente nós temos trabalhado muito porque nosso projeto está atrasado.
3. ...ontem teve uma péssima surpresa. /...ele não lhe tem telefonado ultimamente. /...tudo tem dado errado para ele. /... porque perdeu a maior chance de sua vida.

B2. 1. Ele lê inglês perfeitamente. / Eu trabalho tranquilamente. / Eu ando rapidamente. / Nós falamos claramente. / Eles escrevem cartas para nós frequentemente.

B4. Pedro sabe algo sobre o Nordeste? Não, nada.
Vocês conhecem alguém na Bahia? Não, ninguém.

Você tem alguma revista sobre automóveis? Não, nenhuma.
Você tem algum amigo em Natal? Não, nenhum.
Vocês têm algum exercício sobre verbos? Não, nenhum.
Vocês têm alguma coisa para mim? Não, nada.

C2. 1. Para sobreviver os peixes precisam de 2 a 8 mg de oxigênio por litro.
2. Salesópolis, Tietê e Barra Bonita.
3. Os lugares mais poluídos do rio são São Paulo, Guarulhos e Pirapora do Bom Jesus.

D1. 1. segunda foto.
2. De bem com o verde significa viver bem com a natureza.
3. A ilha de Combu fica no Pará. É a ilha mais próxima de Belém. / Combu tem 1.800 habitantes. / Os moradores de Combu se dedicam à exploração do açaí. Os habitantes de Combu recebem auxílios governamentais e, em média têm rendimentos de um a dois salários mínimos mensais./ Os moradores da ilha fazem o seu próprio horário de trabalho. Alguns não trabalham na segunda e na sexta-feira. / A técnica da colheita do açaí exige perícia e é aprendida desde criança. Eles escalam as palmeiras com uma espécie de laço atado nos pés que lhes dá segurança. Em sua cintura levam um facão para cortar o cacho de frutas. / Nos dias de folga, eles se dedicam às atividades de lazer, como bate-papos no fim do dia e, nos finais de semana, o futebol e os bingos. / Todos têm televisão em casa e barco a motor. Moram em casas de madeira simples, mas amplas, e têm geradores de energia.

E1. 1. apartamentão/ problemão/ amigona/ barulhão/ cadeirona/ amigão/ programão/ mesona. **2.** 1. uma palavra vulgar, agressiva/ 2. uma casa muito grande/ **3.** uma porta do jardim para a rua./ **4.** pessoa com direitos civis e políticos/ **5.** papel grosso e resistente.

E2. 1. batata pequena / barulho de pouca intensidade / hotel pequeno / loja pequena / mão pequena / bar pequeno / flor pequena.
2. Ela comeu um pouquinho de salada. / Eu fiz meu exercício certinho. / O cinema é pertinho daqui. / Ela trabalha direitinho. / A faxineira deixou tudo limpinho. / Paulo é baixinho. / Este carro é baratinho.

E3. 1. Eu comemoro meu aniversário com uma festinha. / **2.** No meu dia a dia eu não gosto do barulhão do trânsito da rua em que moro. / **3.** Eu gosto de sair à noite porque encontro com meu amigão e vamos a um barzinho legal. / **4.** O dinheiro é muito importante para mim porque eu posso comprar tudinho o que quero. / **5.** A parte do meu trabalho que eu mais gosto de fazer é a reuniãozinha diária com meu chefe sobre economia, e o cafezinho que tomamos juntos. / **6.** A parte de meu trabalho que eu não gosto de fazer é arrumar minha mesa e deixar tudo limpinho e organizadinho sobre ela. / **7.** É um problemão dizer não, porque alguém sempre vai ficar frustrado. / **8.** Acho ótimo ficar sem televisão, são noites quietinhas. / **9.** Prefiro trabalhar em equipe para tarefas complicadinhas, e sozinha quando é necessária uma decisão rapidinha. / **10.** Gosto de estar com amigos ao redor de uma mesona com petiscos e bebidas fresquinhas.

Lição 6

Página Inicial: 1º texto: 2 / 2º texto: 1 / 3º texto: 3 / 4º texto: 4.

A1. 1) respostas nos quadros abaixo do mapa.

2) 1. Sudeste, Norte, sim. **2.** Sudeste e Nordeste. **3.** Nordeste. **4.** 4 – carvão, 1 – petróleo, 5 – turismo, 3 – gado, 6 – agricultura, 2 – soja, 7 – indústria.

A3. 1) a –, b +, c +, d –, e –, f –, g +, h –, i –.

2) Diálogo 1 = c; Diálogo 2 = c; Diálogo 3 = a; Diálogo 4 = b; Diálogo 5 = c.

B1. 1) c, d, a, b, f, e. O português é falado por milhões de pessoas.
Antigamente, as casas eram construídas com mais cuidado.
O Brasil foi descoberto em 1500.
Os resultados serão anunciados amanhã.
Com mais tempo, o trabalho teria sido mais bem feito.
Os ladrões já tinham sido presos antes.

2) 1, 4, 7, 8, 3, 5, 9, 2, 10, 6.
Quantas pessoas estão sendo esperadas para a festa?
A língua que é falada por mais pessoas no mundo é o chinês.
O Brasil foi descoberto por Pedro Álvares Cabral.

3) Quem inventou o telefone? O telefone foi inventado por Graham Bell.
Quem inventou a lâmpada elétrica? A lâmpada elétrica foi inventada por Thomas Edison.

Quem descobriu a América? A América foi descoberta por Cristóvão Colombo.
Quem compôs "Garota de Ipanema"? A canção "Garota de Ipanema" foi composta por Tom Jobim.
Quem escreveu "A Jangada de Pedra"? O romance "A Jangada de Pedra" foi escrito por José Saramago.

B2. 1. vende-se/ alugam-se/ perdeu-se, gratifica-se/ contrata-se/ procura-se.

2. Primeiro soltam-se os parafusos. Depois, levanta-se o carro. Então, retiram-se os parafusos. Agora, tira-se o pneu e coloca-se o estepe. Depois, colocam-se os parafusos. Agora, apertam-se os parafusos e desce-se o carro. Agora, só falta guardar o pneu.

B3. 1. Todo dia ela vai ao escritório. Ela trabalha lá o dia todo.
Todos os dias ela vai ao escritório. Ela trabalha lá a semana toda.
Toda semana ela vai ao escritório. Ela trabalha lá a semana toda.
Todas as semanas ela vai ao escritório. Ela trabalha lá a semana toda.

b) Ela trabalha todo dia. / Nós fazemos ginástica todos os sábados. / Eu faço mergulho todas as férias. / Eles viajam para o Brasil todos os anos. / Eles sabem tudo sobre astrofísica. / Ele compra tudo no supermercado. / A professora come feijoada toda semana. / Meu vizinho toca piano todo dia.

c) Ela dormiu o dia todo. / No sábado não saí o dia todo. / Eles ficam em Porto Alegre a semana toda. / Ele vendeu tudo o que tinha.

2. Cada aluno vai receber uma tarefa diferente. / Todos os alunos vão participar do projeto. / Todas as entradas para o *show* foram vendidas. / Cada entrada custou um absurdo. / Todos os quadros são lindos. / Cada quadro custa uma fortuna. / Tudo custou um absurdo.

C1. língua: tatu, Iguaçu, Iracema; axé, xingar, cafuné/ culinária: mandioca e outras raízes/ religião: Iemanjá, candomblé/ dia a dia: instrumentos feitos de bambu e peças feitas de fibra; cerâmica, cestas, quilombo/ Música: samba, capoeira, Bumba meu boi.

C2. 1. Ingredientes e pratos da cozinha africana: azeite de dendê, pimenta malagueta, quiabo, maior uso da banana, várias maneiras de preparar a galinha e o peixe, a farofa, o quibebe, o vatapá. Ingredientes e pratos da cozinha indígena: farinha de mandioca, farinha de milho, canjica, pamonha, paçoca, moqueca.

D1. 1. No início do inverno.
2. Festa de rua com teatro, dança e música.
3. Catirina, Pai Francisco, o Boi, o patrão.
4. O patrão quer saber o que aconteceu. / Pai Francisco é preso. / Pai Francisco tem de devolver o boi. / Todos trabalham para ressuscitar o boi. / O boi volta à vida. / Todos estão felizes novamente.

D2. 1) Minas Gerais. **2)** política, leite. **3)** Dizem que..., Quem, eu?, Sei dizer não, senhor. Eu não sou daqui.

E. 1) 13, 16, 18, 15, 8, 17, 25, 10, 11, 23, 9, 20, 21, 19, 22, 14, 1, 5, 2, 4, 6, 3, 7, 22, 12. **2)** um pacote de feijão, um quilo de feijão, um quilo de café, um pacote de café, um vidro de palmito, um litro de vinagre, uma garrafa de vinagre, uma dúzia de bananas, uma caixa de fósforos, um saquinho de chá, um quilo de tomates, uma garrafa de água mineral, um litro de água mineral, um pé de brócolis, um tablete de fermento, uma lata de patê, um vidro de patê, 100 gramas de patê, um rolo de papel higiênico, um maço de flores, uma dúzia de flores, uma lata de sardinha, um pé de alface, um vidro de geleia, um pacote de pão, um quilo de carne, 100 gramas de carne, um maço de cigarros, um pé de espinafre, uma dúzia de laranjas, uma lata de cerveja, um pacote de açúcar, um quilo de cenouras, 100 gramas de salame, um rolo de papel toalha, 100 gramas de queijo parmesão.

Revisão

R1. 1. Este senhor é um executivo que está vestindo um terno. **2.** Este senhor é alto, usa camisa, calças pretas e sapatos social.

R3. 2, 3, 1, 0, 5, 4, 6.

R4. 1. sogro (não é consanguíneo); viagem (não é um evento social); eu converso (não expressa um sentimento); braço (não é parte da cabeça); seda (é tecido, não é roupa); elefante (não é um animal da fauna brasileira).

R5. 1º jogo: **1.** décimo, nono, oitavo, sétimo, sexto, quinto, quarto, terceiro, segundo, primeiro. / **2.** Nordeste, Norte. / **3.** ir ao médico, tomar uma aspirina, ficar na cama. / **4.** bom – ótimo, ruim – péssimo, fácil – facílimo, agradável – agradabilíssimo. / **5.** nariz,

152

boca, olhos, orelhas. / **6.** eu brincava de boneca, eu estudava todos os dias, eu brincava com meus amigos. / **7.** cunhada, filho, irmã (ou eu). / **8.** um vestido preto, sapatos de salto alto, ou terno e gravata. / **9.** longo, magro, gordo.

2º jogo: 1. Ele é alegre, bem-humorado, aberto, inteligente, simpático, intelectual e otimista. / **2.** Eu viajaria pelo Nordeste para conhecer as praias dessa região. / **3.** décimo primeiro, décimo segundo, décimo terceiro, décimo quarto, décimo quinto, décimo sexto, décimo sétimo, décimo oitavo, décimo nono, vigésimo. / **4.** em dúzia (ou em penca), em litro, em pacote, em quilo. / **5.** azul, verde, amarelo, laranja. / **6.** Eu fui à praia. Eu li um bom livro. Eu assisti a um filme pela televisão, eu visitei amigos. / **7.** de lã, de algodão, de linho. / **8.** carioca, gaúcho, mineiro. / **9.** carteiro, padeiro, engenheiro, professor, arquiteto, dentista, médico.

Livro de Exercícios
Exercícios – Lição 1

1. sobrancelha/orelhas/olhos/nariz/boca.

2. os dedos: cheia de dedos, escrever, comer, discar, ler, digitar...

os olhos: comer com os olhos, observar, ler, assistir, ver...

a mão: a mão boba, escrever, comer, discar, ler, digitar...

o nariz: não meta o nariz onde não foi chamado, cheirar, comer, respirar...

a cabeça: vive batendo a cabeça, pensar, observar...

as pernas: gosta de bater perna, andar, correr...

a orelha/ouvido: ficou com a pulga atrás da orelha, escutar, ouvir, assistir...

a boca: foi um bate-boca daqueles, comer, falar, respirar, beber...

os pés: ele pisou na bola, andar, correr...

3. 1. dedos, pés, mãos, ouvidos, orelhas, coração.
2. boca, estômago, nariz, olhos, mãos.
3. mãos, braços, pernas, pés.
4. olhos, nariz, orelhas.
5. dedos, ouvidos, orelhas, boca.

4. 1. Você tem que descansar. **2.** Acho que você precisa conversar com ele. **3.** Elas têm de ter paciência. **4.** Você precisa estudar mais. **5.** É melhor levá-la ao hospital. **6.** Ela precisa ficar na cama. **7.** Chame a polícia. **8.** Ligue 02 e fale com a recepção. **9.** É preciso ter força de vontade. **10.** Então, não faça.

5. 1.

vejo	vi	saio	saí
vê	viu	sai	saiu
vemos	vimos	saímos	saímos
veem	viram	saem	saíram

5. 2. a) vejo/vê; **b)** saem/saíram; **c)** vi; **d)** viram; **e)** vimos/Saímos/ver.

6. a) lhe; **b)** lhes; **c)** lhe; **d)** lhes.

7. Uma casa pode ser lindíssima, caríssima, agradabilíssima, antiquíssima...

Uma escultura pode ser lindíssima, belíssima, interessantíssima, feíssima, ótima, ...

Um fim de semana pode ser chatíssimo, agradabilíssimo, péssimo, ótimo, ...

8. 1. cinco bocas, cinco corações, três jornais, três narizes, quatro mãos, dois pés, três olhos, sete homens, um ônibus, duas macas.

2. 2. Dois homens bonitos são ainda mais difíceis.

3. Duas paredes azuis são ainda mais agradáveis.

4. Três poltronas são ainda mais confortáveis.

5. Dois meses de férias são ainda melhores.

10. 4, 1, 5, 6, 3, 2.

11. 1) a, b, e, f. **2)** 1. Você tem de tomar cuidado com o sol. 2. É melhor usar protetor solar. 3. Tome muita água e suco de frutas. 4. Não coma massas e comidas pesadas.

12. 2. triste, nervosa, reservada, inflexível, fraca, feia, tímida, antipática, incapaz, insatisfeita, calada, frustrada.

Exercícios – Lição 2

1. 3, 2, 4, 1, 5.

2. 1) C; 2 C; 3 NC; 4 NC; 5 NC; 6 C; 7 NC; 8 C; 9 NC; 10 C.

3. férias: XVII; horário de trabalho: XIII; direitos da mãe: XVIII; crianças: XXXIII.

4. 2. Ele não trabalhava. / **3.** Ele tinha poucos deveres. / **4.** Sua vida era tranquila. / **5.** Ele descansava muito. / **6.** Ele ficava em casa. / **7.** Ele era mais feliz.

5. 2. nós morávamos/ **3.** vocês saíam/ **4.** ela era/ **5.** eu vendia/ **6.** eles tinham/ **7.** nós éramos/ **8.** você andava/ **9.** elas escreviam/ **10.** eu lia/ **11.** ela levantava/ **12.** ele dormia.

6. 1. eu usava uniforme/ **2.** eu estudava pouco/ **3.** eu levantava cedo/ **4.** eu tinha três meses de férias/ **5.** eu morava com meus pais/ **6.** eu andava sempre de bicicleta.

7. 2. Não o conhecia. Estava escuro e não vi muito bem como ele era. Poucos minutos depois, ouvi um barulho forte. Não sabia o que era. Meu vizinho era um homem estranho: ele não recebia muitas visitas, saía muito cedo, não falava com ninguém.

8. a) Quando nós chegamos, eles estavam dormindo. **b)** Quando Sandra telefonou, eu estava tomando banho. **c)** Quando nós conhecemos Paula, nós estávamos morando em Itu. **d)** Quando Ilca entrou na loja, ela estava fechando. **e)** Quando eu cheguei ao Brasil, o país era diferente. **f)** O teatro estava vazio quando nós chegamos. **g)** Quando você chamou, eu estava ocupado. **h)** Quando eles se casaram, eles ainda eram jovens.

9. a) Enquanto eu trabalhava, ele descansava. **b)** Enquanto ele procurava os papéis, ele falava. **c)** Enquanto nós fazíamos o teste, o professor lia o jornal. **d)** Enquanto ele cuidava do filho, ela viajava pelo Brasil. **e)** Enquanto vocês assistiam TV, o vizinho estava sendo sequestrado.

10. fui/ Conheci/ tinha/ bebeu/ passou/ fomos/ chegamos/ estava/ gostou.

11. Peguei o ônibus às sete e meia. O ônibus estava cheio e demorou uma hora para chegar ao centro. Na agência de empregos tinha mais de quinze pessoas na fila. Muitas pessoas estavam procurando emprego. Fiz um teste. O teste era difícil. Fiz uma entrevista, mas não respondi direito às perguntas porque estava muito nervosa. Depois voltei para casa. O ônibus demorou uma hora e meia para chegar ao nosso bairro. Eu estava cansada e com fome. Jantei. Três dias depois a resposta chegou. Foi negativa. Que pena! Como vê, eu ainda estou procurando emprego. Um beijo...

12. 1º Paulo, 2º Luís, 3º Airton, 4º Nélson, 5º Zeca, 6º Róbson, 7º Juca, 8º Marcelo, 9º Edson, 10º Mário.

13. 1. Pedro Paulo Ferreira. **2. a)** e; **b)** c; **c)** e; **d)** e; **e)** c; **f)** c.

14. 2) 1. O Campo de Bagatelle foi o lugar onde Santos Dumont fez um voo pilotando o 14 Bis em 1906.

2. Cidade praiana do estado de São Paulo onde, em 1932, Santos Dumont suicidou-se.
3. Avião criado por Santos Dumont.
4. Fazenda da família onde Santos Dumont nasceu em 1873.
5. Foi causada pelo uso bélico do avião na Revolução Constitucionalista e pela morte de seus grandes amigos num acidente aéreo.

4) 1. Os brasileiros consideram Santos Dumont o verdadeiro inventor do avião, pois ele voou em 23 de outubro de 1906 em frente a centenas de testemunhas.
2. Os irmãos Wright não contaram com testemunhas em seus primeiros voos. Não há comprovação.
16. 4. Helicóptero, **2.** Avião Anfíbio, **3.** Avião a jato, **1.** Ultraleve, **5.** Planador, **6.** Teco-teco.

17.

```
P L A C C A M A W L K O A P A R T A M E N T O L L I E A O
O A R S O B R A D O Z E S T O M A G O R A L E G R E L R L
L R A I R Y Q R A L L E G U M E S R I N D E R D O R E A O
U A O S A L U O P F O X A L T O I I F E I J A O D A V P D
R N S O C I A C P E R I O D O I N T E G R A L C E M A O U
M J A E A M C I A R P O S T S Y M O B I F E W E G A D N M
A A M S O O N Q U I N T A L S W C G R O P E R A R I O G U
S X I T I T R A B A L H A R E N A O E L A M I L I O R A S
C I C A D E I R A S X G R E V E B R Y H P P B A P I N A E
H K A N N B G R Z A C U C A R R E D S O O R A D E N T E N
I O L T O R O O B A I X O C O V C O A Z D E D O I M P I S
L R L E E A L Z D E M I S S A O A D L U F G S O L O U L U
O A B E L C D A V I D U L A M S X I A L U O M A T O B I A
P E N S A O F A R O F A E I H O R A R I O F L E X I V E L
A H I L F S I M P A T I C O R I O T I M I D O T O N I D A
R A N U I L L A R Q U A R T O N I C O Z I N H A C R O A L
X U A N X R E S E R V A D O S C H O E L L E R R H E I N L
E L R D I A T I V O O F E N H E I M A S T S A L A R A M E
```

A - Trabalho	B - Comida	C - Corpo e doenças	D - Pessoas	E - Casa
1 - Pensão	1 - Legumes	1 - Cabeça	1 - Alegre	1 - Apartamento
2 - Período integral	2 - Açúcar	2 - Estômago	2 - Baixo	2 - Quintal
3 - Operários	3 - Laranja	3 - Dente	3 - Simpático	3 - Quarto
4 - Trabalhar	4 - Arroz	4 - Coração	4 - Tímido	4 - Cozinha
5 - Greve	5 - Doce	5 - Braço	5 - Reservado	5 - Sala
6 - Demissão	6 - Sal	6 - Tosse	6 - Nervoso	6 - Estante
7 - Horário flexível	7 - Filé	7 - Febre	7 - Gordo	7 - Elevador
8 - Salário	8 - Bife	8 - Dedo	8 - Sensual	8 - Sobrado
9 - Ativo	9 - Feijão	9 - Gripe	9 - Mudo	9 - Cadeiras
10 - Emprego	10 - Farofa	10 - Olho	10 - Alto	10 - Cama

Exercícios – Lição 3

1. 1. relógio, **2.** blusa, **3.** saia, **4.** sapato alto, **5.** óculos, **6.** blusa, **7.** calça, **8.** tênis, **9.** paletó, **10.** gravata, **11.** sapato social, **12.** camiseta, **13.** Minissaia, **14.** meia.
2. 1. f, j, i, g; **2.** a, l; **3.** c.
3. ao teatro: terno, vestido, sapato... jogar tênis: tênis, *short*, camiseta... ao supermercado: *jeans*, sapato, tênis, saia...
4. 1. a) ponho/punha; **b)** puseram; **c)** pus. **2. a)** ponho; **b)** posso; **c)** pôs; **d)** posso; **e)** pomos; **f)** puseram; **g)** podemos; **h)** pudemos; **i)** podíamos; **j)** punha; **k)** posso.

5. 1) vem/vinha/veio. **2)** vieram/vinham/vir.
6. 1. a) venho/vejo; **b)** vem/vê; **c)** vimos/vemos; **d)** vêm/veem.
2. a) vim/vi; **b)** veio/viu; **c)** viemos/vimos; **d)** vieram/viram.
3. vindo/vendo
7. vem/vem/ir/vêm/vamos/ir
8. partiremos/subiremos/andaremos/ entraremos/dormiremos/sairemos/ levarão/poderá/vestirá/usará.
9. 2. Eu faria ginástica logo cedo.
3. Eu andaria menos de carro e iria mais a pé.
4. Eu comeria só nas horas certas.
5. Eu beberia menos cerveja e vinho.
6. Eu diria "não" a doces e massas.
7. Eu iria mais à piscina e menos ao bar.
8. Eu pararia de fumar.
9. Eu iria ao médico duas vezes por ano.
10. Eu teria mais tempo para descansar.
11. 1) 3, 2, 1.
11. 2) Festa = c; Roupa = b; Churrasco = b.
12. 2. a) c; **b)** c; **c)** e; **d)** e; **e)** e.
13. 1. cinza, **2.** azul-escuro, **3.** verde, **4.** laranja, **5.** roxo, **6.** azul-claro, **7.** rosa, **8.** bege.
14. a) branco como a neve, **b)** vermelho como camarão, **c)** azul como o céu, **d)** verde como o mar, **e)** preto como carvão, **f)** amarelo como ouro.
15. 1. um vestido branco-gelo
2. uma camiseta, amarelo-canário/ ouro/manteiga...
3. um paletó azul-piscina/noite...
4. um sapato marrom-café/chocolate...
5. um cinto rosa-bebê
6. uma bolsa verde-abacate/limão/ mar...
7. uma saia vermelho-tomate/sangue...

Exercícios – Lição 4

1. a) Maíra é filha de Marcelo. **b)** Marcelo é pai de Maíra. **c)** Margarethe é mãe de Maíra. **d)** Marcelo é marido de Margarethe. **e)** Berta é avó de Maíra e sogra de Margarethe. **f)** Emílio é avô de Maíra e sogro de Margarethe. **g)** Maíra é neta de Lore e Peter e neta de Emílio e Berta também. **h)** Marcelo é genro de Peter e Lore. **i)** Margarethe é nora de Emílio e Berta.
2. 6º é a colocação do país em número de habitantes.
200 milhões é o número de habitantes.
44 milhões – 20% é o número da população de São Paulo.
7,7 filhos é o número de filhos por família em 1903.
1,7 filho é o número de filhos por família em 2018.
2,2 filhos é o número da taxa de reposição.
3. a) traz, **b)** trouxeram, **c)** trazem, **d)** trouxe, **e)** traria.
4. a) levar/leva/traz; **b)** levar/trouxe/ vou levar/trouxemos; **c)** leva/traz; **d)** levei/levar/trago.
5. 1. soube/ sabia/ conhece/ Conheço/ sabe/ sabe/ conhece/ soube/ conhecê-la/ sabe/ sei. **2.** Fazer fofoca significa: b.
6. comeria, vestiria, dormiria, traria, escreveria, faria, cantaria, construiria, aprenderia.../saberia, encontraria, diria.

7. 1. a) Porque já tinha visto o filme.
b) Porque nós já tínhamos almoçado.
c) Porque eles tinham vindo a pé.
2. a) Quando ela ligou, eu já tinha ido embora.
b) Quando eles chegaram, o filme já tinha começado.
c) Quando ele trouxe a pizza, eu já tinha feito o frango.
d) Quando eu quis comprar na liquidação, já tinha acabado quase tudo.
8. 2. para conferir se pusera tudo ali.../...acho que nunca me vira ter ideias.../ Então lembrei que esquecera de colocar...
3. para conferir se tinha posto tudo ali/... acho que nunca tinha me visto ter ideias/ Então me lembrei que tinha esquecido de colocar...
9. 1) 1, 8, 2, 5, 9, 7, 6, 3, 4.
2) a-6, b-4, c-3, d-10, e-1, f-2, g-7, h-5, i-9, j-8.
10. 2. Tudo bem? Soube ontem que você vai ser pai. Meus parabéns! Fiquei muito feliz porque sei como isso é importante para você.
Espero vê-lo logo. Senão, desejo a você muitas felicidades e que seu filho tenha muita saúde.
Um abraço.
12. 1. Parte 1: A decisão. Parte 2: A saída. Parte 3: Roupa de praia. Parte 4: No restaurante. Parte 5: Na cama 1. Parte 6: Conselho de Pai. Parte 7: Reclamação. Parte 8: Na cama 2. Parte 9: Dia de chuva 1. Parte 10: Dia de chuva 2. Parte 11: Dia de Chuva 3. Parte 12: Dia de chuva 4. Parte 13: Na cama 3. Parte 14: Indo para a serra. Parte 15: Chega no hotel. Parte 16: Reencontro. **2.** Parte 1 – b. Parte 2 – a-7; b-3; c-5; d-6; e-2; f-4; g-8; h-1. Parte 5 – c. Parte 8 – 2. Parte 12 – a.
13. 1. Pedro Pereira da Rocha; Sílvia Novais Silva; Igor Stacheviski.
2. c, g, e, a, h, d, f, b, i. Dudu – Eduardo/ Malu – Maria Lúcia/ Zeca, Zé – José Carlos/ Guto – Gustavo, Augusto/ Fafá – Fátima/ Beto – Roberto/ Maitê – Maria Teresa/ Ju – Jussara, Jurema/ Cida – Maria Aparecida.
3. 1. c.
2. Clodoaldo B. Silveira/Juiz de Menores da 3ª Comarca/Maria Aparecida da Silva Oliveira/sobrinhos/Jefferson da Silva (5 anos), Lincoln da Silva (3 anos) e Vilson da Silva (2 anos).
14. entrevistar – a entrevista – entrevistado / imigrar – a imigração – imigrante / casar – o casamento – casado / divorciar – o divórcio –

divorciado / chover – chuva – chuvoso / aposentar – a aposentadoria – aposentado / ler – a leitura – legível, lido / empregar – o emprego – empregado / estacionar – o estacionamento – estacionado/a.
15. 1. suportar – suportável; comparar – comparável; desejar – desejável; aceitar – aceitável; calcular – calculável; imaginar – imaginável; discutir – discutível; confundir – confundível; definir – definível; ler – legível; compreender – compreensível; poder – possível.
2. a) incalculável; **b)** insuportável; **c)** desejável; **d)** inconfundível; **e)** ilegível; **f)** inaceitável; **g)** compreensível.

Exercícios – Lição 5

1. ir à praia, fazer *windsurf*, andar de *jet ski*, pescar, fazer alpinismo, jogar basquete, jogar tênis, jogar futebol.
2. 5, 4, 3, 1, 2, 8, 6, 7 ou 5, 7, 3, 1, 2, 8, 6, 4.
3. a) Pode ser que eu vá dia 20 para Aracaju.
b) Ainda não sei se vou de carro, ônibus ou avião.
c) Você sabe se lá existe um hotel barato?
d) Talvez eu fique na casa da Márcia.
4. 1) a) A bailarina está fora do peso ideal porque ela tem comido muito bolo ultimamente. Ela precisa comer menos carboidratos. **b)** O professor está muito cansado ultimamente porque tem dado muitas aulas. **c)** Nós temos dormido até as 10 horas ultimamente porque não precisamos trabalhar de manhã. **d)** O cantor tem recebido muito dinheiro ultimamente porque ele tem feito *shows* todas as noites.
2) 1. O ambiente tem ficado tenso. **2.** O pagamento dos salários tem atrasado demais. **3.** As vendas têm diminuído constantemente. **4.** Os clientes têm sumido pouco a pouco.
3) 1. Ela tem procurado o melhor local para a cerimônia. **2.** Ela tem feito a lista de convidados e padrinhos. **3.** Ela tem procurado os melhores preços para comidas e bebidas para a festa. **4.** Ela tem procurado o vestido de noiva dos seus sonhos.
4) escrevi, tenho trabalhado, tivemos, tenho feito, fiquei, deixou.
5. 1) calmamente, duramente, docemente, especialmente, facilmente, fracamente, friamente, levemente, livremente, longamente, natural-

mente, nervosamente, perfeitamente, pessoalmente, pobremente, rapidamente.
2) a) Eu falo meus problemas claramente.
b) Vocês resolveram a situação facilmente.
c) Ela escreveu para nós frequentemente.
d) Eles explicaram para nós perfeitamente.
3) a) nervoso, calmamente. **b)** especial, especialmente. **c)** pobres, duro, pobremente. **d)** emocional, racionalmente.
6. 1) a) muito; **b)** mal; **c)** alto; **d)** depressa; **e)** pouco; **f)** baixo; **g)** demais; **h)** devagar.
2) Tudo bem com você? Estou te escrevendo porque pode ser que eu vá a Aracaju em janeiro, talvez no dia 20. Não sei ainda se vou de carro, ônibus ou avião. Talvez eu fique na casa da Márcia. Talvez eu fique num hotel na praia. Não sei ainda. Você sabe se aí existe um hotel barato? Preciso decidir. Por favor, escreva-me logo.
Um abraço.
7. b) alguém/ Não, ninguém.; **c)** algum/ Não, nenhum.; **d)** algum/ Não, nenhum.; **e)** algo/ Não, nada.; **f)** alguém/ Não, ninguém.; **g)** algo/ Não, nada.
8. b) alguma/ Não, não tenho nenhuma.
c) alguém/ Não, não conheço ninguém.
d) algo/ Não, não sei nada.
e) alguma/ Não, não tenho nenhuma.
10. 1) Defenda o verde, mas não seja chato. **2)** c; **3) a)** 12%; **b)** em grande parte; **c)** possível; **d)** tem.
11. 1) "A cidade é você"; **2)** a, b, c, e, f; **3)** a, h
16. Exemplo: preto: a, b, c, d, e; marrom: a, b, d, e, f; magro: a; grande: e; amarelo: a, b; bonito: a, b, c, d, e; pequeno: a, b; elegante: a, b, c, d, e; alegre: b, d; pesado: e, f, g; ativo: a, d, e; tímido: c, f; preguiçoso...

Exercícios – Lição 6

1. 1. A Região Sul do Brasil tem clima subtropical. O inverno é muito frio e o verão é muito quente. A chuva é bem distribuída durante todo o ano. Há rios muito grandes. O solo é fértil. A criação de gado e a agricultura são importantes. A região produz uva, soja e arroz entre outros produtos. A indústria também é muito desenvolvida. As influências alemãs e italianas são muito grandes.

2. Norte/ Nordeste/ Leste/ Sudeste/ Sul/ Sudoeste/ Oeste.

2. 2) a) detesto/ não suporto/ odeio.
b) gosta muito/adora/ acha bom.
c) adoro/ gosto muito/ acho bom.
d) é horrível/ detesto/ odeio/ não aguento/ não suporto.
e) É chato/ É horrível/ Detesto/ Odeio.
f) gosto muito de/ adoro/ detesto/ odeio.
g) odeio/ detesto/ não suporto/ não aguento.
h) adoro/ acho bom/ acho simpático.

3. 1) é formada/ era habitada/ foram trazidos/ foram transportados/ foram recebidos/ era conhecido/ foi recebido/ são encontrados.

2) 1. Índios, afrodescendentes e europeus formam a população brasileira.
2. Cerca de um milhão de índios habitavam o país quando os portugueses chegaram ao Brasil.
3. Os colonizadores trouxeram os afrodescendentes para trabalhar na produção de açúcar.
4. Os comerciantes de escravos transportaram pelo menos 3,5 milhões de negros da África para o Brasil.
5. O país recebeu grande número de imigrantes.
6. Os brasileiros não conheciam os japoneses.
7. Os estados do Sul receberam o maior número de imigrantes europeus.
8. Nos estados do Nordeste e do Centro-Oeste nós encontramos em maior número afro-brasileiros.

4. 1) O fogo destruiu todas as casas, toda a produção do ano, todo o mercado, todos os edifícios, todas as escolas, tudo!
2. f, c, b, e, d, a.
a) Ele lê todo jornal que ele encontra.
b) Ele lê o jornal todo.
c) Ela fica em casa o dia todo.
d) Ela todo dia fica em casa.
e) Ele vem aqui toda semana
f) Ele vem aqui a semana toda.
5. A – seiscentos e quarenta e cinco/ cada; B – todas as/ cada/ Oitocentos e setenta e cinco; C – todos os/ quarenta/ cada.

6. 1. toda pessoa tem um orixá/ o comportamento de uma pessoa é semelhante ao do seu orixá/ a pessoa recebe do seu orixá as características que marcam a sua personalidade, por isso é seu/sua "filho/a".
2. Oxóssi – 7, 2/ Oxum – 3/ Ogum – 1/ Exu – 4/ Xangô – 5/ Oxalá – 8/ Omolu – 9/ Iansã – 6/ Iemanjá – 10.
7. 2) sequência: 1, 4. 2. 5. 3. 6

3) O sapo pediu à onça uma gaita. A onça convidou o sapo para nadar. O sapo ficou desconfiado porque a onça nunca andava na frente dele. Para não ser comido pela onça o sapo fingiu que estava acordado. Para escapar das cobras o sapo fugiu para a lua. O sapo toca a sua gaita na lua enquanto a onça fica na Terra olhando para a lua.

8. 1) um mineiro. **2)** O mineiro fala pouco/ é pão-duro/ é mão de vaca/ não diz o que pensa. **3)** concorda basicamente com as afirmações da entrevistadora/ ele gosta das

pessoas de sua região e explica a atitude delas.

4) Exemplos: O rapaz é pão-duro porque precisa do dinheiro para ter segurança. O rapaz é fechado com pessoas que ele não conhece. O rapaz desconfia de estranhos. O rapaz é machão com os amigos. O rapaz é trabalhador porque gosta de luxo. O rapaz é aberto com as pessoas que ele conhece bem. O rapaz é sincero por causa do meio ambiente em que ele vive (as montanhas). O rapaz é caloroso porque adora o trabalho.

9.

| R E G I A O R T I G E C U P A I S O N E E N A S W C M V |
| I B K D E S M U E L M R T R B H O L A X I D W U O H E O |
| O A S U R S L A P I S I C O R T I N A E N Z A B W T R C |
| A U A N S P O L T R O N A F E I L D L R H U U T D M E A |
| T A P E T E U Z L U M S V E S T I D O C U S H R A O S B |
| U M S G M O S U V E A T Z S R H T M D I M M S O L O T U |
| F C O M P R A R I K T P E S O F A C H C F A I P U C I L |
| E U S E A D E M E M A R B O G A B D B I E P E I E H E A |
| I E D R N E N G R A O E E R W R T O L O J A R C B K R R |
| N C A V N N K E A L K C H E Q U E A U S N G Y A E E E I |
| C A D E R N O B L H I O R L E A R T S D S A A L I V R O |
| A E K S D A V U L A S I L E I Y N E A A T R R U I L O |
| R I A T E A C A A X E S P E L H O I U G E C M A E N R A |
| T N M I R B K R R U C H U V A W A N M U R H A L B E I N |
| A K E R S A U M E S A A E R L A R V E N D E R L E N B E |
| O U A J C J C T O A K N I I U S A H I C R T I O N A E L |
| E C I A H U T S M L O L N S N T T S A P A T O A M O S T |
| M U N E O R O D I N H E I R O U O A K T A W U L A M A T |

A - Geografia	B - Escola	C - Móveis	D - Comércio	E - Roupa
1. região	lápis	sofá	preço	vestido
2. país	caderno	cortina	loja	sapato
3. solo	livro	poltrona	comprar	cueca
4. mar	lousa	tapete	cheque	vestir
5. chuva	professor	armário	vender	malha
6. rio	aluno	espelho	dinheiro	terno
7. seca	exercício	mesa	cartão	blusa
8. subtropical	vocabulário	abajur	pagar	meia

Revisão

R1. 1. li; 2. cunhado; 3. avô; 5. difícil; 7. mesona; 8. São Paulo, Rio de Janeiro, Belo Horizonte, Manaus. 9. irmã; 10. *jeans*, camiseta e tênis; 12. magro; 13. a boca; 14. jornais; 15. leite; 16. trabalhei, estudei, li, saí...; 17. lojinha; 20. gripe, resfriado, pneumonia; 21. cabeça, olhos, nariz, mãos, pescoço, pernas, braços, pés...; 22. pior; 23. *jeans*, camiseta, meias, sapatos; 24. era; 25. morávamos; 26. tinham; 27. profissão; 28. meio período; 31. salário; 32. greve; 33. 5 dias; 34. décimo nono; 35. amarelo com azul; 36. cheque ou cartão; 37. pôs; 38. vieram; 39. vem/vou; 41. malha, blusa de manga comprida, paletó, calça...; 42. redondo; 44. nasci; 45. trazer; 46. Bahia, Acre, Goiás, Santa Catarina, Amazonas; 47. eu soube; 48. dei ou disse; 49.

aniversário; 52. chegou; 53. passar; 54. tem estado; 55. Norte; 56. Rio Grande do Sul; 57. mal ou melhor; 58. Todo; 59. Cada um.

R2. Ignácio Tinhão – corpo: gordo, baixo, careca...; roupa: calça listrada, paletó liso, camisa lisa, gravata amarela, sapatos e maleta cinza...; temperamento: intelectual, conservador, fechado... Cecília Ramos – corpo: baixa, loira...; roupa: saia estampada, blusa lisa, colete xadrez, sapatos baixos...; temperamento: alegre, aberta, extrovertida... Ignácio Tinhão Filho – corpo: jovem, alto, magro...; roupa: conjunto de jeans, camiseta estampada, tênis...; temperamento: esportivo, alegre, aberto... Karen Meireles – corpo: jovem, loira, alta...; roupa: vestido muito curto, sapatos de salto alto...; temperamento: alegre, aberta, otimista...

R3. 1. o azeite, a bebida, o chimarrão, o doce, o espinafre, a farinha, o guaraná, o ingrediente, os legumes, a manteiga, o óleo, o ovo, o palmito, o queijo, o quiabo, o regime, o refrigerante, o saquinho, o tablete, o trigo, a uva, a vagem, o vatapá...

2. o arco-íris, o calor, o frio, o inverno, o outono, a primavera, a seca, o verão, o vento...

3. a barriga, as costas, a doença, o infarto, o estômago, a febre, a higiene, o hospital, o joelho, os lábios, o nariz, a orelha, o queixo, o quilo, o regime, o remédio, o resfriado, a tosse...

4. a agricultura, o dinheiro, o gado, a indústria, a loja, o negócio, o petróleo, a pecuária, o salário, o turismo, a usina...

5. o cunhado, o divórcio, a esposa, o genro, o namorado, a nora, o parente, o sogro, o tio, o viúvo...

6. a bagagem, o barco, a excursão, a floresta, o hoteleiro, a mala, o passeio, a pousada, o turismo, a viagem, a visita, o *windsurf*, o xadrez, o zoológico...

7. a floresta, a ilha, o mapa, a mata, o Noroeste, o rio, a selva, o solo, a zona...

8. o aluguel, o condomínio, o inquilino, a janela, o jardim, o *living*, a mudança, a planta, o quintal, o térreo...

9. o abajur, a cadeira, a cortina, o espelho, a geladeira, a poltrona, o roupeiro...

10. o banqueiro, o carteiro, o empregado, a faxineira, o fazendeiro, o hoteleiro, o jornaleiro, o operário, o patrão, o sapateiro, o verdureiro, o zelador...

11. a aposentadoria, a demissão, o empregado, a greve, o horário, a jornada, a mão de obra, o operário, o patrão, o plantão, a reunião, o salário...

12. o algodão, a fibra, a lã, o linho, a malha, o roupeiro, o tamanho, o vestido...

R4. veja/ não aceito que/ ruim/ Santos/ couro/ azul.

R5. Seu curso básico de português do Brasil agora chegou ao fim. Nós, os autores, desejamos tudo de bom e esperamos que você continue aprendendo.

Fonética
PASSO 1
1.1. [or], [ɔr] Ouça o áudio e marque o som que você ouviu.

	[or]	[ɔr]
dor	x	
enorme		x
forma		x
corpo	x	
formal	x	
pior		x
porta		x
dorme		x
por	x	
forte		x
jornal	x	
zelador	x	
melhor		x

2. [k] [kw] Ouça o áudio e marque o som que ouviu.

	[k]	[kw]
queixo	x	
esquisito	x	
tranquilo		x
quente	x	
quilo	x	
questão	x	
frequente		x
química	x	
quando		x
consequência		x
queimar	x	

3. [e] [ɛ] Ouça o áudio e marque as palavras com o som /e/.

☐ pé ☐ perna ■ cotovelo
☐ febre ■ joelho ☐ péssimo
■ dedo ■ orelha ■ pescoço

5. [ew], [ɛw], [iw], [ɔw], [uw] se escrevem "el" ou "éu", "il" ou "iu", "ul". Ouça o áudio e marque o som que você ouviu.

	[ew]	[ɛw]	[iw]	[ɔw]	[uw]
Brasil			x		
selva		x			
sol				x	
cantil			x		
adultos					x
afável	x				
culpados					x
civil			x		
filme			x		
vulgar					x
viril			x		
cruel		x			
anel		x			
impulso					x
céu		x			
chapéu		x			
ouviu			x		
serviu			x		
lençol				x	
consulta					x
último					x

PASSO 2
1.2. [tj] se escreve "ti", [dj] se escreve "di". Ouça o áudio e marque o som que você ouviu.

	[tj]	[dj]
direito		x
condição		x
moradia		x
adicional		x
atividade	x	
diurno		x
diferença		x
tímido	x	
simpático	x	
prático	x	
decidido		x
ótimo	x	
tarde		x
faculdade		x
paternidade		x

PASSO 3
1.1. [f], [v]. Marque o som que você ouviu.

	[f]	[v]
vestido		x
verde		x
febre	x	
fibra	x	
vender		x
festa	x	
vermelho		x
visita		x

157

favor	X	X
fazer	X	
leve		X
ferver	X	X
faca	X	
vaca		X

1.2. [b], [v]. Marque o som que você ouviu.

	[b]	[v]
gravata		X
bermuda	X	
você		X
banco	X	
livros		X
vibrar		X
abril	X	
bolsa	X	
bonita	X	
receber	X	
vim		X
veio		X
vidro		X
vinho		X

2. [h], de carro, se escreve "r" ou "rr" e [r], de caro, se escreve "r". Ouça o áudio e marque o som que ouviu.

	[h]	[r]
vestiria		X
gostaria		X
perigoso		X
regata	X	
lavanderia		X
barriga	X	
risonho	X	
remédio	X	
carreira	X	
rosto	X	
claro		X
roupa	X	
escuro		X
rotina	X	
careca		X
amarelo		X

3. [ʃ] se escreve "ch" e "x". [ʒ] se escreve "j" ou "ge", "gi". Ouça o áudio e marque o que ouviu.

	[ʃ]	[ʒ]
conjunto		X
churrasco	X	
caixa	X	
julho		X
juntava		X
xadrez	X	
roxo	X	
jovem		X
laranja		X
enxergar	X	
genial		X
chegava	X	
loja		X
regime		X
ginástica		X
lógico		X
viajar		X
hoje		X

PASSO 4

1.1. [ʎ] se escreve "lh" e [aw], [ɛw], [iw] se escrevem "al, el, il". Ouça o áudio e marque os sons diferentes.

filho / fio	X
milho / mil	X
velho / veio	X
viu / vil	
pilha / pia	X
til / tio	
mal / mau	
mel / meu	X

1.2. [ʎ], [l]. Ouça o áudio e marque os sons idênticos.

falha / fala	
bola / bola	X
palha / pala	
bolha / bolha	X
sal / sai	
filha / fila	
velho / velho	X
velha / vela	
colhe / cole	

PASSO 5

3. [s], [z], [ʃ]. Ouça o áudio e marque os sons diferentes.

japonês / japonesa	X
chinês / chinesa	X
peça / pesa	X
lixo / liso	X
fecha / ficha	
chão /são	X
chato / jato	X
vez / vez	
paz / pazes	X

5. [ũ], [u] se escrevem "um, un" e "u". Identifique o som.

	[ũ]	[u]		[ũ]	[u]
um	X		uma	X	

	[ũ]	[u]		[ũ]	[u]
num	X		numa	X	
nenhum	X		nenhuma	X	
algum	X		alguma	X	
nunca	X		nuca		X
mundo	X		mudo		X

PASSO 6

1. [k], [g]. Ouça o áudio e marque os sons diferentes.

gado / gado	
cato / gato	X
paca / paga	X
pacote / pagode	X
cacho / cacho	
pegar / pecar	X
penca / penca	
carvão / carvão	
barraca / barraca	

2. [p], [b]. Ouça o áudio e marque o som que você ouviu.

	[p]	[b]
pão	X	
bom		X
pomba	X	X
bomba		X
populoso	X	
chapada	X	
barulho		X
piada	X	
limpo	X	
lâmpada	X	
bigode		X
bandeja		X
presunto	X	

4. [s], [z], [R], [r]. Identifique o som.

	[s]	[z]	[R]	[r]
sapo	X			
Roma			X	
assassino	X			
zero		X		
ensinar	X			
aroma				X
ácido	X			
caro				X
próximo	X			
descer	X			
carro			X	
excelente	X			
honra			X	
exame		X		
hora				X

Vocabulário alfabético

- Esta lista apresenta algumas palavras contidas nos diálogos, exercícios, textos e explicações gramaticais.

- De acordo com a concepção didática do livro, ela não contém o vocabulário dos textos de audição e leitura.

- Segue-se a cada palavra a indicação da lição e da parte em que ela aparece pela primeira vez. Exemplo: abril L6; 51: a palavra abril aparece pela primeira vez na lição 6 do livro-texto, na página 51. E quando utilizamos Lex, é que a palavra aparece no Livro de Exercícios.

- A indicação m (masculino) e f (feminino) acompanha o substantivo cujo gênero não é óbvio.

- Para substantivos com a terminação -ão, indica-se, além do gênero, a forma do plural. Exemplo: construção f -ões L4; 25.

- Para adjetivos com terminação -ão, indicam-se as formas do feminino, do plural masculino e do plural feminino. Exemplo: alemão -ã, -ães, -ãs L1; 2.

- Quando necessário, indica-se entre parênteses a classe da palavra:
  - (art.) = artigo;
  - (adj.) = adjetivo;
  - (adv.) = advérbio;
  - (conj.) = conjunção;
  - (interj.) = interjeição;
  - (num.) = numeral;
  - (prep.) = preposição;
  - (pron.) = pronome;
  - (reflex.) = pronome reflexivo;
  - (subst.) = substantivo;
  - (vb) = verbo.

A

a; (art.); L1; 01
à; (contração de a (prep.) com a (art.)); L1; 02
a si mesmo; (prep. + pron. + adj.); Lex5; 113
abacate; (subst.); Lex3; 94
abaixo; (adv.); L3; 22
abaixou; (vb. abaixar); Lex4; 99
abajur; (m. subst.); REX; 129
abandonou; (vb. abandonar); Lex2; 85
Abapuru; (subst.); L1; 02
Abelardo; (subst.); L4; 38
abençoado; (adj.); Lex5; 114
aberto; (adj.); L1; 08
abóbora; (subst.); L6; 63
abono; (subst.); L2; 20
abraço; (subst.); Lex4; 101
abriga; (vb. abrigar); Lex4; 96
abrir; (vb.); L2; 16
absoluto; (adj.); Lex1; 75
absurdo; (subst.); L6; 61
acabar; (vb.); L3; 29
academia; (subst.); L1; 09
açaí; (m. subst.); L5; 51

acalma; (vb. acalmar); Lex5; 113
acampar; (vb.); L5; 44
ação; (f. subst. -ões); L4; 40
acariciar; (vb.); Lex4; 105
acaso; (adv.); L5; 44
aceitar; (vb.); Lex4; 108
acender; (vb.); L6; 59
acessórios; (subst.); L3; 22
achar; (vb.); L1; 01
acidente; (m. subst.); Lex2; 85
acima; (adv.); L2; 20
aclamado; (adj.); Lex2; 85
ações; (f. subst. -ão); L2; 16
acompanhar; (vb.); grav.; 144
aconselhar; (vb.); L3; 21
acontecer; (vb.); L3; 27
acordar; (vb.); Lex4; 105
acordo; (subst.); L2; 11
acostuma; (vb. acostumar); L1; 05
acreditar; (vb.); L4; 34
acredito; (vb. acreditar); grav.; 144
açúcar; (m. subst.); L1; 04
adapta; (vb. adaptar); Lex5; 115

adaptação; (f. subst. -ões); Lex3; 92
adeptos; (subst.); Lex6; 120
adequada; (adj.); L6; 55
aderente; (adj.); Lex3; 91
adesivos; (subst.); Lex5; 114
adeus; (interj.); L5; 43
adiantamento; (subst.); L2; 20
adicional; (subst.); L2; 13
adivinhar; (vb.); L1; 08
adjetivo; (subst.); L3; 32
administração; (f. subst. -ões); L2; 17
administrados; (adj.); L2; 20
admirado; (adj.); Lex4; 99
admissão; (f. subst. -ões); L2; 13
admitindo; (vb. gerúndio de admitir); L2; 17
adolescente; (subst.); Lex2; 85
adora; (vb. adorar); Lex6; 123
adormecer; (vb.); Lex6; 122
adoro; (vb. adorar); L6; 58
adotada; (adj.); L6; 55
adventícia; (adj.); L4; 40
advérbio; (subst.); L5; 48

adivinhe; (vb. adivinhar); L4; 33
advogado; (subst.); Lex2; 85
aérea; (adj.); L5; 45
aéreo; (adj.); L5; 46
aeroclube; (subst.); Lex2; 85
aeronáutica; (subst.); Lex2; 85
aeronave; (f. subst.); Lex2; 88
aeroplano; (subst.); Lex2; 85
aeroporto; (subst.); L2; 11
afável; (adj.); grav.; 146
afeta; (vb. afetar); Lex5; 113
afirmação; (f. subst. -ões); L2; 18
afirmar; (vb.); L5; 49
afirmativas; (adj.); L3; 24
afogado; (adj.); Lex4; 104
afora; (adv.); L6; 57
África; (subst.); Lex6; 118
africana, os; (adj.); L6; 62
ágata; (subst.); L4; 37
agentes; (subst.); L5; 46
agir; (vb.); Lex1; 75
agitação; (f. subst. -ões); L1; 02
agitada; (adj.); L5; 45
agora; (adv.); L1; 02

agosto; (subst.); L6; 64
agradabilíssimo; (adj.); L1; 06
agradável; (adj.); L1; 06
agradeço; (vb. agradecer);
   L4; 39
agressivo; (adj.); L2; 17
agrícola; (adj.); L4; 40
agricultura; (subst.); L4; 40
agroindústria; (subst.); L6; 56
agronomia; (subst.); Lex2; 88
agrupam-se; (vb. pronomi-
   nal agrupar); L4; 40
água; (subst.); L5; 49
aguardaria; (vb. aguardar);
   Lex4; 103
aguardo; (vb. aguardar);
   grav.; 144
aguentar; (vb.); L1; 05
aguento; (vb. aguentar);
   grav.; 141
agulha; (subst.); Lex2; 88
ah; (interj.); L1; 05
ai; (interj.); L1; 04
aí; (adv.); Lex3; 91
ainda; (adv.); L1; 05
ajeitou; (vb. ajeitar); Lex4; 99
ajudar; (vb.); L3; 21
Alagoas; (subst.); Lex2; 83
álbum; (m. subst. -ns); RLT; 70
alcançar; (vb.); L2; 12
álcool; (m. subst.); RLT; 70
alcoólicas; (adj.); Lex1; 77
alegre; (adj.); L1; 08
além; (adv.); L1; 09
alemã; (f. adj. -ãs); Lex6; 117
alemães; (m. adj -ão.); L6; 55
Alemanha; (subst.); L4; 36
alface; (f. subst.); L6; 65
alfaiates; (m. subst.); L6; 55
alfândega; (subst.); L4; 40
algo; (pron.); L3; 21
algodão; (m. subst. -ões);
   L3; 22
alguém; (pron.); L2; 16
algum; (pron.); L1; 09
alguma, s; (pron.); L1; 08
alho; (subst.); L6; 65
ali; (adv.); L3; 23
aliás; (adv.); grav.; 144
alimentação; (f. subst.
   -ões); L2; 13
alimentar; (adj.); L6; 63
alimentos; (subst.); Lex5; 114
almoçar; (vb.); L4; 34
almoço; (subst.); L2; 16
Alô; (interj.); grav.; 142
alpinismo; (subst.); L5; 43
alternativa; (subst.); L4; 34
altivos; (adj.); Lex6; 121
alto; (adj.); L1; 10
altura; (subst.); L1; 04
alugar; (vb.); L5; 46

alumínio; (subst.); L6; 65
alunos; (subst.); REX; 126
alvorecer; (m. subst.); L4; 39
amanhã; (adv.); L1; 06
amante; (adj.); Lex5; 112
amar; (vb.); Lex3; 90
amarelo/a; (adj.); L3; 21
amarrado/a; (adj.); Lex4; 100
Amazonas; (subst.); L4; 40
Amazônia; (subst.); L4; 36
ambiental; (adj.); L5; 50
ambiente; (m. subst.); L1; 09
ambulante; (adj.); L2; 11
amendoim; (m. subst.); L6; 63
América; (subst.); L6; 59
americano/a; (adj.); Lex4; 101
amigas; (subst.); L1; 05
amizade; (f. subst.); grav.; 145
amo; (vb. amar); L6; 64
amor; (subst.); L3; 24
amores; (subst.); L4; 38
amorosas; (adj.); Lex6; 121
amparar; (vb.); L2; 20
amplas; (adj.); L5; 51
ampliar; (vb.); Lex5; 113
anaeróbicas; (adj.); L5; 49
analisar; (vb.); Lex1; 74
ancoradouro; (subst.); L5; 47
anda; (vb. andar); grav.; 142
andar; (vb.); L2; 15
andares; (subst.); Lex2; 84
andava; (vb. andar); Lex6; 122
andorinha; (subst.); Lex4; 100
anéis; (m. subst. pl.); Lex4;
   96
anel; (m. subst.); L3; 22
anestésico; (subst.); Lex2; 88
anfíbio; (adj.); Lex2; 86
animais; (subst.); Lex6; 122
animal; (m. subst.); L5; 49
aninho; (subst.); L4; 39
aniversário; (subst.); L4; 39
anjos; (subst.); L3; 28
ano; (subst.); L2; 13
ano-novo; (subst.); L4; 39
anos; (subst.); grav.; 142
anote; (vb. anotar); grav.; 142
ansiosa; (adj.); L5; 47
antena; (subst.); Lex4; 104
anteontem; (adv.); L4; 37
anterior; (adj.); L2; 12
antes; (adv.); L1; 09
antibióticos; (subst.); Lex4;
   103
antigamente; (adv.); L2; 11
antigo; (adj.); L6; 55
antigos; (adj.); L6; 55
antipatia; (subst.); L1; 01
antipático/a; (adj.); L1; 08
antropofagismo; (subst.);
   L1; 02
anuais; (adj.); L2; 13

anunciar; (vb.); L2; 20
anúncio; (subst.); L3; 23
aonde; (adv.); grav.; 144
apaga; (vb. apagar); L5; 47
apanhados/as; (adj.); L4; 40
aparecer; (vb.); L3; 29
aparelho; (subst.); Lex2; 85
apartamento; (subst.); L5; 47
apelidos; (subst.); Lex4; 107
apenas; (adv.); L1; 08
apertada/o; (adj.); L4; 40
apertar; (vb.); L6; 60
apesar disso; (locução
   prepositiva); L2; 18
apetitosa; (adj.); Lex4; 104
aplicação; (f. subst. -ões);
   L2; 12
aponte; (vb. apontar); Lex1;
   76
após; (prep.); L3; 24
aposentadoria; (subst.);
   L2; 13
aposentar-se; (vb. pronominal aposentar); L2; 20
apreciam; (vb. apreciar);
   Lex6; 120
apregoava; (vb. apregoar);
   Lex2; 85
aprender; (vb.); L1; 08
aprendiz; (m. f. subst.); L2; 13
apresentação; (f. subst.
   -ões); L5; 46
apresentar; (vb.); L1; 09
aprontar; (vb.); Lex3; 93
aproveita; (vb. aproveitar);
   grav.; 145
aproveitar; (vb.); L6; 58
aproximada/o; (adj.); L6; 64
aproximadamente; (adv.);
   L4; 40
aproximando; (vb. gerúndio
   de aproximar); Lex4; 99
aquáticos; (adj.); L5; 49
aquecimento; (subst.);
   Lex3; 92
aquela; (pron.); L4; 38
aquele; (pron.); Lex1; 76
aqui; (adv.); L3; 25
aquilo; (pron.); Lex4; 99
ar; (m. subst.); L5; 50
Aracaju; (subst.); Lex5; 109
arado; (subst.); Lex2; 88
araucárias; (subst.); Lex3; 91
arco-íris; (subst.); RLT; 69
área; (subst.); L2; 17
areia; (subst.); L1; 09
argolas; (subst.); Lex1; 76
argumento; (subst.); Lex2; 85
Arno; (subst.); L3; 24
arquétipo; (subst.); Lex6; 120
arquiteta; (subst.); L4; 35
Arquitetura; (subst.); Lex2; 88

Arrá; (subst. – onomato-
   peia); Lex4; 103
arraiais; (m. subst. pl.); L6; 64
arranjam; (vb. arranjar);
   Lex6; 121
arranjos; (subst.); L2; 18
arrependida; (adj.); Lex4; 99
arroz; (m. subst.); L6; 56
arte; (f. subst.); L5; 44
Artes Plásticas; (subst.);
   Lex2; 88
artesanais; (adj.); L5; 45
artesão; (m. subst. -ã); L2; 11
artigo; (subst.); L5; 49
artista; (subst.); L3; 28
artística; (adj.); L1; 02
Arutsã; (subst.); Lex6; 122
árvore; (f. subst.); L4; 35
asas; (subst.); Lex2; 85
aspecto; (subst.); grav.; 147
assado/a; (adj.); L6; 63
assalariado/a; (adj.); L2; 12
assegurar; (vb.); L2; 20
asseguravam; (vb. assegu-
   rar); Lex2; 85
assim; (adv.); L1; 05
assina; (vb. assinar); Lex4;
   102
assinatura; (subst.); Lex3; 93
assistência; (subst.); L2; 20
assistente; (adj.); L2; 17
assistido/a; (adj.); L4; 40
assistir; (vb.); L2; 15
associa; (vb. associar); L5; 52
associação; (f. subst. -ões);
   L3; 28
associe; (vb. associar); L3; 31
assumimos; (vb. assumir);
   Lex3; 93
assunto; (subst.); Lex5; 115
astrofísica; (subst.); L6; 61
Astronomia; (subst.); Lex2; 88
atacavam; (vb. atacar);
   Lex6; 122
atado/a; (adj.); L5; 51
ataduras; (subst.); Lex4; 103
ataque; (m. subst.); Lex4; 103
até; (prep.); L1; 04
atenção; (f. subst. -ões);
   Lex5; 111
atender; (vb.); L2; 13
atendimento; (subst.); L5; 45
atento; (adj.); Lex1; 75
atinge; (vb. atingir); grav.; 142
atitude; (subst.); Lex6; 123
ativa; (adj.); L6; 59
ativamente; (adv.); L1; 02
atividade; (subst.); L1; 02
ativo; (adj.); L1; 08
atrai; (vb. atrair); Lex4; 105
atraídas/os; (adj.); Lex6; 121
atrás; (adv.); L2; 18

atrasado/a; (adj.); L2; 15
atraso; (subst.); L3; 29
atual; (adj.); Lex6; 118
atualmente; (adv.); L2; 18
áudio; (subst.); L4; 35
aula; (subst.); L3; 26
aulas; (subst.); L1; 09
aumentar; (vb.); L4; 34
aumentativo; (subst.); L5; 54
autarquia; (subst.); L2; 20
auto; (subst.); L6; 64
autoavaliação; (f. subst. -ões); Lex1; 76
autoestima; (subst.); L2; 18
automação; (f. subst. -ões); L2; 13
automóvel; (m. subst.); Lex2; 85
autores; (subst.); REX; 130
autoritárias; (adj.); Lex6; 121
autorização; (f. subst. -ões); Lex4; 108
autorizo; (vb. autorizar); Lex4; 108
auxílio-acidente; (subst.); L2; 20
auxílio-doença; (subst.); L2; 20
avalia; (vb. avaliar) L5; 54
avaliação; (f. subst. -ões); Lex2; 85
avança; (vb. avançar); REX; 125
avance; (vb. avançar); REX; 126
avenida; (subst.); L2; 17
avental; (m. subst.); L6; 55
aventura; (subst.); L5; 45
averiguar; (vb.); L6; 64
aves; (f. subst. pl.); Lex5; 114
aviação; (f. subst. -ões); Lex2; 85
avião; (m. subst. -ões); L5; 46
aviãozinho; (subst.); L5; 53
avisar; (vb.); L2; 20
aviso; (subst.); L2; 20
avó; (f. subst.); L4; 33
avô; (m. subst.); RLT; 68
avós; (m/f. subst. pl.); L4; 34
avulsos; (adj.); L4; 40
axé; (m. subst.); L6; 62
azarado/a; (adj.); L5; 46
azeite; (m. subst.); REX; 129
azeite de dendê; (m. subst.); L6; 63
azul, azuis; (adj.); L1; 07
azul-bebê; (adj.); L3; 31
azul-céu; (adj.); L3; 31
azul-claro; (adj.); L3; 23
azul-hortênsia; (adj.); L3; 31
azul-piscina; (adj.); L3; 31
azul-turquesa; (adj.); L3; 31

B

babador; (subst.); Lex3; 93
bacia; (subst.); Lex6; 118
bactérias; (subst.); L5; 49
bagagem; (f. subst.); L3; 25
Bagatelle; (subst.); Lex2; 85
Bahia; (subst.); L5; 48
baiana/o; (adj.); L6; 55
bailado; (subst.); L6; 64
baile; (m. subst.); L4; 39
bairro; (subst.); Lex6; 119
baixinha; (adj.); L4; 42
baixo/a; (adj.); L2; 19
baleias; (subst.); Lex5; 114
balões; (m. subst. -ão); L6; 64
bambu; (m. subst.); L6; 62
banana; (subst.); L6; 63
bananeira; (subst.); L6; 63
bancário; (subst.); L4; 35
banco; (subst.); L2; 18
bandeiras; (subst.); L1; 02
bandeirinhas; (subst.); L6; 64
bandeja; (subst.); L6; 65
bandido; (subst.); L6; 55
bangalô; (subst.); L4; 38
banheiro; (subst.); L1; 07
banho; (subst.); L2; 16
banqueiro; (subst.); L5; 54
bar; (m. subst.); L4; 37
baratinho; (adj.); L5; 53
baratíssimo; (adj.); L1; 06
barato; (adj.); Lex5; 109
Barbados; (adj.); Lex4; 102
barbeiro; (subst.); L2; 11
Barbosa; (subst.); L5; 45
barco; (subst.); L5; 45
bares; (m. subst. pl.); L4; 38
barquinho; (subst.); L5; 52
barra; (subst.); L6; 65
barraca; (subst.); L5; 45
barriga; (subst.); L1; 03
barulhento; (adj.); Lex1; 74
barulhinho; (subst.); L5; 53
barulho; (subst.); L2; 16
barzinho; (subst.); L5; 53
base; (f. subst.); L2; 13
baseado/a; (adj.); L6; 63
basicamente; (adv.); Lex6; 123
básicas; (adj.); L2; 13
basta; (vb. bastar); L1; 09
batata; (subst.); Lex1; 73
batatinha; (subst.); L5; 53
bate-papos; (subst.); L5; 51
bateu; (vb. bater); L5; 48
batia; (vb. bater); Lex6; 122
batida; (subst.); RLT; 70
Bavária; (subst.); L6; 55
beber; (vb. beber); L1; 04
bebidas; (subst.); Lex1; 77
bege; (m. adj.); L3; 31
beija; (vb. beijar); L5; 52

beijinho; (subst.); L4; 39
beijo; (subst.); grav.; 144
beijou; (vb. beijar); Lex4; 99
beira; (subst.); L2; 18
belas; (adj.); L5; 45
Belém; (subst.); L1; 06
beleza; (subst.); Lex4; 105
bélico/a; (adj.); Lex2; 85
belíssimas; (adj.); Lex4; 96
belo; (adj.); L5; 45
bem; (adv.); L1; 02
beneficiará; (vb. beneficiar); L3; 28
benefícios; (subst.); L2; 18
bermuda; (subst.); L3; 22
Bermudas; (subst.); Lex3; 93
bexigas; (subst.); RLT; 70
biblioteca; (subst.); Lex6; 119
bicicleta; (subst.); L2; 15
BIENAL; (subst.); Lex2; 84
bife; (m. subst.); Lex4; 105
bigode; (m. subst.); L1; 10
bilhete; (m. subst.); L3; 31
bingos; (subst.); L5; 51
biocombustíveis; (subst.); Lex5; 114
Bioquímica; (subst.); Lex2; 88
biplano; (subst.); Lex2; 85
biquíni; (m. subst.); L3; 22
bisavós; (subst.); L4; 40
bisnetos; (subst.); L4; 40
Bispo; (subst.); Lex3; 91
blazer; (m. subst.); L3; 21
blusa; (subst.); L3; 22
boa; (adj.); L3; 21
Boa tarde; (subst.); grav.; 144
boa-vida; (adj.); L6; 58
bobagem; (f. subst.); Lex4; 97
bobo; (adj.); L1; 08
boca; (subst.); L1; 01
bodas; (subst.); L4; 34
boi; (m. subst.); L6; 64
bola; (subst.); REX; 126
bolinha; (subst.); L5; 51
bolsa; (subst.); L3; 22
bolsos; (subst.); L3; 30
bom; (adj.); L1; 04
bombachas; (subst.); L6; 55
bombeiros; (subst.); L5; 49
bom-dia; (subst.); L2; 19
boné; (m. subst.); L4; 40
boneca; (subst.); L2; 15
bonito; (adj.); L1; 07
bons; (adj.); L1; 07
bonzinho; (adj.); L4; 34
borboleta; (subst.); Lex5; 116
bordados; (subst.); L2; 18
Bôscoli; (subst.); L5; 52
bosque; (m. subst.); Lex5; 116
botafogo; (subst.); L6; 60
botão; (m. subst. -ões); L3; 30
bovinos; (adj.); L6; 56

braçal; (adj.); L5; 51
braço; (subst.); L1; 02
branca; (adj.); L3; 31
branco; (adj.); L3; 22
branco-gelo; (adj.); Lex3; 94
Brasil; (subst.); L1; 02
brasileiros/as; (adj.); L1; 02
Brasília; (subst.); L3; 30
brava; (adj.); L5; 47
bravo; (adj.); Lex6; 120
brechó; (m. subst.); L3; 28
briga; (subst.); Lex4; 101
brigou; (vb. brigar); Lex4; 101
brincar; (vb.); L2; 15
brincava; (vb. brincar); L2; 15
brinco; (subst.); L3; 22
brinde; (m. subst.); L5; 46
brisa; (subst.); L5; 52
brócolis; (m. subst.); L6; 65
bronzeador; (subst.); grav.; 144
bronzear; (vb.); grav.; 144
bum; (interj.); Lex4; 102
Bumba meu boi; (m. subst.); L6; 62
burro; (subst.); Lex4; 100
burro em pé; (subst.); Lex; 4; 107
busca; (vb. buscar); L1; 09
bússola; (subst.); Lex2; 88
buzina; (subst.); grav.; 145
Búzios; (subst.); Lex6; 120

C

cá; (adv.); L3; 27
caatinga; (subst.); L6; 55
cabeça; (subst.); L1; 01
cabeleireira; (subst.); L2; 11
cabelo; (subst.); L1; 03
cabia; (vb. caber); L2; 18
cabo; (subst.); L5; 48
caboclos; (subst.); Lex6; 118
Cabral; (subst.); L6; 59
caçador; (subst.); Lex6; 120
cacau; (m. subst.); L6; 56
cachaça; (subst.); L4; 36
cacho; (subst.); L5; 51
cachorro; (subst.); Lex5; 116
cada; (pron.); L3; 30
cadê; [significa onde (adv.) está? (vb. ser)]; L3; 26
cadeira; (subst.); L1; 06
café; (m. susbt.); L3; 25
cafezinho; (subst.); L1; 06
cafuné; (m. subst.); L6; 62
cai; (vb. cair); L5; 52
caipirinha; (subst.); L1; 06
caixa; (subst.); L2; 20
caju; (m. subst.); L6; 63
cala; (vb. calar); Lex4; 105

161

calça; (subst.); L3; 22
calção; (m. subst. -ões); Lex3; 93
calças; (subst.); L3; 30
calcinha; (subst.); L3; 22
calcular; (vb.); Lex4; 108
cálculo; (subst.); Lex2; 88
caldas; (subst.); L5; 46
calma; (subst.); L1; 05
calmamente; (adv.); L5; 48
calmo; (adj.); L1; 08
calor; (subst.); L2; 17
caloroso; (adj.); Lex6; 123
cama; (subst.); L1; 08
camarão; (m. subst.); L6; 63
camareira; (subst.); Lex3; 93
caminhadas; (subst.); L5; 43
caminho; (subst.); L4; 40
caminhões; (m. subst. -ão); L5; 50
caminhoneiros; (subst.); L5; 49
camisa; (subst.); L3; 21
camiseta; (subst.); L3; 21
camisola; (subst.); L3; 22
campanha; (subst.); Lex4; 105
Campinas; (subst.); Lex5; 111
campo; (subst.); L4; 42
cana; (subst.); L6; 56
cana-de-açúcar; (subst.); L6; 59
canário; (adj.); Lex3; 94
canção; (f. subst. -ões); L5; 52
Candeias; (subst.); Lex6; 120
candidato; (subst.); L2; 17
candomblé; (m. subst.); L6; 62
canela; (subst.); L4; 38
canetas; (subst.); grav.; 144
cangaceiro; (subst.); L6; 55
canjica; (subst.); L6; 63
cansada; (adj.); Lex2; 83
cansado; (adj.); L1; 04
cansativo/a; (adj.); Lex1; 76
cantar; (vb.); L2; 16
cantil; (m. subst.); Lex3; 91
canto; (subst.); Lex5; 113
cantor; (subst.); L1; 07
cantores; (subst.); L1; 07
capa; (subst.); Lex3; 91
capacidade; (subst.); Lex4; 105
capataz; (m/f. subst.); L6; 64
capaz; (adj.); L2; 13
capita; (subst.); L5; 51
capital; (subst.); L1; 02
capítulo; (subst.); L2; 13
capoeira; (subst.); L6; 62
capturar; (vb.); L5; 49
caracteristicamente; (adv.); L6; 63

característica/o; (subst.); L1; 08
caracterizar; (vb.); L1; 01
caracterize; (vb. caracterizar); L3; 32
caras; (adj.); Lex6; 120
caratê; (m. subst.); Lex1; 76
caráter; (m. subst.); L2; 12
cardume; (m. subst.); Lex5; 114
careca; (adj.); L1; 08
cargas; (subst.); Lex2; 86
Caribe; (subst.); Lex4; 102
carioca; (adj.); L1; 09
caríssimo; (adj.); L1; 06
Carlos; (subst.); L3; 24
Carmem; (subst.); L6; 55
carnaval; (subst.); L6; 60
carne; (f. subst.); L6; 63
caro; (adj.); L1; 06
carreira; (subst.); L2; 18
carro; (subst.); L2; 16
carta; (subst.); L3; 31
cartão; (m. subst. -ões); L3; 23
cartas; (subst.); L2; 15
carteiro; (subst.); L5; 54
carvão; (m. subst. -ões); L6; 56
casa; (subst.); L1; 07
casaco; (subst.); L3; 30
casada/o; (adj.); L2; 17
casal; (m. subst.); L6; 64
casamento; (subst.); L3; 24
casar; (vb.); L4; 42
casaram; (vb. casar); L4; 35
casarão; (m. subst. -ões); L5; 53
casas; (subst.); L4; 38
casebres; (m. subst.); L4; 38
caseiro; (adj.); L6; 60
casinha; (subst.); L2; 15
casos; (subst.); L2; 18
cassiterita; (subst.); L6; 56
castanha; (subst.); L6; 56
castanheira; (subst.); L3; 24
castanho; (adj.); L1; 08
catapulta; (subst.); Lex2; 85
Catarina; (subst.); L6; 55
catarinenses; (adj.); L6; 55
Catirina; (subst.); L6; 64
católicos; (adj.); Lex6; 120
caubói; (subst.); L2; 15
causa; (subst.); L2; 19
causada; (adj.); Lex2; 85
causado; (adj.); L5; 50
causavam; (vb. causar); Lex2; 85
cavalo; (subst.); L6; 55
CDs; (subst.); Lex6; 119
Cecília; (subst.); Lex4; 97
cedo; (adv.); L1; 02

cega; (adj.); L4; 37
cego; (subst.); Lex4; 100
célebres; (adj.); L4; 38
cem; (num.); L4; 40
cena; (subst.); Lex4; 107
cenário; (subst.); Lex2; 88
cenas; (subst.); L6; 64
cenoura; (subst.); L6; 65
centenas; (subst.); L5; 49
cento; (num.); L2; 13
central; (adj.); Lex4; 99
centro; (subst.); L5; 45
Centro-oeste; (subst.); L6; 56
cerâmica; (subst.); L6; 62
cerca; (adv.); L4; 40
cercada; (vb. cercar); grav.; 145
cerimônia; (subst.); L3; 24
certa; (adj.); RLT; 70
certamente; (adv.); grav.; 144
certeza; (subst.); L3; 23
certidão; (f. subst. -ões); Lex4; 95
certifico; (vb. certificar); Lex4; 95
certinho; (adj.); L5; 53
certo; (adj.); L2; 11
cerveja; (subst.); L2; 15
cervejinha; (subst.); Lex4; 101
cestas; (subst.); L6; 62
cestos; (subst.); grav.; 145
céu; (subst.); L5; 52
chá; (m. subst.); L6; 65
chalés; (m. subst.); L6; 60
chama; (vb. chamar); Lex5; 113
chamado/a; (adj.); L1; 02
chamar; (vb.); L2; 16
chame; (vb. chamar); Lex1; 74
chamou; (vb. chamar); L2; 16
chance; (f. subst.); L2; 19
chão; (m. subst. -ãos); Lex6; 122
chapada; (subst.); L5; 45
chapéu; (m. subst.); L4; 34
charme; (m.subst.); L1; 09
chata; (adj.); L2; 17
chateado/a; (adj.); Lex4; 108
chato; (subst.); L5; 46
chave; (f. subst.); L3; 25
chefe; (m/f. subst.); L2; 14
chega; (vb. chegar); L3; 30
chega; (vb. chegar); Lex4; 102
chegada; (subst.); L4; 40
chegar; (vb.); L2; 16
cheia; (adj.); L4; 35
cheinha; (adj.); L5; 53
cheio; (adj.); L2; 11
cheirar; (vb.); Lex1; 73
cheiro; (subst.); Lex5; 116
cheiro-verde; (subst.); L6; 65

cheque; (m. subst.); L3; 23
Chi; (interj.); grav.; 145
chimarrão; (m. subst. -ões); L6; 55
chinês; (subst.); L6; 59
chiquérrimo; (adj.); L1; 06
Chiquinho; (subst.); Lex4; 103
chocolate; (m. subst.); L3; 29
chovendo; (vb. chover); L2; 11
chover; (vb.); Lex4; 108
churrascaria; (subst.); L1; 05
churrasco; (subst.); L3; 23
chuva; (subst.); Lex3; 91
chuveiro; (subst.); L2; 16
ciclo; (subst.); Lex4; 105
ciclones; (m. subst.); Lex5; 114
cidadão; (m. subst. -ãos); L2; 20
cidade; (f. subst.); L5; 44
Ciência da Computação; (subst. + prep. + subst.); Lex2; 88
Ciências Aeronáuticas; (subst. + adj.); Lex2; 88
Ciências Biológicas; (subst. + adj.); Lex2; 88
Ciências Contábeis; (subst. + adj.); Lex2; 88
Ciências Sociais; (subst. + adj.); Lex2; 88
cigarros; (subst.); L6; 65
cima; (subst.); L4; 34
cinema; (m. subst.); L5; 44
cinto; (subst.); L3; 22
cintura; (subst.); L1; 03
cinza; (adj.); L3; 22
circuito; (subst.); Lex2; 85
circulação; (f. subst. -ões); L5; 50
circulam; (vb. circular); grav.; 141
circulara; (vb. circular); L4; 38
círculo; (subst.); RLT; 70
circunstância; (subst.); Lex4; 103
ciumentas; (adj.); Lex6; 121
civil; (m. subst.); L1; 07
civilização; (f. subst. -ões); Lex4; 103
civis; (adj.); L1; 07
clara; (adj.); L1; 07
claramente; (adv.); L5; 48
claras; (adj.); Lex1; 77
claro; (adj.); L1; 07
classe; (f. subst.); L1; 07
classifique; (vb. classificar); L6; 58
classifique; (vb. classificar); grav.; 143
cliente; (m/f. subst.); grav.; 144

clientes; (subst.); Lex5; 110
clima; (m. subst.); Lex6; 117
clínica; (subst.); Lex2; 88
clipes; (m. subst.); grav.; 144
clube; (m. subst.); L1; 08
coalhada; (subst.); grav.; 143
cobra; (vb. cobrar); L4; 30
cobra; (subst.); Lex6; 122
cobrado/a; (adj.); L2; 20
cobradores; (subst.); L2; 19
cobrados; (adj.); L3; 30
cobrindo; (vb. no gerúndio cobrir); Lex2; 85
coca; (subst.); L3; 25
cócegas; (subst.); Lex4; 105
coco; (subst.); L5; 51
cofre; (m. subst.); L2; 16
Coimbra; (subst.); L5; 45
coisa; (subst.); L2; 17
coitadinha; (adj.); L4; 37
coitado; (adj.); L1; 05
colabore; (vb. colaborar); grav.; 145
colar; (vb.); L3; 22
colares (m. subst.); L6; 55
colchão; (m. subst. -ões); grav.; 145
coleções; (f. subst. -ão); L3; 28
colega; (m/f. subst.); L2; 12
coletivo; (adj.); grav.; 142
colheita; (subst.); L5; 51
colher; (f. subst.); Lex4; 100
cólica; (subst.); L1; 04
colocar; (vb.); L6; 60
colônia; (subst.); L5; 45
colonizadores; (subst.); Lex6; 118
coloque; (vb. colocar); L6; 57
coloridos/as; (adj.); Lex4; 102
coluna; (subst.); Lex6; 123
coma; (vb. comer); Lex1; 77
comandante; (m/f. subst.); L2; 18
comando; (subst.); L2; 12
Comarca; (subst.); Lex4; 108
combina; (vb. combinar); RLT; 68
combinar; (vb.); grav.; 144
Combu; (subst.); L5; 51
combustíveis; (m. subst.); Lex4; 103
come; (vb. comer); L6; 61
começar; (vb.); L3; 29
começo; (subst.); L1; 05
comem; (vb. comer); Lex4; 105
comemorar; (vb.); L4; 39
comendo; (vb. gerúndio de comer); grav.; 143
comentando; (vb. gerúndio de comentar); L4; 38

comentários; (subst.); L2; 17
comer; (vb.); L5; 47
comerciais; (adj.); Lex4; 102
comercial; (adj.); L6; 56
comercializadas; (adj.); L5; 51
comerciante; (m/f. subst.); L2; 18
comércio; (subst.); L4; 40
comida; (subst.); L4; 41
comido/a; (adj.); L5; 47
comigo; (pron.); L3; 26
companhia; (subst.); L2; 20
comparar; (vb.); L6; 55
compare; (vb. comparar); L4; 39
compasso; (subst.); Lex2; 88
compete; (vb. competir); L2; 14
competência; (subst.); L2; 18
competente; (adj.); L2; 20
competitividade; (f. subst.); Lex1; 75
completa; (adj.); L5; 54
completamente; (adv.); L1; 09
completamos; (vb. completar); L4; 34
completar; (vb.); Lex3; 89
completas; (adj.); L3; 26
complete; (vb. completar); L2; 16
completo; (adj.); L5; 45
complicado/a; (adj.); L1; 08
compor; (vb.); L6; 59
comportam; (vb. comportar); L5; 46
comportamento; (subst.); L3; 29
composição; (f. subst. -ões); grav.; 145
composto; (adj.); L4; 38
comprar; (vb.); L1; 06
compras; (subst.); L5; 45
compreender; (vb.); Lex4; 108
comprei; (vb. comprar); L4; 38
comprida; (adj.); L3; 22
comprido; (adj.); L1; 10
comprimido; (subst.); L1; 04
computador; (m. subst.); Lex2; 88
comum; (adj.); L6; 64
comunicativo; (adj.); L1; 08
comunidade; (f. subst.); L6; 64
comunitários; (adj.); L5; 51
comuns; (adj.); L6; 63
conceber; (vb.); L4; 40
concentração; (f. subst. -ões); L1; 09
concentrar; (subst.); L6; 56
concerto; (subst.); L1; 05
conchas; (subst.); Lex4; 105

concorda; (vb. concordar); grav.; 145
concordância; (subst.); L3; 30
concordar; (vb.); L2; 11
concorrentes; (adj.); L2; 18
condição; (f. subst. -ões); L2; 13
condimentação; (f. subst. -ões); L6; 63
condomínio; (subst.); REX; 129
conduzir; (vb.); Lex2; 85
confecções; (f. subst. -ão); L2; 18
conferência; (subst.); L4; 40
conferida; (subst.); Lex4; 95
conferir; (vb.); Lex4; 99
confiança; (subst.); L4; 40
confiar; (vb.); L4; 40
confira; (vb. conferir); L5; 53
confirmar; (vb.); L2; 11
conflito; (subst.); Lex6; 121
conforma; (vb. conformar); Lex1; 75
confortabilíssimo; (adj.); L1; 06
confortável; (adj.); L1; 06
conforto; (subst.); L5; 47
confundir; (vb.); Lex4; 108
Congonhas; (subst.); L5; 45
conhecer; (vb.); L1; 06
conhecida/o; (adj.); L2; 18
conhecidíssimos; (adj. no superlativo); grav.; 145
conheço; (vb. conhecer); L4; 37
conjugação; (f. subst. -ões); L5; 47
conjugue; (vb. conjugar); RLT; 70
conjunto; (subst.); L2; 20
conosco; (pron.); L4; 35
conquista; (vb. conquistar); L4; 38
conquistador; (adj.); Lex6; 121
conquistar; (adj.); L2; 18
consanguíneo; (adj.); L4; 42
consciência; (subst.); Lex5; 113
conseguem; (vb. conseguir); grav.; 142
conseguir; (vb.); L4; 42
conselhos; (subst.); Lex1; 74
consequência; (subst.); Lex5; 114
consertar; (vb.); L5; 54
conservador/a; (adj.); L1; 08
considerar; (vb.); Lex2; 85
consistente; (adj.); grav.; 144
Constitucionalista; (adj.); Lex2; 85

constituição; (f. subst. -ões); L2; 13
constituída/o; (adj.); L4; 40
constrangido/a; (adj.); L3; 31
construção; (f. subst. -ões); L5; 50
construir; (vb.); Lex4; 98
consultando; (vb. gerúndio de consultar); L3; 22
consulte; (vb. consultar); Lex3; 92
consumido; (adj.); L5; 51
consumo; (subst.); L5; 50
conta; (subst.); L5; 44
contagiosas; (adj.); Lex6; 121
contar; (vb.); Lex4; 101
contarão; (vb. contar); Lex4; 105
contas; (subst.); L2; 20
contato; (subst.); Lex1; 77
conte; (vb. contar); L4; 36
contém; (vb. conter); L6; 58
contentamento; (subst.); L3; 21
contente; (adj.); L4; 38
conteúdo; (subst.); L5; 51
continuar; (vb.); L5; 47
contra; (prep.); Lex4; 103
contradizer; (vb.); L2; 11
contrário; (subst.); L6; 58
contratar; (vb.); L6; 60; Lex2; 84
contrato; (subst.); L5; 51
contribuição, -ões; (f. subst. -ões); L2; 20
conversar; (vb.); L4; 41
convidados; (subst.); L3; 24
convidar; (vb.); L3; 24
convidei; (vb. convidar); grav.; 145
convite; (m. subst.); L1; 09
convivo; (vb. conviver); Lex4; 104
coordenada; (adj.); L2; 12
copos; (subst.); RLT; 70
coqueirais; (m. subst.); L5; 45
coquetel; (m. subst.); L3; 23
cor; (f. subst.); L2; 13
coração; (m. subst. -ões); L1; 04
corais; (m. subst.); L5; 47
corajoso; (adj.); L4; 38
coronel; (subst.); L4; 38
corpo; (subst.); L1; 01
correção; (f. subst. -ões); L4; 41
corredor; (subst.); L3; 32
correio; (subst.); L3; 25
correr; (vb.); Lex1; 73
correspondem; (vb. corresponder); L4; 39

correspondência; (subst.); Lex4; 96

correspondente; (adj.); REX; 125

correta; (adj.); L2; 18

corrida; (subst.); Lex1; 76

corrige; (vb. corrigir); L5; 46

corrigir; (vb.); L5; 46

corrija; (vb. corrigir); L4; 41

corrupto; (adj.); Lex4; 101

cortar; (vb.); L5; 51

cortina; (subst.); REX; 129

Coruripe; (subst.); Lex2; 83

costas; (subst.); L1; 03

costumar; (vb.); L5; 44

costumes; (m. subst.); L4; 39

costureira; (subst.); L2; 11

cotidiano; (subst.); L3; 22

cotovelo; (subst.); L1; 03

couro; (subst.); L3; 22

cozido/a; (adj.); L6; 63

cozinha; (subst.); L6; 63

cozinheira; (subst.); L5; 54

cravo; (subst.); L4; 38

credenciadas; (adj.); L5; 46

credibilidade; (f. subst.); Lex2; 85

creme; (m. subst.); L6; 63

cremoso; (adj.); L6; 63

crescera; (vb. crescer); L4; 38

cresceu; (vb. crescer); L4; 34

crescimento; (subst.); Lex4; 96

crespo; (adj.); L1; 10

criação; (f. subst. -ões); Lex6; 117

criado; (adj.); Lex4; 100

criança; (subst.); L2; 15

criar; (vb.); grav.; 145

criatividade; (f. subst.); Lex6; 121

criativo; (adj.); Lex2; 85

crime; (m. subst.); L4; 38

criou; (vb. criar); Lex6; 121

crise; (f. subst.); L4; 40

critério; (subst.); L2; 13

critica; (vb. criticar); Lex6; 123

crônicas; (subst.); Lex4; 102

cronistas; (subst.); Lex4; 102

cruel; (adj.); L4; 38

cruzeiro; (subst.); Lex4; 102

cruzeiros; (subst.); L5; 46

cueca; (subst.); L3; 22

Cuiabá; (subst.); L5; 45

cuida; (vb. cuidar); grav.; 141

cuidado; (subst.); L1; 04

cuidar; (vb.); Lex2; 82

cuja; (pron.); L2; 20

culinária; (subst.); L6; 62

culpados/as; (subst.); L2; 19

cultura; (subst.); L6; 62

cultural; (adj.); L1; 02

cumprimenta; (vb. cumprimentar); L4; 39

cunhada; (subst.); L4; 33

curioso/a; (adj.); L4; 38

curriculum; (subst.); L2; 17

curso; (subst.); L3; 28

curta/o; (adj.); L3; 24

custar; (vb.); L3; 23

custo; (subst.); L4; 35

D

dadas; (adj.); L1; 09

dado; (subst.); L4; 40

daí; [contração de de (prep.) + aí (adv.)]; Lex4; 101

dança; (subst.); L6; 64

dançar; (vb.); RLT; 70

dano; (subst.); Lex3; 93

daqui; [contração de de (prep.) + aqui (adv.)]; L6; 64

dar; (vb.); L1; 04

data; (subst.); L3; 30

datilografada; (adj.); Lex4; 95

debaixo; (adv.); grav.; 145

décadas; (subst.); L2; 18

decepcionado/a (adj.); L5; 47

decida; (vb. decidir); L5; 51

decidir; (vb.); L3; 29

decifre; (vb. decifrar); Lex6; 117

décima; (num.); L2; 17

decisão, (f. subst. -ões); Lex1; 75

declaram; (vb. declarar); L4; 40

declive; (subst.); Lex2; 85

decoraração; (f. subst. -ões) L1; 08

dedicar; (vb.); L2; 18

dedos; (subst.); L1; 03

deduzir; (vb.); L2; 20

defender; (vb.); L4; 38

defesa; (subst.); Lex5; 113

definições; (f. subst. -ão); L2; 20

definido; (adj.); L2; 20

definir; (vb.); L2; 11

degraus; (subst.); Lex4; 99

deitar; (vb.); grav.; 144

deixar; (vb.); L2; 20

deixe; (vb. deixar); grav.; 146

delícia; (subst.); L6; 63

demagogia; (subst.); Lex5; 113

demais; (adv.); L1; 04

demissão; (f. subst. -ões); L2; 20

demitir; (vb.); L2; 20

demoiselle; (subst.); Lex2; 85

demonstração; (f. subst. -ões); Lex2; 85

demonstrar; (vb.); L4; 38

demorar; (vb.); Lex2; 83

dente; (m. subst.); L1; 04

dentista; (m/f. subst.); L1; 04

dentro; (adv.); L3; 30

departamento; (f. subst.); Lex4; 101

depende; (vb. depender); L5; 44

dependência; (subst.); L4; 35

dependurado; (adj.); grav.; 144

depoimento; (subst.); L4; 34

depois; (adv.); L1; 05

depósitos; (subst.); L2; 20

depressa; (adv.); L3; 27

depressão; (f. subst. -ões); Lex2; 85

derivado/a; (adj.); L4; 38

desacelerando; (vb. gerúndio de desacelerar); Lex4; 96

desacreditar; (vb.); Lex2; 85

desafio; (vb. desafiar); Lex4; 105

desapareceu; (vb. desaparecer); L2; 16

desastre (m. subst.); L5; 43

desatualizada/o; (adj.); L2; 18

desbotar; (vb.); Lex3; 93

descansar; (vb.); L2; 12

descartáveis; (adj.); RLT; 70

descendentes; (subst.); L4; 40

descer; (vb.); L6; 60

descobrir; (vb.); L6; 59

desconfia; (vb. desconfiar); Lex6; 123

desconfiado/a; (adj.); Lex6; 122

desconfiança; (subst.); grav.; 145

descrever; (vb.); L1; 01

descrição; (f. subst. -ões); L2; 16

descubra; (vb. descobrir); Lex1; 75

desculpe; (vb. desculpar); L2; 11

desde; (prep.); L1; 02

desejamos; (vb. desejar); REX; 130

desejar; (vb.); L4; 33

desejo; (subst.); L3; 21

desembaraçada/o; (adj.); Lex1; 78

desemprego; (subst.); L5; 50

desenhe; (vb. desenhar); L4; 35

desenhos; (subst.); Lex1; 73

desentendimento; (subst.); Lex3; 93

desenvolver; (vb.); L2; 19

deserta; (adj.); Lex4; 98

desfile; (m. subst.); L3; 28

desistem; (vb. desistir); Lex6; 120

desistir; (vb.); Lex1; 75

desistir; (vb.); Lex4; 98

desliza; (vb. deslizar); L5; 52

deslizando; (vb. gerúndio de deslizar); L5; 52

deslizar; (vb.); L5; 52

desmaia; (vb. desmaiar); L5; 52

desmatamento; (subst.); L5; 50

despedida; (subst.); REX; 130

despediu-se; (vb. pronominal despedir); Lex6; 122

desquitado/a; (adj.); L4; 35

desse; [contração de de (prep.) + esse (pron.)]; L5; 52

desta; [contração de de (prep.) + esta (pron.)]; L1; 03

destinação; (f. subst. -ões); L2; 20

destinado; (adj.); L2; 20

destinos; (subst.); L5; 46

destruição; (f. subst. -ões); Lex5; 114

destruí-la; (vb. destruir); Lex5; 114

destruiu; (vb. destruir); Lex6; 119

desventuras; (subst.); L6; 64

detalhadamente; (adv.); Lex1; 75

detalhes; (m. subst.); L6; 57

determinação; (f. subst. -ões); L2; 18

determinado/a; (adj.); L2; 12

detesto; (vb. detestar); L6; 58

deu; (vb. dar); L1; 02

Deus; (subst.); L3; 24

deusa; (subst.); Lex6; 121

devagar; (adv.); L5; 48

dever; (m. subst.); L2; 12

deveres; (subst.); Lex2; 80

devia; (vb. dever); Lex4; 99

devida/o; (adj.); L2; 20

devolver; (vb. devolver); L6; 64

devolvida/o; (adj.); L3; 30

devorá-lo; (vb. devorar); Lex6; 122

dez; (num.); L4; 40

dezembro; (subst.); Lex2; 85

dezoito; (num.); L2; 13

dia; (m. subst.); L2; 11

dia a dia; (m. subst.); L2; 18

Diabo; (subst.); Lex6; 121

diálogo; (subst.); L3; 30

diamantes; (m. subst.); L6; 56

diante; (prep.); Lex2; 85

diariamente; (adv.); L2; 20
diárias; (adj.); L2; 13
dicas; (subst.); grav.; 145
dicionário; (subst.); L2; 13
dieta; (subst.); L1; 04
diferença, s; (subst.); L1; 10
diferente, s; (adj.); L3; 29
difícil; (adj.); L1; 06
dificílimo; (adj.); L1; 06
dificuldade; (f. subst.); L1; 04
dificulta; (vb. dificultar); L2; 18
diga; (vb. dizer); L1; 08
digital; (adj.); RLT; 70
digitar; (vb.); Lex1; 73
digno; (adj.); L2; 12
diminuir; (vb.); L5; 50
diminutivos; (subst.); L5; 53
dinâmica; (adj.); L2; 17
dinheirinho; (subst.); grav.; 145
dinheiro; (subst.); L1; 08
diploma; (m. subst.); L4; 39
direção; (f. subst. -ões); Lex3; 91
direita; (subst.); L4; 34
direitinho; (adj.); L5; 53
direito; (adv.); L1; 02
direitos; (subst.); L2; 13
diretamente; (adv.); L5; 48
direto; (adv.); L5; 48
diretor; (subst.); Lex4; 101
dirigir; (vb.); L2; 16
discar; (vb.); Lex1; 73
disciplina; (subst.); Lex1; 75
disco; (subst.); Lex1; 76
discriminação; (f. subst. -ões); Lex3; 93
discutir; (vb.); L2; 12
disponibilidade; (f. subst.); L2; 17
disque; (vb. discar); L3; 30
disse; (vb. dizer); L2; 18
disso; [contração de de (prep.) + isso (pron.)]; L2; 14
distância; (subst.); Lex1; 76
distantes; (adj.); grav.; 141
distraído/a; (adj.); Lex1; 75
distribuir; (vb.); Lex6; 117
dito; (adj.); L4; 38
diurno; (adj.); L2; 13
diversão; (f. subst. -ões); Lex2; 85
diversas; (adj.); L4; 40
diversificada; (adj.); L6; 56
dividir; (vb.); L4; 40
divindade; (f. subst.); Lex6; 120
divisão; (f. subst. -ões); Lex6; 119
divorciado/a; (adj.); L4; 35
divórcio; (subst.); Lex4; 108
dizer; (vb.); L3; 27

dobrada/o; (adj.); L2; 14
doces; (m. subst.); L2; 18
documentação; (f. subst. -ões); L5; 46
documentos; (subst.); L3; 25
doença; (subst.); L1; 04
doente; (adj.); L1; 06
dois; (num.); L1; 07
dólares; (m. subst.); L5; 51
doméstico/a; (adj.); L5; 50
domingo; (subst.); L3; 21
dono/a; (subst.); L4; 34
dona de casa; (subst.); L2; 18
dor; (f. subst.); L1; 01
dores; (f. subst.); L5; 44
dormir; (vb.); L2; 15
doutor; (subst.); L1; 04
drinques; (m. subst.); Lex4; 102
droga; (subst.); L1; 05
duas; (num.); Lex4; 97
dunas; (subst.); L5; 45
dupla; (subst.); L2; 19
dura; (vb. durar); L2; 16
duração; (f. subst. -ões); L2; 13
durante; (prep.); L3; 30
duro; (adj.); Lex5; 111
dúvida; (subst.); L3; 21
duvidosa/o; (adj.); L4; 39
dúzia; (subst.); L6; 65
DVD; (m. subst.); Lex4; 97

E

é; (vb. ser); L1; 01
eco; (subst.); L5; 45
ecologia; (subst.); L3; 31
ecológica/o; (adj.); L5; 50
ecologista; (subst.); Lex5; 112
Economia; (subst.); Lex2; 88
econômica; (adj.); L2; 20
edifícios; (subst.); Lex6; 119
Editora; (subst.), Lex4; 102
educação; (f. subst. -ões); L2; 13
Educação Física; (subst. + adj.); Lex2; 88
Ééééé; (interj.); grav.; 142
efeitos; (subst.); Lex1; 77
elástico; (subst.); L4; 40
elefante; (subst.); RLT; 68
elegante; (adj.); L3; 21
eleição; (f. subst. -ões); grav.; 143
elemento; (subst.); Lex2; 79
elétrica; (adj.); L6; 59
elétricos; (adj.); L5; 50
eletrônica; (subst.); L2; 18
eletrônicos; (adj.); L6; 56
elevar; (adj.); L4; 38

elite; (f. subst.); L2; 18
emagrecer; (vb.); L1; 01
e-mail; (m. subst.); L1; 06
embaixo; (adv.); Lex3; 90
embarque; (vb. embarcar); L5; 46
embora; (adv.); L3; 29
embrulhado/a; (adj.); L6; 63
emigrar; (vb.); L4; 40
emissão; (f. subst. -ões); L5; 50
emocional; (adj.); Lex5; 111
empadas; (subst.); RLT; 70
empobrecida; (adj.); L2; 18
empreendimento; (subst.); L2; 12
empregado; (subst.); REX; 129
empregadores; (subst.); L2; 20
empregar; (vb.); Lex4; 108
emprego; (subst.); L2; 12
empresa; (subst.); L2; 17
empresário; (subst.); grav.; 145
emprestar; (vb.); Lex4; 97
encantam; (vb. encantar); Lex6; 121
encantos; (subst.); L6; 57
encarou; (vb. encarar); Lex4; 99
encenação; (f. subst. -ões); L6; 64
encerramento; (subst.); L2; 20
encher; (vb.); L4; 38
encolher; (vb.); Lex3; 93
encolhimento; (subst.); L3; 30
encomenda; (subst.); L2; 18
encontrar; (vb.); L5; 46
encrenca; (subst.); L5; 44
endereço; (subst.); L1; 06
energia; (subst.); L5; 50
enésima; (num.); L2; 17
enfeitam; (vb. enfeitar); L6; 64
enfeites; (m. subst.); L3; 30
Enfermagem; (f. subst.); Lex2; 88
enganado/a; (adj.); L2; 12
enganar; (vb.); Lex6; 122
engenharia; (subst.); Lex2; 85
Engenharia Civil; (subst.); Lex2; 88
Engenharia Mecânica; (subst.); Lex2; 88
Engenharia Metalúrgica; (subst.); Lex2; 88
engenheiro; (subst.); L2; 18
engordando; (vb. gerúndio de engordar); Lex5; 110
engravatados; (adj.); L5; 49
enigmática; (adj.); Lex6; 117
enorme; (adj.); L1; 02

enquanto; (conj.); L1; 04
enredo; (subst.); L6; 64
enseada; (subst.); L5; 47
ensinar; (vb.); Lex5; 111
entanto; (adv.); L2; 18
então; (interj.); L1; 05
entender; (vb.); L1; 02
entrar; (vb.); L1; 09
entre; (prep.); L2; 13
entregar; (vb.); L5; 54
entrevista; (subst.); grav.; 142
entrevistada/o; (adj.); Lex2; 84
entrevistadora; (subst.); Lex6; 123
entrevistar; (vb.); L4; 41
entusiasmado; (adj.); L5; 43
entusiasmo; (subst.); Lex5; 113
enviar; (vb.); L2; 17
enxergando; (vb. gerúndio de enxergar); L1; 04
época; (subst.); L6; 64
equipamento; (subst.); Lex2; 85
equipe; (f. subst.); L5; 54
era; (vb. ser); L2; 14
errado/a; (adj.); L2; 11
errar; (vb.); RLT; 70
escala; (subst.); L6; 56
escalam; (vb. escalar); L5; 51
escândalo; (subst.); L4; 35
escapar; (vb.); Lex6; 123
escola; (subst.); L2; 18
escolher; (vb.); L1; 08
esconde-esconde; (m. subst.); L2; 15
escondendo-se; (vb. pronominal esconder); L6; 55
escravos; (subst.); L6; 64
escrever; (vb.); L1; 08
escrito/a; (adj.); L4; 38
escritor; (subst.), Lex4; 102
escritório; (subst.); L2; 11
escritos/as; (adj.); L4; 38
escultor; (subst.); L1; 02
escultura; (subst.); L1; 02
escuro/a; (adj.); L2; 16
escuta; (vb. escutar); grav.; 144
escutar; (vb.); Lex1; 73
esforço; (subst.); L2; 12
esgoto; (subst.); L5; 49
espaço; (subst.); L2; 18
espalhar; (vb.); L4; 40
Espanha; (subst.); Lex6; 118
espanto; (subst.); Lex2; 85
especial; (adj.); Lex3; 93
especialista; (subst.); Lex6; 121
especializada/o; (adj.); L5; 45
especialmente; (adv.); L4; 38

165

espécie; (f. subst.); L4; 42
especificação; (f. subst. -ões); L3; 29
espelho; (subst.); Lex4; 99
espera; (vb. esperar); grav.; 144
esperar; (vb.); L2; 16
esperteza; (subst.); Lex6; 120
esperto; (adj.); Lex6; 122
espetacular; (adj.); Lex2; 85
espetáculo; (subst.); L6; 64
espetada; (adj.); L6; 55
espinafre; (subst.); L6; 65
esporte; (subst.); L1; 09
esportivas; (adj.); L1; 09
esposa; (subst.); L3; 26
esqueça; (vb. esquecer); grav.; 144
esquecer; (vb.); L5; 46
esquema; (m. subst.); L4; 35
esquentado/a; (adj.); L6; 58
esquerdo/a; (adj.); L1; 10
esquiar; (vb.); L5; 43
esquisito; (adj.); L1; 01
essa; (pron.); L1; 09
esse; (pron.); L2; 18
essencialmente; (adv.); L6; 64
estabelece; (vb. estabelecer); L4; 40
estacionamento; (subst.); Lex4; 108
estado; (subst.); L2; 13
Estado; (subst.); Lex2; 84
Estados Unidos; (subst.); Lex2; 85
estágio; (subst.); Lex4; 101
estamos; (vb. estar); grav.; 142
estampado/a; (adj.); L3; 22
estanho; (subst.); L6; 56
estante; (f. subst.); L3; 25
estão; (vb. estar); L1; 06
estar; (vb.); L1; 03
estas; (pron.); L4; 42
estatística; (subst.); Lex2; 84
estatura; (subst.); L4; 40
este; (pron.); L1; 02
estendem; (vb. estender); L6; 64
estepe; (m. subst.); L6; 60
estereótipos; (subst.); L6; 58
estes; (pron.); L2; 13
estilo; (subst.); Lex3; 93
estimo; (vb. estimar); L1; 05
estimulante; (adj.); Lex1; 76
estômago; (subst.); L1; 04
estoque; (m. subst.); L3; 28
estória; (subst.); L6; 64
estrada; (subst.); L4; 34
estrangeiras; (adj.); L3; 28
estranho/a; (adj.); L1; 01
estreito/a; (adj.); L1; 10
estrutura; (subst.); L6; 64

estruturada/o; (adj.); L5; 45
estudar; (vb.); L2; 18
Eita; (interj.); grav.; 143
etc.; (abreviatura de etcetera); L3; 29
eu; (pron.); L1; 01
Europa; (subst.); Lex5; 114
europeia; (adj.); L4; 40
europeus; (adj.); Lex6; 118
evento; (subst.); L3; 28
eventualmente; (adv.); L5; 50
evitar; (vb.); Lex3; 93
evolução; (f. subst.); L2; 18
exagero; (subst.); Lex1; 77
exame; (m. subst.); L1; 09
examine; (vb. examinar); L3; 27
exatamente; (adv.); L3; 23
exato; (adj.); Lex4; 104
excelentes; (adj.); Lex4; 96
excesso; (subst.); L1; 04
excetuando; (vb. gerúndio de excetuar); L3; 30
excluindo; (vb. gerúndio de excluir); Lex3; 93
exclusiva; (adj.); L1; 09
excursão; (f. subst. -ões); L5; 44
executivos; (subst.); L5; 49
exemplo; (subst.); L1; 06
exerce; (vb. exercer); L2; 12
exercício; (subst.); L1; 06
exibicionista; (adj.); Lex1; 76
exibiram; (vb. exibir); Lex2; 85
exigiram; (vb. exigir); Lex2; 85
existe; (vb. existir); L1; 09
existente; (adj.); Lex5; 114
ex-jogador; (subst.); Lex4; 107
exótico; (adj.); L6; 63
expectativa; (subst.); Lex2; 85
experiência; (subst.); L2; 17
experimentar; (vb.); L3; 23
experimentos; (subst.); Lex2; 85
explicar; (vb.); L1; 04
explora; (vb. explorar); L6; 57
exploração; (f. subst. -ões); L5; 51
explosão; (f. subst. -ões); Lex2; 86
exportação; (f. subst. -ões); Lex6; 119
exposição; (f. subst. -ões); Lex1; 77
expressão; (f. subst. -ões); Lex5; 113
expressar; (vb.); L1; 01
exprimir; (vb.); Lex6; 117
extensas; (adj.); L6; 57
extensiva; (adj.); L6; 56
exterior; (subst.); L6; 55
externa; (adj.); L3; 30

extraconjugais; (adj.); Lex6; 121
extrativismo; (subst.); L6; 56
extravagância; (subst.); Lex4; 99
extravagantes; (adj.); Lex4; 99
extremamente; (adv.); L2; 18
extrovertida/o; (adj.); Lex1; 78
extrovertido/a; (adj.); L1; 08
Exu; (subst.); Lex6; 121

fábricas; (subst.); L2; 19
façanha; (subst.); Lex2; 85
facão; (m. subst. -ões); L5; 51
face; (f. subst.); L2; 13
fácil; (adj.); L1; 06
facílimo; (adj.); L1; 06
facilmente; (adv.); L5; 48
faculdade; (f. subst.); L2; 12
falar; (vb.); L1; 01
falidos/as; (adj.); Lex4; 105
falso/a; (adj.); Lex4; 105
faltar; (vb.); L6; 60
fama; (subst.); Lex2; 85
família; (subst.); L2; 13
famoso/a; (adj.); L1; 02
fantástico; (adj.); L5; 49
farinha; (subst.); L6; 63
farmácia; (subst.); Lex2; 88
farofa; (subst.); L6; 63
fascinante; (adj.); Lex4; 105
fatia; (subst.); L6; 65
Fátima; (subst.); RLT; 68
fato; (subst.); L2; 18
faturados; (adj.); L3; 30
favor; (subst.); L3; 25
favorito/a; (adj.); L6; 65
faxineiro/a; (subst.); L5; 54
fazenda; (subst.); Lex2; 85
fazendeiro; (subst.); L4; 38
fazer; (vb.); L1; 01
fé; (f. subst.); Lex4; 95
febre; (f. subst.); L1; 04
fechado/a; (adj.); L1; 08
fechar; (vb.); L4; 38
fecundidade; (f. subst.); Lex4; 96
federal; (adj.); L2; 20
Federativa; (adj.); Lex4; 95
feijão; (m. subst. -ões); L6; 56
feijoada; (subst.); L6; 61
feio; (adj.); L1; 01
feira; (subst.); L2; 15
felicidade; (f. subst.); L4; 33
feliz; (adj.); L1; 07
feltro; (subst.); L6; 55
feminino; (adj.); L2; 18
feriados; (subst.); L3; 30
férias; (subst.); L2; 13
fermento; (subst.); L6; 65

ferro; (subst.); L1; 04
fértil; (adj.); Lex6; 117
festa; (subst.); L1; 08
fétido/a; (adj.); L5; 49
fibra; (subst.); L3; 22
fibras; (subst.); L6; 62
fica; (vb. ficar); grav.; 145
ficar; (vb.); L1; 04
ficha; (subst.); L1; 09
fico; (vb. ficar); grav.; 145
figura; (subst.); L4; 42
fila; (subst.); L2; 11
filhinho de papai; (subst.); L4; 42
filho/a; (subst.); L2; 13
filho da mãe; (subst.); L4; 42
filme; (m. subst.); L1; 05
filtro; (subst.); L5; 50
fim; (m. subst.); L1; 02
fim de semana; (m. subst.); Lex5; 116
final; (m. subst.); L3; 29
finalidade; (f. subst.); L2; 20
finalmente; (adv.); L2; 18
financeiro/a, -s; (adj.); L2; 20
financiamento; (subst.); L2; 20
financiar; (vb.); L2; 20
fingiu; (vb. fingir); Lex6; 123
fino; (adj.); L1; 10
firma; (subst.); L2; 17
fiscalizar; (vb.); L5; 50
física; (adj.); L1; 09
físico; (adj.); L2; 12
Fisioterapia; (subst.); Lex2; 88
fitas; (subst.); L6; 64
fixado/a; (adj.); L2; 13
fixo/a; (adj.); L2; 18
flerta; (vb. flertar); L5; 46
flexíveis; (adj.); L1; 09
flor; (f. subst.); L1; 07
floresta; (subst.); Lex3; 91
florestal; (adj.); L5; 49
florzinha; (subst.); L5; 53
FM (frequência modulada); (subst.); Lex5; 115
fofoca; (subst.); Lex4; 97
fofoqueiras; (adj.); Lex4; 97
fogão; (m. subst. -ões); L2; 18
fogo; (subst.); L5; 47
folclórica; (adj.); L4; 42
folga; (subst.); L5; 51
folha; (subst.); L1; 08
folhetos; (subst.); L5; 46
fome; (f. subst.); L1; 05
fonte; (f. subst.); L2; 20
Fontoura; (subst.); L2; 17
for; (vb. ser); grav.; 143
forças; (subst.); L2; 12
forma; (subst.); L2; 13
formação; (f. subst. -ões); L2; 17

formada; (adj.); Lex6; 118
formal; (adj.); L1; 08
formam; (vb. formar); Lex6; 118
formas; (subst.); L3; 24
formatura; (subst.); L4; 39
forme; (vb. formar); L3; 26
formiga; (subst.); Lex4; 103
formosa; (adj.); L4; 38
fórmula; (subst.); Lex2; 88
formulário; (subst.); Lex3; 93
fornecer; (vb.); L3; 30
Fortaleza; (subst.); L5; 45
forte; (adj.); L5; 48
fortemente; (adv.); L5; 48
fortuna; (subst.); L6; 61
fósforos; (subst.); L6; 65
fosse; (verbo ser); Lex4; 105
foto; (f. subst.); L1; 08
fotografadas/os; (adj.); L1; 08
fotografia; (subst.); Lex2; 88
fotográficas/os; (adj.); L5; 49
fracassar; (vb.); L5; 49
fracasso; (subst.); Lex6; 122
fraco; (adj.); L1; 05
fralda; (subst.); Lex3; 93
França; (subst.); Lex2; 85
francesa; (adj.); Lex2; 85
franceses; (subst.); Lex2; 85
francos; (subst.); Lex2; 85
frangos; (subst.); grav.; 145
franzida; (adj.); L6; 55
franzino; (adj.); Lex2; 85
frases; (f. subst.); L2; 12
frente; (f. subst.); L4; 38
frentista; (m/f. subst.); L2; 11
frequência; (subst.); L4; 38
frequentada; (adj.); L1; 09
frequente; (adj.); L5; 48
frequentemente; (adv.); L5; 48
fresca; (adj.); Lex1; 77
frescobol; (m. subst.); L1; 09
frias; (adj.); Lex4; 99
frio; (subst.); L3; 25
frutas; (subst.); L3; 31
frutinha; (subst.); L5; 51
fugir; (vb.); L6; 64
fumar; (vb.); L1; 04
função; (f. subst. -ões); L2; 18
funciona; (vb. funcionar); L3; 30
funcionando; (vb. gerúndio de funcionar); Lex1; 74
funcionaria; (vb. funcionar); Lex6; 120
funcionário/a; (subst.); L2; 20
fundadas/os; (adj.); L6; 59
fundamentais; (adj.); L2; 13
fundo; (subst.); L2; 20
futebol; (subst.); L1; 08
futuro; (subst.); L3; 27

G

gado; (subst.); L6; 57
gaita; (subst.); Lex6; 122
Galápagos; (subst.); Lex4; 102
galerias; (subst.); L5; 44
galho; (subst.); REX; 125
galinhas; (subst.); L5; 46
ganhar; (vb.); L2; 18
garagem; (f. subst.); L3; 25
garantia; (subst.); L2; 20
garçom; (subst.); Lex4; 103
garfinhos; (subst.); RLT; 70
garganta; (subst.); L4; 42
garotas; (subst.); L1; 09
garrafas; (subst.); L4; 36
gases; (m. subst.); L5; 50
gastar; (vb.); L2; 16
gato; (subst.); Lex4; 100
gaúcho/a; (adj.); L5; 45
gaveta; (subst.); L3; 25
geladeira; (subst.); L3; 25
geleia; (subst.); L6; 65
gelo; (subst.); L3; 25
genealógica; (adj.); L4; 35
general; (subst.); L3; 24
gênero; (subst.); L1; 06
genial; (adj.); L1; 02
genro; (subst.); REX; 129
gente; (f. subst.); L2; 11
gentil, gentis; (adj.); L1; 07
geografia; (subst.); Lex6; 124
geográfica; (adj.); L5; 51
gerações (f. subst.); Lex5; 113
geradores; (subst.); L5; 51
geral; (adj.); L2; 20
geralmente; (adv.); L2; 18
gerente; (m/f. subst.); Lex2; 84
gestante; (f. subst.); L2; 13
gigantes; (adj.); Lex4; 103
Gilberto; (subst.); L6; 63
ginástica; (subst.); L1; 04
globo; (subst.); Lex4; 102
glossário; (subst.); L6; 63
gorda; (adj.); L1; 04
gordinha; (adj.); grav.; 142
gorduras; (subst.); L1; 04
gostar; (vb.); L1; 01
gostos; (subst.); L5; 43
gostosinho; (adj.); L5; 53
gostoso; (adj.); L5; 53
governanta; (subst.); Lex3; 93
governo; (subst.); L2; 20
gozo; (subst.); L2; 13
graciosas; (adj.); Lex6; 120
Gramado; (subst.); L5; 45
gramas; (m. subst.); L6; 65
gramática; (subst.); RLT; 70
grande; (adj.); L1; 02

gratificar; (vb.); L6; 60
gratuito/a; (adj.); L1; 09
grau, -s; (subst.); Lex4; 108
gravação; (f. subst. -ões); L6; 58
gravador; (subst.); Lex2; 88
gravata; (subst.); L3; 21
grave; (adj.); L1; 04
grávida; (subst.); L6; 64
Grécia; (subst.); Lex4; 97
grego; (adj.); Lex4; 97
greve; (f. subst.); L2; 19
grifes; (f. subst.); L3; 28
gripado/a; (adj.); L1; 04
gripe; (f. subst.); L1; 04
gritou; (vb. gritar); Lex4; 102
grosso; (adj.); L1; 10
grupo; (subst.); L4; 38
guaraná; (m. subst.); RLT; 70
guarda; (m/f. subst.); Lex6; 120
guarda-chuva; (m. subst.); L5; 46
guardar; (vb.); L6; 60
Guarujá; (subst.); Lex2; 85
gude; (m. subst.); L5; 51
guerreiro/a; (adj.); Lex6; 120
guia; (subst.); L5; 46

H

há; (vb. haver); L1; 07
habitação; (f. subst. -ões); L2; 20
habitada/o; (adj.); Lex6; 118
habitante; (subst.); L5; 51
hambúrguer; (m. subst.); Lex5; 116
harmonia; (subst.); L6; 64
haver; (vb.); L4; 35
hélice; (f. subst.); Lex2; 86
helicóptero; (subst.); Lex2; 86
Heloísa; (subst.); L4; 38
herdam; (vb. herdar); Lex6; 120
hidratante; (adj.); Lex1; 77
hidrelétricas; (subst.); Lex5; 114
hierarquia; (subst.); Lex6; 121
higiene; (f. subst.); L2; 13
higiênico/a; (adj.); L6; 65
hipóteses; (f. subst.); L2; 20
hippie; (subst.); Lex5; 113
história; (subst.); L2; 15
históricas; (adj.); L5; 45
Hmm; (interj.); grav.; 144
hobbies; (m. subst.); L5; 54
hoje; (adv.); L1; 05
Holanda; (subst.); L4; 36
homem; (subst.); L1; 07
honestas/os; (adj.); Lex3; 92

honesto/a; (adj.); Lex4; 105
horário; (subst.); L2; 18
horas; (subst.); L2; 11
horizontal; (subst.); Lex2; 87
horizonte; (m. subst.); L5; 45
horrível; (adj.); L6; 58
horror; (m. subst.); Lex5; 110
hospedagem; (f. subst.); L5; 45
hóspedes; (m/f. subst.); L3; 30
hospital; (m. subst.); L2; 18
hotel; (m. subst.); L1; 06
Hotelaria; (subst.); Lex2; 88
hoteleiro/a; (subst.); L5; 54
hotel-fazenda; (m. subst.); L5; 44
hotelzinho; (subst.); L5; 53
Hum; (interj.); Lex4; 105
humanas; (adj.); L2; 12
humano; (adj.); Lex2; 85
humor; (m. subst.); Lex4; 102

ia; (vb. ir); grav.; 144
Iansã; (subst.); Lex6; 121
Ibirapuera; (subst.); Lex4; 95
idade; (f. subst.); L2; 13
ideia; (subst.); L6; 58
identidade; (f. subst.); grav.; 145
identificar; (vb.); L4; 39
idiomas; (m. subst.); Lex2; 86
ido; (vb. ir); grav.; 145
Iemanjá; (subst.); L6; 62
igreja; (subst.); L3; 24
Iguaçu; (subst.); L6; 62
igual; (adj.); L1; 10
ilha; (subst.); L4; 38
ilustrações (f. subst. -ão); L2; 12
imagem; (f. subst.); L5; 46
imaginação; (f. subst. -ões); L6; 55
imaginar; (vb.); Lex4; 108
imaginava; (vb. imaginar); grav.; 145
imediatamente; (adv.); REX; 125
imigração; (f. subst. -ões); L4; 40
imigrantes; (adj.); L4; 40
impaciente; (adj.); Lex6; 120
imperfeito; (adj.); L2; 15
importa; (vb. importar); L3; 29
importância; (subst.); L4; 39
importante; (adj.); L2; 13
importo; (vb. importar); Lex4; 105
impossível; (adj.); L2; 18

167

imposto; (subst.) L2; 20
impressão; (f. subst. -ões); Lex4; 99
impressionante; (adj.) L4; 34
improvável; (adj.) Lex4; 103
impulsionado/a; (adj.); Lex2; 86
impulsividade; (f. subst.); Lex1; 75
impulsivo/a; (adj.); Lex6; 120
impulso; (subst.); Lex1; 75
inadequada; (adj.); Lex3; 93
incerteza; (subst.); L5; 43
incluídos; (adj.); L5; 45
inclusive; (adv.); L3; 28
incômoda/o; (adj.); Lex5; 113
incomodo; (vb. incomodar); grav.; 142
incompleta; (adj.); L5; 54
incomum; (adj.); L2; 12
incríveis; (adj.); L3; 28
indefinidos; (adj.); L6; 61
independência; (subst.); Lex6; 120
indica; (vb. indicar) L5; 47
indicativo; (adj.); L4; 38
índice; (m. subst.); Lex4; 96
indígena; (m/f. subst.); L6; 63
índio; (subst.); L2; 15
indique; (vb. indicar) L3; 21
individual; (adj.); L5; 47
individualista; (adj.); Lex1; 76
indivíduos; (subst.); L4; 40
indústria; (subst.); L2; 18
industrial; (adj.); L5; 50
inesquecíveis; (adj.); L6; 57
infância; (subst.); L2; 15
infarto; (subst.); L1; 04
inferior; (adj.); L4; 40
inferno; (subst.); Lex4; 105
influência; (subst.); grav.; 147
influências; (subst.); L6; 62
influente; (adj.); L4; 42
informações; (f. subst. -ão); L3; 28
informal; (adj.); L1; 08
informática; (subst.); L2; 18
infraestrutura; (subst.); L2; 20
inglês; (adj.); L1; 07
ingleses; (adj.); L1; 07
ingredientes; (m. subst.); L6; 63
iniciais; (subst.); grav.; 145
iniciando; (vb. gerúndio de iniciar); grav.; 147
iniciar; (vb.); L3; 28
iniciativa; (subst.); L1; 09
início; (subst.); L4; 40
inimigo; (subst.); Lex5; 113
injeção; (f. subst. -ões); L1; 04
injustiçado/a; (adj.); Lex4; 105

injusto/a; (adj.); grav.; 142
inquieta/o; (adj.); L4; 39
inquilino; (subst.); REX; 129
insalubre; (adj.); L2; 13
inseto; (subst.); Lex4; 103
insignificante; (adj.); L4; 40
inspiração; (f. subst. -ões); Lex5; 113
inspirar; (vb.); Lex6; 121
instalações; (f. subst. -ão) L2; 18
instalar; (vb.); L5; 50
instituto; (subst.); L2; 20
Instruções; (f. subst. -ão); REX; 125
instrumentos; (subst.); L6; 62
intacta; (adj.); Lex5; 114
integração; (f. subst. -ões); L2; 20
integrado/a; (adj.); L2; 20
integral; (adj.); L2; 13
íntegro/a; (adj.); L4; 38
inteiro; (adj.); L6; 64
intelectual; (adj.); L1; 08
inteligência; (subst.); Lex6; 121
inteligente; (adj.); L1; 08
intenção; (f. subst. -ões); L5; 52
intensa/o; (adj.); L1; 02
interessa; (vb. interessar); Lex4; 104
interessados/as; (adj.); L2; 17
interessante; (adj.); L1; 02
interesse; (m. subst.); L5; 49
interior; (m. subst.); L4; 35
intermediário/a; (adj.); RLT; 70
internacionais; (adj.); L5; 46
internet; (f. subst.); L5; 46
interno/a; (adj.); L6; 56
interromper; (vb.); Lex4; 104
íntima/o; (adj.); L3; 22
intimidade; (f. subst.); grav.; 145
intocada/o; (adj.); Lex5; 114
introdução; (f. subst. -ões); L6; 63
introduzidos/as; (adj.); L4; 40
intruso/a; (adj.); RLT; 68
inundável; (adj.); Lex5; 114
invariáveis; (adj.); L5; 48
inventar; (vb.); L6; 59
inventário; (subst.); L1; 07
inventor; (subst.); Lex2; 85
inverno; (subst.); L3; 27
inverso; (adj.); L4; 40
investigação; (f. subst. -ões); L2; 16
investigador; (subst.); L2; 16
investimentos; (subst.); L2; 20

investir; (vb.); L3; 28
ioga; (subst.); L1; 09
iogurte; (m. subst.); L6; 65
Ipanema; (subst.); L1; 09
ir; (vb.); L1; 04
irmão/irmã; (subst.); L3; 24
irracional; (adj.); Lex5; 114
irreal; (adj.); L5; 50
irregular; (adj.); L2; 15
irritação; (f. subst. -ões); grav.; 145
irritado/a; (adj.); L4; 38
isolamento; (subst.); Lex5; 113
isopores; (m. subst.); Lex4; 105
israelita; (adj.); Lex4; 95
isso; (pron.) L2; 11
isto; (pron.) L1; 04
Itália; (subst.); L1; 02
italiano/a; (adj.); L5; 45
item; (m. subst.); L3; 30
Itu; (subst.); Lex2; 82

já; (adv.) L1; 05
jacaré; (subst.); L5; 49
janeiro; (subst.); L5; 46
janelas; (subst.); L2; 16
jangada; (subst.); L6; 59
jantado; (adj.); L4; 38
jantar; (vb.); L3; 27
Japão; (subst.); L4; 40
Japona; (subst.); Lex3; 93
japonês/japonesa; (adj.); L4; 40
japoneses; (adj.); L4; 40
jaqueta; (subst.); L3; 22
jardim; (m. subst.); L5; 53
jato; (subst.); Lex2; 86
jeans; (m. subst.); L3; 21
jeito; (subst.); L1; 08
joelho; (subst.); L1; 03
jogador; (subst.); REX; 125
jogadores; (subst.); REX; 125
jogar; (vb.); L1; 08
jogo; (subst.); L1; 10
joias; (subst.); Lex6; 120
jornada; (subst.); L2; 18
jornais; (m. subst.); L1; 07
jornaleiro; (subst.); REX; 126
Jornalismo; (subst.); Lex2; 88
jovem; (adj.); L2; 17
Juiz; (subst.); Lex4; 108
juízos; (subst.); L4; 40
julgam; (vb. julgar) Lex6; 120
julho; (subst.); L3; 24
Jundiaí; (subst.); L6; 60
junho; (subst.); L4; 40
junina; (adj.); L6; 64

juntavam-se; (vb. pron. levantar); L4; 38
junto; (adj.); L3; 30
juntos; (adj.); L4; 35
jurídico/a; (adj.); L2; 20
juros; (subst.); L5; 45

km² (quilômetro); (subst.); L6; 56

lá; (adv.); L2; 16
lã; (f. subst. -ãs); L3; 22
lábios; (subst.); REX; 129
laço; (subst.); L5; 51
lado; (subst.); L5; 46
ladrão; (m. subst. -ões); L6; 59
lagartixa; (subst.); Lex4; 107
lagos; (subst.); L4; 42
lamentando; (vb. gerúndio de levantar); Lex6; 122
lâmpada; (subst.); L6; 59
lança-chamas; (m. subst.); Lex4; 103
lançado/a; (adj.); Lex2; 85
lançamento; (subst.); Lex1; 76
lançar; (vb.); grav.; 144
lanternas; (subst.); Lex3; 91
lápis; (m. subst.); L1; 07
lapso; (subst.); L3; 31
lar; (m. subst.); L2; 18
laranja; (subst.); L3; 31
largo/a; (adj.); L1; 10
Lasar; (subst.); L1; 02
lata; (subst.); L6; 65
látex; (m. subst.); L6; 56
latifúndios; (subst.); L6; 56
lavados/as; (adj.); L3; 30
lavagem; (f. subst.); L3; 30
lavanderia; (subst.); L3; 30
lavar; (vb.); L2; 16
lavoura; (subst.); L4; 41
lazer; (m. subst.); L5; 45
legível; (adj.); Lex4; 108
legumes; (m. subst.); Lex1; 77
lei; (f. subst.); L2; 13
leia; (vb. ler); grav.; 146
leite; (m. subst.); L4; 36
leiteiro; (subst.); REX; 126
leiteria; (subst.); grav.; 147
lembranças; (subst.); L5; 46
lembrar; (vb.); L6; 64
lenço; (subst.); L3; 22
lençol; (subst.); L1; 07
lenda; (subst.); Lex6; 122
lendo; (vb. gerúndio de ler); grav.; 147

lentamente; (adv.); Lex4; 105
ler; (vb.); L1; 06
leste; (m. subst.); Lex6; 117
letras; (subst.); REX; 130
leva; (vb. levar); grav.; 147
leva e traz; (m. subst.); L4; 36
levantar; (vb.); L6; 60
levar; (vb.); L2; 18
leves; (adj.); Lex1; 77
leveza; (subst.); Lex2; 85
lhe; (pron.); L1; 04
liberais; (adj.); L4; 40
liberal; (adj.); L1; 08
liberdade (f. subst.); L3; 31
licença; (subst.); L2; 13
licença-paternidade; (subst.) L2; 1
lida; (subst.); L2; 12
lidar; (vb.); Lex5; 114
lido; (adj.); Lex4; 108
liga; (vb. ligar); grav.; 144
ligação; (f. subst. -ões); grav.; 144
ligar; (vb.); Lex4; 98
ligaram; (vb. ligar); RLT; 68
ligo; (vb. ligar); grav.; 142
ligue; (vb. ligar); Lex1; 74
limão; (m. subst. -ões); Lex3; 94
limita; (vb. limitar) L3; 30
limpado; (particípio passado do vb. limpar); L6; 59
limpar; (vb.); L5; 54
limpeza; (subst.); Lex5; 115
limpinho; (adj.); L5; 53
limpo; (particípio passado do vb. limpar e/ou adj.); L6; 59
linda; (adj.); Lex1; 78
lindíssima; (adj.); L1; 01
lindo; (adj.); L1; 06
língua; (subst.); L5; 46
linguagem; (f. subst.), L4; 38
linha; (subst.); L3; 28
linho; (subst.); L3; 22
liquidação; (f. subst. -ões); L3; 22
liso/a; (adj.); L1; 02
lista; (subst.); L3; 22
listrado/a; (adj.); L3; 22
literaturas; (subst.); L3; 24
litro; (subst.); L6; 65
Lituânia; (subst.); L1; 02
livrão; (m. subst. -ões); L5; 53
livrar; (vb.); Lex6; 122
livre; (adj.); L6; 58
livro; (subst.); L1; 06
livro-caixa; (subst.); Lex2; 88
livro-texto; (subst.); Lex1; 73
lixo; (subst.); L5; 50
local; (m. subst.); L2; 12

localização; (f. subst. -ões) L2; 18
localizado/a; (adj.); L5; 47
locomoção; (f. subst. -ões); Lex2; 86
lógico/a; (adj.); L2; 11
logo; (adv.); L1; 05
loiro/a; (adj.); L1; 10
loja; (subst.); L2; 18
lojinha; (subst.); L5; 53
lombada; (subst.); Lex4; 105
longe; (adv.); L3; 26
longo/a; (adj.); L1; 02
loooonnnge; (adv.); grav.; 141
loteria; (subst.); L3; 28
loucura; (subst.); L3; 31
lua; (subst.); Lex6; 122
luar; (m. subst.); Lex4; 102
lúdicos/as; (adj.); Lex2; 88
lugar; (m. subst.); L2; 18
lugares; (m. subst.); L5; 46
luta; (subst.); L2; 12
lutar; (vb.); Lex5; 113
lute; (vb. lutar); Lex5; 113
luxo; (subst.); Lex4; 102
luz; (f. subst.); L5; 52

macacão; (m. subst. -ões); Lex3; 93
macacos; (subst.); Lex4; 98
macarrão; (m. subst. -ões); L6; 65
Maceió; (subst.); L5; 46
machão; (m. subst. -ões); L6; 58
macio; (adj.); L5; 52
maço; (subst.); L6; 65
madeira; (subst.); L5; 51
mãe; (subst.); L2; 18
mãe coruja; (subst.) L4; 42
mãe-d'água; (subst.), L4; 42
magnetismo; (subst.); Lex4; 105
magro; (adj.); L1; 10
maiô; (subst.); L3; 22
maionese; (f. subst.); L6; 65
maior; (adj.); L2; 18
maioria; (subst.); L4; 41
mais; (adv.); L1; 02
mais-que-perfeito; (adj.); L4; 38
mal; (m. subst.); L1; 05
mala; (subst.); grav.; 142
malha; (subst.); L3; 25
malhar; (vb.); L5; 44
mamãe; (subst.); Lex4; 103
Manaus; (subst.); L5; 45
manda; (vb. mandar); grav.; 144
mandar; (vb.); L6; 64

mandioca; (subst.); L6; 62
maneira; (subst.); L5; 51
manga; (subst.); L3; 23
manganês; (m. subst.); L6; 56
manhã; (subst.); L1; 09
manhoso; (adj.); Lex6; 121
mania; (subst.); grav.; 143
manteiga; (subst.); L6; 63
manter; (vb.); Lex5; 114
manutenção (f. subst. -ões); L2; 20
mão; (f. subst. -ãos); L1; 01
mão de obra; (f. subst.); REX; 129
mão de vaca; (adj.); Lex6; 123
mãozinha; (subst.); L5; 53
mapa; (m. subst.); Lex2; 88
máquina; (subst.); L5; 49
mar; (m. subst.); L1; 09
maracujá; (m. subst.); RLT; 70
Maranhão; (subst.); L6; 64
marcar; (vb.); L3; 29
março; (subst.); Lex5; 111
marfim; (m. subst.); L5; 45
margarina; (subst.); L6; 65
maria-fumaça; (subst.); L5; 45
marido; (subst.); L2; 18
marketing; (m. subst.); L2; 17
mármore; (m. subst.); L1; 02
marrom; (adj.); L3; 22
marrom-café; (adj.); L3; 31
mártir; (subst.); L3; 24
mas; (conj.); L1; 02
máscara; (subst.); Lex2; 88
masculino; (adj.); L2; 17
massa; (subst.); L6; 63
matar; (vb.); L1; 05
material; (m. subst.); L3; 22
maternos; (adj.); L4; 35
mato; (subst.); Lex4; 105
matriz; (f. subst.); L3; 24
mau; (adj.); Lex5; 111
me; (pron.); L1; 05
mecenas; (m. subst.); Lex2; 85
média; (adj.); L2; 20
medicamento; (subst.); Lex2; 88
Medicina; (subst.); Lex2; 8
Medicina Veterinária; (subst.); Lex2; 88
médico; (subst.); L1; 04
médio; (adj.); L5; 47
meia; (subst.); L3; 22
meia pensão; (adj.); L5; 46
meio; (adj.); L1; 08
meio-dia; (subst.); L2; 20
melancolia; (subst.); Lex6; 121
melhor; (adv.); L1; 05
melhorar; (vb.); Lex4; 101

melhoras; (subst.); L1; 05
melhores; (adv.); grav.; 142
melhorou; (vb. melhorar); L1; 01
membros; (subst.); L4; 35
mencionado; (adj.); L1; 09
Menescal; (subst.); L5; 52
menininha; (subst.); Lex6; 120
menino/a; (subst.); L4; 39
menor; (adj.); Lex2; 85
menores; (subst.); L2; 13
menos; (adv.); L1; 04
mensageiro; (subst.); Lex6; 121
mensais; (subst.); L2; 20
mental; (adj.); L3; 31
mentiras; (subst.); L4; 40
mercado; (subst.); L2; 18
mergulhar; (vb.); L5; 44
mês; (m. subst.); L1; 07
mesa; (subst.); L1; 07
mesmo/a; (adv.); L2; 11
meta; (subst.); REX; 125
metade; (f. subst.); Lex6; 118
mete; (vb. meter); Lex4; 100
meteorologia; (subst.); Lex2; 88
metro; (subst.); L1; 04
metrô; (subst.); grav.; 145
metrópole; (f. subst.); L5; 53
metros; (subst.); L5; 47
meu; (pron.); L1; 04
mico-leão-dourado; (subst.); REX; 125
microfone; (subst.); Lex2; 88
microscópio; (subst.); Lex2; 88
mil; (num.); L3; 24
milagre; (m. subst.); Lex4; 100
milhares; (subst.); L4; 40
milho; (subst.); L6; 56
milhão, -ões; (num); L6; 59
milionário/a; (adj.); Lex4; 108
mim; (pron.); L2; 12
Minas; (subst.); L6; 64
mineiro/a; (subst.); L6; 58
mineral; (adj.); L6; 56
minha; (pron.); L1; 07
mínimo/a; (adj.); L2; 13
minúscula/o; (adj.); L1; 02
minutos; (subst.); L3; 29
Miranda; (subst.); L6; 55
misteriosamente; (adv.); L2; 16
misturada/o; (adj.); L6; 63
misturando; (vb. gerúndio de misturar); Lex3; 94
Mmmm; (interj.); Lex4; 105
mobilizando; (vb. gerúndio de mobilizar); L6; 64
mochila; (subst.); Lex3; 91
mocidade; (f. subst.); L4; 39

moço/a; (subst.); L1; 01
moda; (subst.); L3; 28
modalidades; (f. subst.); L1; 09
modas; (subst.); L3; 22
modelo; (subst.); L2; 20
moderna; (adj.); L4; 35
moderníssimo; (adj.); L1; 06
moderno; (adj.); L1; 02
modificadas; (adj.); L6; 63
modos; (subst.); Lex6; 117
moeda; (subst.); L4; 40
molho; (subst.); Lex4; 105
momento; (subst.); Lex6; 122
monótona; (adj.); Lex5; 113
montagem; (f. subst.); L6; 56
montanha; (subst.); L5; 44
monte; (m. subst.); L6; 60
Monte Verde; (subst.); Lex3; 91
monumento; (subst.); L1; 02
moqueca; (subst.); L6; 63
mora; (vb. morar); L4; 37
moradia; (subst.); L2; 13
moradores; (subst.); L5; 51
morar; (vb.); L2; 15
morrer; (vb.); Lex4; 103
morro; (subst.); L1; 02
morte; (f. subst.); L2; 20
morto/a; (adj.); L6; 59
Morumbi; (subst.); L3; 24
mosquitos; (subst.); Lex4; 104
mostarda; (subst.); L6; 65
mostrar; (vb.); L1; 06
motivo; (subst.); L2; 13
motoboy; (subst.); L2; 11
motoqueiro; (subst.); L2; 18
motor; (subst.); L5; 51
motoristas; (m/f. subst.); L2; 19
móvel, -eis; (adj.); L2; 18
movimento; (subst.); L1; 02
mucujê; (subst.); L5; 47
mucuri; (subst.); L5; 47
muda; (vb. mudar); Lex4; 102
mudança; (subst.); L3; 30
mudar; (vb.); L1; 08
muito/a; (adj.); L1; 01
muito alto; (adj.); Lex1; 75
muito baixo; (adj.); Lex1; 75
mulatos; (subst.); Lex6; 118
mulher; (subst.); L2; 14
multidão; (subst.); Lex2; 85
mundial; (adj.); Lex4; 96
mundo; (subst.); L3; 28
Município; (subst.); Lex4; 95
musculação (f. subst. -ões); Lex1; 76
muscular; (adj.); L1; 04
museu; (subst.); L5; 44
música; (subst.); L2; 16
músico; (subst.); Lex4; 107

N

na; [contração de em (prep.) + a (art.)]; L1; 02
nacional; (adj.); L2; 20
nacionalidade; (f. subst.); Lex2; 86
nacionalmente; (adv.); L2; 13
nada; (pron.); L1; 02
nadar; (vb.); L1; 08
namorado/a; (subst.); L3; 29
namoro; (m. subst.); L4; 38
não; (adv.); L1; 01
naquela; [contração de em (prep.) + aquela (pron.)]; L4; 39
nariz, -es; (m. subst.); L1; 01
narra; (vb. narrar); L6; 64
nas; [contração de em (prep.) + as (art.)]; L1; 0
nascer; (vb.); L1; 02
nascido/a; (adj.); L1; 02
nascimento; (subst.); Lex2; 86
natação (f. subst. -ões); L1; 09
Natal; (m. subst.); L4; 39
naturais; (adj.); Lex1; 77
naturalmente; (adv.); Lex6; 121
natureza; (subst.); L2; 20
navegação (f. subst. -ões); Lex2; 85
navio; (subst.); L4; 35
né; (contração de não (adv.) + é (vb. ser)); grav.; 145
necessária/o; (adj.); L2; 12
necessariamente; (adv.); L5; 54
necessário; (adj.); L2; 12
necessidade; (f. subst.); L2; 13
necessitado/a; (adj.); Lex5; 114
negação (f. subst. -ões); L5; 49
negativo/a; (adj.); L2; 18
negócio; (subst.); L5; 51
negro; (subst.); L6; 63
nele; (contração de em (prep.) + ele (pron.)); L6; 55
nem; (conj.); L1; 05
nenê; (subst.); L4; 34
nenhum/a; (pron.); L1; 0 8
nervoso/a; (adj.); L1; 04
nessa; [contração de em (prep.) e esse (pron.)]; L1; 06
nesta; [contração de em (prep.) e esta (pron.)]; L1; 08

neste; [contração de em (prep.) e este (pron.)]; L1; 04
neto/a; (subst.); L4; 33
neutro/a; (adj.); Lex1; 77
neve; (f. subst.); L5; 43
ninguém; (pron.); L3; 26
nisso; [contração de em (prep.) e isso (pron.)]; L2; 18
nível; (m. subst.); L3; 29
nocivos/as; (adj.); Lex1; 77
noite; (f. subst.); L2; 16
noivos; (subst.); L3; 24
nome; (m. subst.); L1; 08
nono; (num.); L2; 17
nora; (subst.); REX; 129
nordeste; (subst.); L5; 46
normal; (adj.); L2; 13
normalmente; (adv.); L3; 23
Noroeste; (subst.); Lex6; 117
norte; (m. subst.); L5; 49
nostalgia; (subst.); Lex2; 80
nota; (subst.); L5; 50
notadamente; (adv.); L2; 18
notas; (subst.); L5; 50
notícia; (subst.); L3; 28
noturno/a; (adj.); L2; 13
nova; (adj.); L4; 36
novamente; (adv.); L2; 19
novembro; (subst.); Lex2; 85
novíssimo/a; (adj.); L1; 06
novo/a; (adj.); L1; 07
nua/nu; (adj.); Lex4; 103
nuclear; (adj.); L5; 50
nulo/a; (adj.); L4; 40
num/a; [contração de em (prep.) e um/a (art.)]; L3; 23
numeração; (f. subst.); Lex2; 84
numere; (vb. numerar); L4; 34
números; (subst.); L2; 13
nunca; (adv.); L3; 23
nutrição (f. subst. -ões); Lex2; 88

O

Obaluaê; (subst.); Lex6; 121
objetivo; (adj.); L2; 20
objeto; (subst.); L3; 30
obra; (subst.); L1; 02
obrigado/a; (adj.); L2; 20
observações (f. subst. -ão); Lex4; 95
observar; (vb.); L2; 16
obstáculos; (subst.); Lex1; 75
obtém; (vb. obter); L5; 51
ocasião; (f. subst. -ões); L4; 39

oceanográfico; (adj.); Lex4; 101
oceanos; (subst.); Lex5; 113
óculos; (subst.); Lex1; 77
ocupação; (f. subst. -ões); L2; 18
ocupado/a; (adj.); Lex2; 82
odeio; (vb. odiar); L6; 58
Odontologia; (subst.); Lex2; 88
oeste; (m. subst.); L6; 56
ofensa; (subst.); L4; 42
ofereça; (vb. oferecer); L1; 09
oferecer; (vb.); L3; 21
Ogum; (subst.); Lex6; 120
Oh; (interj.); Lex4; 105
Oi; (interj.); grav.; 144
oitavo; (num.); L2; 17
oitenta; (num.); L2; 13
oito; (num.); L2; 13
óleo; (subst.); L6; 65
olhar; (vb.); L1; 02
olhos; (subst.); grav.; 147
Olodumaré; (subst.); Lex6; 121
ombros; (subst.); L1; 10
Omolu; (subst.); Lex6; 121
onça; (subst.); Lex6; 122
ondas; (subst.); Lex6; 118
onde; (adv.); L1; 02
ônibus; (subst.); L1; 07
online; (adv.); L5; 46
ontem; (adv.); L1; 05
operário; (subst.); L2; 18
opinião; (f. subst. -ões); L2; 12
oportunidades; (f. subst.); grav.; 145
oposto/a; (adj.); Lex6; 121
ora; (interj.); L4; 37
oral; (adj.); L4; 38
ordem; (f. subst.); L4; 40
ordene; (vb. ordenar); L6; 59
ordinais; (adj.); L2; 17
orelhas; (subst.); L1; 03
organizada/o; (adj.); L5; 54
organizando; (vb. gerúndio de organizar); L3; 28
organizar; (vb.); L1; 08
orientar; (vb.); L5; 44
Oriente; (m. subst.); Lex6; 118
origem; (f. subst.); L1; 02
orixá; (m. subst.); Lex6; 120
ótima/o; (adj.); RLT; 70
otimista; (adj.); L1; 08
ótimo/a; (adj.); L1; 05
ouça; (vb. ouvir); grav.; 141
ouro; (subst.); L4; 34
outdoors; (m. subst.); L5; 50
outono; (subst.); REX; 129
outra; (pron.); L2; 16
outros; (pron.); L2; 13
outubro; (pron.); Lex2; 85

170

ouvido; (subst.); Lex4; 103
ouvintes; (subst.); L2; 19
ouvir; (vb.); L2; 16
oval; (adj.); L3; 32
ovos; (subst.); L6; 65
Oxalá; (subst.); Lex6; 121
oxigênio; (subst.); L5; 49
Oxóssi; (subst.); Lex6; 121
Oxum; (subst.); Lex6; 120

paciência; (subst.); L1; 05
paciente; (adj.); Lex1; 74
paçoca; (subst.); L6; 63
pacote; (m. subst.); L5; 45
padrão; (m. subst. -ões); L5; 51
pães; (m. subst. -ão); L1; 07
pagam; (vb. pagar); grav.; 144
pagamento; (subst.); L2; 20
pagar; (vb.); L1; 06
página; (subst.); L2; 12
pago; (vb. pagar); L4; 38
pagode; (m. subst.); RLT; 70
pai; (subst.); L3; 26
país, es; (m. subst.); L2; 13
paisagem; (f. subst.); L5; 46
pajés; (m. subst.); L6; 64
palavra; (subst.); L2; 19
paletó; (subst.); L3; 22
palha; (subst.); Lex1; 77
palmeira; (subst.); L5; 51
palmito; (subst.); L6; 65
pamonha; (subst.); L6; 63
Pan (Joven Pan); (subst.); L2; 19
pânico; (subst.); L5; 43
panorâmicos; (subst.); Lex2; 86
pantanal; (m. subst.); L5; 44
panteão; (m. subst. -ões); Lex6; 120
pão (m. subst. -ães); L1; 07
pão-duro; (adj.); L6; 58
papagaio; (subst.); L6; 58
papai; (subst.); Lex4; 103
papel, -éis; (m. subst.); L1; 07
papelão (m. subst. -ões); L5; 53
para; (prep.); L1; 02
parabéns; (m. subst.); L4; 39
parabólica; (adj.); Lex4; 104
parada; (vb. parar); grav.; 147
parafusos; (subst.); L6; 60
parágrafos; (subst.); L4; 40
Paraguai; (subst.); Lex5; 112
paraíso; (subst.); L5; 45
parar; (vb.); L1; 04
parecer; (vb.); L1; 08
parede; (f. subst.); grav.; 144
parente; (m/f. subst.); L4; 42

parentescos; (m. subst.); L4; 33
pares; (adj.); L3; 23
Paris; (subst.); Lex2; 85
parmesão; (adj.); L6; 66
parou; (vb. parar); grav.; 142
parque; (m. subst.); L6; 56
parte; (f. subst.); L2; 18
participação (f. subst. -ões); L2; 20
participante; (adj.); L5; 54
participar; (vb.); L6; 61
particípio; (subst.); L4; 38
particular; (adj.); L5; 50
partido; (subst.); L2; 11
partir; (vb.); L2; 18
passar; (vb.); L2; 20
passarinhos; (subst.); L5; 44
pássaro; (subst.); Lex4; 100
passe; (vb. passar); Lex1; 77
passear; (vb.); Lex4; 105
passeio; (subst.); L5; 45
passiva; (adj.); L6; 59
passou; (vb.); Lex6; 122
pasta; (subst.); Lex4; 100
pastéis; (m. subst.); RLT; 70
patê; (m. subst.); L6; 65
patente; (f. subst.); Lex2; 85
paterno; (adj.); L4; 35
patrão (m. subst. -ões); L6; 64
paulista; (m/f. subst.); L6; 58
paulistano/a; (adj.); L4; 40
paulistas; (m/f. subst.); grav.; 143
paz; (f. subst.); L1; 09
pazes; (f. subst.); L5; 51
pé; (m. subst.); L1; 03
peça; (subst.); L1; 05
pecuária; (adj.); L6; 56
pedaço; (subst.); L5; 53
pedido; (adj.); Lex6; 122
pedir; (vb.); L2; 20
pedra; (subst.); L6; 59
pegada; (adj.); L4; 40
pegado; (adj.); L6; 59
pegar; (vb.); L5; 44
pego; (adj.); L5; 49
peito; (subst.); L1; 03
peixe; (m. subst.); L6; 63
peixe-boi; (subst.); Lex4; 104
peixinho; (subst.); Lex4; 100
pela; [contração de per (prep.) e a (art.)]; L2; 17
peladas; (subst.); L5; 51
pele; (f. subst.); Lex1; 77
pelo; [contração de per (prep.) + o (art.)]; L2; 13
pena; (subst.); L6; 55
penca; (subst.); L6; 65
penduraram; (vb. pendurar); grav.; 143

penhoar; (m. subst.); Lex3; 93
penosas; (adj.); L2; 13
pensão; (f. subst. -ões); L2; 20
pensar; (vb.); L1; 05
pequeno/a; (adj.); L1; 10
perceber; (vb.); L2; 18
percentagem; (f. subst.); L2; 20
perder; (vb.); L2; 20
perdidos/as; (adj.); L6; 60
perfeita/o; (adj.); L1; 09
perfume; (m. subst.); Lex4; 99
perguntar; (vb.); L1; 08
perguntas; (subst.); grav.; 142
perícia; (subst.); L5; 51
periferia; (subst.); L5; 51
perigo; (subst.); Lex6; 122
perigoso/a; (adj.); L2; 13
periódicos; (adj.); Lex2; 84
período; (subst.); L2; 18
perna; (subst.); L1; 03
pernas; (subst.); L3; 32
perseguiram; (vb. perseguir); Lex6; 122
persiste; (vb. persistir); Lex2; 85
persistente; (adj.); Lex1; 75
personagem; (m/f. subst.); L6; 64
personalidade; (f. subst.); Lex1; 75
pertinho; (adv.); L5; 53
perto; (adv.); Lex3; 89
pés; (m. subst.); L1; 02
pesado/a; (adj.); L4; 42
pesando; (vb. gerúndio de pesar); L1; 04
pescador; (subst.); L2; 11
pescar; (vb.); L5; 44
pescoço; (subst.); L1; 03
pessimista; (adj.); L1; 08
péssimo/a; (adj.); L1; 05
pessoa; (subst.); L1; 08
pessoal, ais; (adj.); Lex1; 74
peteca; (subst.); grav.; 145
petróleo; (subst.); L6; 56
Petrópolis; (subst.); L5; 45
piadas; (subst.); L6; 58
pianista; (m/f. subst.); Lex4; 101
piano; (subst.); L2; 18
PIB (Produto Interno Bruto); (m. subst.); L6; 56
picada; (adj.); L6; 63
pijama; (m. subst.); L3; 22
pilhas; (subst.); Lex3; 91
pilotando; (vb. gerúndio de pilotar); Lex2; 85
pimenta; (subst.); RLT; 70
pimenta-malagueta; (subst.); L6; 63
pincel; (m. subst.); Lex2; 88

pinga; (subst.); Lex4; 97
pingue-pongue; (m. subst.); RLT; 70
pinho; (subst.); L6; 56
pintar; (vb.); L1; 02
pintor; (vb.); Lex2; 79
pintura; (subst.); L1; 02
pioneiro; (adj.); Lex2; 85
pior; (adj.); L5; 50
piorar; (vb.); L1; 04
pipoqueiro; (subst.); L2; 11
pique; (m. subst.); Lex4; 102
piquenique; (m. subst.); L3; 24
Piraquara; (subst.); Lex4; 97
pirata (Rádio Pirata); (adj.); grav.; 144
piscina; (subst.); L3; 31
pista; (subst.); Lex2; 85
planador; (subst.); Lex2; 86
planar; (vb.); Lex2; 86
planejar; (vb.); Lex1; 75
planeta; (m. subst.); Lex5; 114
planície; (f. subst.); Lex5; 114
plano; (subst.); L5; 43
plantão (m. subst. -ões); REX; 129
plantas; (subst.); L5; 49
plástica; (adj.); L3; 28
plástico; (adj.); Lex3; 91
plataformas; (subst.); grav.; 144
plural; (adj.); L1; 07
pneu; (m. subst.); L6; 60
pobre; (adj.); L4; 38
põe; (vb. pôr); L3; 24
poemas; (m. subst.); Lex4; 98
pois; (conj.); L3; 23
polêmica; (subst.); Lex2; 85
polícia; (subst.); L2; 16
policial; (adj.); L2; 16
política; (subst.); L6; 64
político; (subst.); L1; 08
poltrona; (subst.); L1; 06
poltrona; (subst.); REX; 129
poluentes; (subst.); L5; 50
poluição; (f. subst.); L5; 43
poluído/a; (adj.); L5; 49
pomada; (subst.); Lex4; 103
ponta; (subst.); L5; 47
ponto; (subst.); L4; 40
pontual; (adj.); L2; 16
pontualidade; (f. subst.); Lex3; 92
pontualmente; (adv.); RLT; 68
população; (f. subst. -ões); L4; 40
popular; (adj.); Lex3; 92
popularidade; (f. subst.); Lex2; 85
populosa; (adj.); L6; 57
por; (prep.); L1; 04
porco; (subst.); Lex5; 116

porém; (conj.); Lex2; 85
porque; (conj.); L2; 12
porta; (subst.); L2; 16
portal; (m. subst.); L3; 24
portanto; (conj.); Lex4; 103
portão; (m. subst. -ões); L5; 53
portas; (subst.); L3; 28
porte; (m. subst.); L2; 17
porteiro; (subst.); L5; 54
porto; (subst.); L5; 45
Portugal; (subst.); Lex6; 118
português; (subst.); L1; 08
portuguesa; (adj.); L4; 40
portugueses; (adj.); Lex6; 118
pôs; (vb. pôr); L3; 25
possibilidade; (f. subst.); L5; 43
possibilitou; (vb. possibilitar); L2; 18
possível; (adj.); L5; 50
possuem; (vb. possuir); Lex6; 121
possui; (vb. possuir); Lex6; 120
postos; (subst.); L2; 18
postura; (subst.); L1; 04
pote; (m. subst.); L6; 65
potência; (subst.); Lex2; 86
pouco/a; (adv.); L1; 05
pouquinho; (adj.); L5; 53
pousa; (vb. pousar); Lex2; 86
pousada; (subst.); L5; 44
pousou; (vb. pousar); Lex2; 85
povo; (subst.); Lex6; 118
povoados; (subst.); L6; 64
povos; (subst.); Lex6; 118
pra (para); (prep.); Lex3; 92
praça; (subst.); L1; 09
praia; (subst.); L1; 05
praiana; (adj.); Lex2; 85
prancha; (subst.); Lex4; 105
prancheta; (subst.); Lex2; 88
prata; (adj.); L3; 21
praticamente; (adv.); L5; 51
praticar; (vb.); L1; 09
prático; (adj.); L1; 07
pratinhos; (subst.); RLT; 70
prato; (subst.); L2; 16
prazer; (m. subst.); Lex5; 116
prazo; (subst.); Lex3; 93
precisar; (vb.); RLT; 70
preço; (subst.); L3; 23
preconcebida; (adj.); grav.; 145
preconceito; (subst.); L2; 18
predador/a; (adj.); Lex5; 112
prédio; (subst.); L2; 17
predominam; (vb. predominar); Lex6; 118
preencha; (vb. preencher); Lex1; 75

preenchendo; (vb. gerúndio de preencher); L5; 47
preencher; (vb.); L1; 09
prefeito; (subst.); grav.; 143
preferência; (subst.); L2; 17
preferir; (subst.); L1; 08
pregueada/o; (adj.); Lex3; 93
preguiça; (subst.); Lex5; 113
preguiçoso; (adj.); L1; 08
prejudicar; (vb.); Lex5; 114
prejuízo; (subst.); L2; 13
prêmio; (subst.); L3; 28
prender; (vb.); L6; 59
preocupação; (f. subst. -ões); L3; 21
preocupado/a; (adj.); L1; 04
preocupe; (vb. preocupar); L3; 23
preparar; (vb.); L6; 63
presença; (subst.); L4; 39
presente; (m. subst.); L3; 24
preservar; (vb.); Lex5; 113
presidente; (subst.); grav.; 142
preso; (adj.); L4; 40
pressa; (subst.); Lex5; 111
pressão; (f. subst. -ões); L2; 14
prestativas; (adj.); grav.; 145
presunto; (subst.); L6; 65
preta; (adj.); L3; 22
pretendem; (vb. pretender); L5; 46
pretérito; (subst.); L2; 15
preto; (adj.); L3; 31
previdência; (subst.); L2; 13
prévio; (adj.); L2; 20
previstos; (adj.); L2; 20
prima; (subst.); L4; 33
primavera; (subst.); L6; 64
primeiro/a; (adj.); L1; 10
primos; (subst.); L4; 33
principal; (adj.); L2; 19
principalmente; (adv.); L6; 55
princípio; (subst.); L2; 20
probabilidades; (f. subst.); Lex4; 103
problema; (m. subst.); L2; 17
procurar; (vb.); L6; 60
produção (f. subst. -ões); L6; 56
produtivo/a; (adj.); Lex2; 79
produto; (subst.); L5; 45
produzir; (vb.); L6; 57
professor/a; (subst.); L1; 06
profissão; (f. subst. -ões); L2; 18
profissional; (adj.); Lex2; 86
profunda/o; (adj.); Lex2; 85
programa; (m. subst.); L1; 05
programadas; (adj.); L6; 57
progresso; (subst.); L2; 18

proibição; (f. subst. -ões); L2; 13
proibir; (vb.); L5; 50
projeto; (subst.); L6; 61
promoção; (f. subst. -ões); L2; 18
promocionais; (adj.); Lex4; 103
pronomes; (subst.); L6; 61
pronta/o; (adj.); L4; 36
pronúncia; (subst.); L1; 07
propaganda; (subst.); L5; 50
proposta; (subst.); Lex4; 108
própria; (adj.); L1; 09
próprio; (adj.); L5; 45
proteção; (f. subst. -ões); L2; 13
proteger; (vb.); Lex5; 114
protetor/a; (adj.); Lex6; 121
prova; (subst.); RLT; 68
provador; (m. subst.); L3; 23
provar; (vb.); L2; 18
provavelmente; (adv.); Lex6; 118
provedor; (m. subst.); L2; 18
provérbios; (subst.); Lex4; 101
provocação; (f. subst. -ões); Lex2; 85
provocar; (vb.); Lex6; 121
próxima/o; (adj.); L4; 36
proximidades; (f. subst.); L4; 38
Psicologia; (subst.); Lex2; 88
psicólogo; (subst.); Lex1; 74
Psiu; (adv.); Lex5; 111
pública; (adj.); Lex4; 102
publicações; (f. subst. -ão); Lex2; 85
Publicidade; (f. subst.); Lex2; 88
públicos/as; (adj.); L2; 20
puder; (vb.); Lex1; 74
pullover; (m. subst.); L3; 30
pulmões; (m. subst.); Lex4; 105
pulou; (vb. pular); Lex6; 122
pulseira; (subst.); L3; 22
punha; (vb. pôr); L3; 25
puro/a; (adj.); L6; 64
Puxa; (interj.); Lex3; 90

Q

quadra; (subst.); L2; 17
quadrado; (adj.); L1; 10
quadrinhos; (subst.); L2; 15
quadro; (subst.); L1; 01
qual; (pron.); L1; 04
qualidade; (f. subst.); L3; 21
qualificadas/os; (adj.); L2; 18
qualquer; (pron.); L2; 12
quando; (conj.); L2; 11

quantas; (pron.); L2; 18
quantidade; (f. subst.); L5; 49
quanto; (pron.); L2; 18
quarenta; (num.); L2; 13
quarto; (num.); L1; 07
quase; (adv.); L5; 49
quatorze; (num.); L2; 13
quatro; (num.); L2; 13
que; (pron.); L1; 01
quebrou; (vb. quebrar); L1; 04
queijo; (subst.); L6; 65
queimada; (subst.); Lex4; 105
queimadura; (subst.); Lex4; 104
queimar; (vb.); L1; 04
queixo; (subst.); L1; 10
quem; (pron.); L1; 08
quente; (adj.); L1; 04
quer; (vb. querer); grav.; 145
querer; (vb.); L1; 05
querido; (adj.); Lex4; 105
questões; (f. subst. -ão); L2; 13
quiabo; (subst.); L6; 63
quibebe; (m. subst.); L6; 63
quilo; (subst.); L1; 05
quilombo; (subst.); L6; 62
quilômetro; (subst.); Lex2; 85
quilos; (subst.); L1; 04
químico/a; (adj.); Lex2; 88
quinino; (subst.); Lex4; 103
quintal; (m. subst.); Lex4; 102
quinto; (num.); L2; 17
quinze; (num.); Lex1; 77
quis; (vb. querer); L4; 35

R

raça; (subst.); L4; 40
racional; (adj.); Lex5; 111
rádio; (subst.); L2; 16
raio; (subst.); Lex6; 121
raios X; (subst.); Lex2; 88
raiva; (subst.); grav.; 147
raiz, -es; (m. subst.); L3; 24
ralado/a; (adj.); L6; 63
ramo; (subst.); L2; 17
rapaz; (m. subst.); L4; 34
rapidamente; (adv.); L5; 48
rapidíssimo; (adj.); L1; 06
rápido/a; (adj.); L5; 48
raramente; (adv.); L6; 58
rato; (subst.); Lex4; 100
razão; (f. subst. -ões); L4; 38
razoável; (adj.); Lex4; 103
reabilitar; (vb.); Lex4; 105
reage; (vb. reagir); Lex5; 111
realidade; (f. subst.); L2; 13
realista; (adj.); L5; 50
realização; (f. subst. -ões); L2; 12

realizar; (vb.); L2; 12
realmente; (adv.); L3; 29
rebanhos; (subst.); L6; 56
recados; (subst.); L6; 60
receber; (vb.); L2; 16
recebimento; (subst.); L2; 20
recém-formada; (adj.); L2; 17
recepção; (f. subst. -ões);
    Lex1; 74
recepcionado/a; (adj.); L5; 46
Recife; (subst.); L5; 46
reclamação; (f. subst. -ões);
    Lex4; 102
reclamado; (vb. reclamar);
    grav.; 143
recomendação; (f. subst.
    -ões); L1; 04
reconhecer; (vb.); Lex4; 95
reconhecimento; (subst.);
    Lex4; 95
recursos; (subst.); L2; 20
redator; (subst.); Lex4; 102
rede; (subst.); Lex4; 98
redoma; (subst.); Lex5; 114
redondo/a; (adj.); L3; 32
redução; (f. subst. -ões);
    L2; 18
reduzida/o; (adj.); Lex2; 86
reencontro; (subst.); Lex4;
    102
reescreva; (vb. reescrever);
    L4; 38
refeições; (f. subst. -ão);
    L5; 45
refere; (vb. referir); L2; 13
referem; (vb. referir); L2; 13
referências; (subst.); L6; 60
referentes; (adj.); L3; 21
referir; (vb.); Lex2; 85
refinado/a; (adj.); Lex4; 104
reforçados/as; (adj.); L4; 40
refrigerante; (m. subst.);
    REX; 129
regata; (subst.); L3; 22
região; (f. subst. -ões); L2; 17
regime; (m. subst.); L1; 01
registrado/a; (adj.); Lex4; 95
regras; (subst.); L3; 29
regulares; (adj.); L6; 59
rei; (m. subst.); Lex4; 100
reinar; (vb.); L6; 64
relação; (f. subst. -ões); L2; 20
relacionar; (vb.); L5; 51
relativos/as; (adj.); L2; 20
relatórios; (subst.); grav.; 144
relaxado/a; (adj.); grav.; 141
relaxante; (adj.); Lex1; 76
relaxar; (vb.); Lex5; 116
relembrava; (vb. relembrar);
    L4; 38
religião; (f. subst. -ões); L6; 62
religiosa/o; (adj.); L3; 27

relógio; (subst.); L3; 22
remédio; (subst.); L1; 04
remexendo; (vb. remexer no
    gerúndio); Lex4; 99
remuneração; (f. subst.
    -ões); L2; 13
remunerado/a; (adj.); L2; 12
renda; (subst.); L2; 20
rendimentos; (subst.); L2; 18
rendinha; (subst.); L6; 55
renováveis; (adj.); Lex5; 114
repelente; (subst.); Lex3; 91
repetição; (f. subst. -ões);
    L6; 64
repetir; (vb.); Lex2; 85
repleta/o; (adj.); L5; 45
reportagem; (f. subst.); L5; 51
reposição; (f. subst. -ões);
    Lex4; 96
repousado/a; (adj.); grav.; 141
representa; (vb. represen-
    tar); Lex5; 114
representação; (f. subst.
    -ões); L6; 64
reproduzir; (vb.); Lex6; 120
República; (subst.); Lex4; 95
requeira; (vb. requerer);
    Lex4; 105
requisitos; (subst.); L2; 17
rescaldo; (subst.); L6; 63
reserva; (subst.); L5; 46
reservadas/os; (adj.); Lex6;
    121
reservado/a; (adj.); L1; 08
reservas; (subst.); L6; 56
resfriado; (adj.); L1; 04
residence; (subst.); L5; 45
resignado/a; (adj.); L5; 43
resistente; (adj.); L5; 53
resistentíssimo; (adj.); L1; 06
resolver; (vb.); L2; 13
respeitar; (vb.); Lex5; 113
respeito; (subst.); L4; 40
respirar; (vb.); L1, 04
responder; (vb.); L1; 08
responsabilidade; (f.
    subst.); L3; 30
responsabilizamos; (vb.
    responsabilizar); L3; 30
responsabilizar; (vb.); Lex3;
    94
responsável; (adj.); L2; 20
resposta; (subst.); L2; 16
ressaca; (subst.); L1; 04
ressurreição; (f. subst.
    -ões); L6; 64
ressuscitar; (vb.); L6; 64
restaurante; (m. subst.);
    L1; 06
resto; (subst.); Lex5; 110
restrições; (f. subst. -ão);
    L2; 18

resultado; (subst.); L3; 30
resume; (vb. resumir); Lex5;
    114
retangular; (adj.); L3; 32
retida/o; (adj.); L3; 30
retirar; (vb.); L6; 60
reto; (adj.); L2; 17
retrato; (subst.); grav.; 144
reunião; (f. subst. -ões);
    L3; 29
rever; (vb.); Lex3; 92
revistas; (adj.); L1; 08
Revolução; (f. subst. -ões);
    Lex2; 85
riacho; (subst.); grav.; 141
rico; (adj.); L4; 42
ridícula; (adj.); L2; 18
rio; (subst.); L2; 15
Rio de Janeiro; (subst.);
    Lex6; 120
riquíssimo; (adj.); Lex2; 85
risonho/a; (adj.); L1; 08
ritmo; (subst.); L6; 64
rock; (m. subst.); RLT; 70
rodoviária; (subst.); L3; 30
rolo; (subst.); L6; 65
romance; (m. subst.); L4; 38
românticos/as; (adj.); Lex4;
    102
rosa; (adj.); L3; 31
rosa dos ventos; (subst.);
    Lex6; 117
rosto; (subst.); L1; 02
roteiro; (subst.); L5; 45
rotina; (subst.); L2; 15
rouba; (vb. roubar); L6; 64
roupa; (subst.); L2; 18
roupão; (m. subst. -ões);
    Lex3; 93
roxo; (adj.); L3; 31
rua; (subst.); L2; 17
ruim; (adj.); L1; 06
rurais; (adj.); L2; 13
rural; (adj.); Lex5; 116

S

sábado; (subst.); L3; 23
saber; (vb.); L1; 02
saco; (subst.); Lex3; 91
saia; (subst.); L3; 22
saída; (subst.); L5; 45
sainha; (subst.); grav.; 144
sair; (vb.); L2; 17
sal; (m. subst.); L1; 04
sala; (subst.); L1; 07
salame; (m. subst.); L6; 65
salário; (subst.); L2; 13
salto; (subst.); L3; 22
salvar; (vb.); L2; 13
samba; (m. subst.); L6; 62

sandálias; (subst.); L6; 55
sandalinha; (subst.); grav.;
    144
sanduíche; (m. subst.); L4; 38
saneamento; (subst.); L2; 20
sangue; (m. subst.); Lex3; 94
santa; (adj.); L3; 28
Santos; (subst.); L4; 40
são; (adj.); Lex6; 117
São Francisco Xavier;
    (subst.); Lex3; 91
São Paulo; (subst.); Lex2; 83
São Sebastião; (subst.);
    Lex6; 120
sapateiro; (subst.); L5; 54
sapatilha; (subst.); Lex2; 88
sapato; (subst.); L3; 22
sapo; (subst.); Lex6; 122
saquinho; (subst.); L6; 65
sardinhas; (subst.); L6; 65
sargento; (subst.); L5; 49
sarou; (vb. sarar); L1; 05
satisfação; (f. subst. -ões);
    L3; 24
saudável; (adj.); Lex1; 76
saúde; (f. subst.); L1; 01
se; (pron.); L1; 02
Sebastião; (subst.); L3; 24
seco/a; (adj.); L3; 30
secretária; (subst.); Lex4; 96
século; (subst.); Lex6; 118
seda; (subst.); L3; 22
sede; (f. subst.); REX; 129
seguinte; (adj.); L3; 30
seguir; (vb.); L6; 57
segunda-feira; (subst.); L3; 31
segundo/a; (num.); L2; 17
segurança; (subst.); L2; 18
segurar; (vb.); L2; 17
seguridade; (f. subst.); L2; 20
seguro; (subst.); L2; 20
seguro-desemprego;
    (subst.); L2; 20
seis; (num.); L3; 30
selecionar; (vb.); L2; 17
selva; (subst.); L5; 45
sem; (prep.); L1; 08
semana; (subst.); L1; 05
semelhante; (adj.); Lex6; 120
sem-fim; (adj.); L4; 34
seminovas; (adj.); L3; 28
sempre; (adv.); L1; 05
sem-vergonha; (adj.); Lex4;
    101
senão; (conj.); L1; 04
senhor; (subst.); L4; 37
senhora; (subst.); L1; 09
senhores; (subst.); Lex2; 85
sensível; (adj.); Lex1; 77
sensual; (adj.); L1; 08
sensualidade; (f. subst.);
    Lex6; 121

173

sentar; (vb.); L1; 06
sentido; (subst.); L2; 11
sentimentos; (subst.); Lex6; 117
sentindo; (vb. sentir); grav.; 141
sentir; (vb.); grav.; 145
senzala; (subst.); L6; 63
separado/a; (adj.); L4; 35
separar; (vb.); L4; 42
sequência; (subst.); L4; 34
sequestrado/a; (adj.); Lex2; 82
ser; (vb.); L2; 15
sereia; (subst.); L4; 42
seriamente; (adv.); L5; 43
sério/a; (adj.); L5; 48
serra; (subst.); L5; 45
Sertãozinho; (subst.); grav.; 142
serventuário; (subst.); Lex4; 95
serviço; (subst.); L2; 12
servir; (vb.); Lex6; 121
sesta; (subst.); Lex4; 99
sete; (num.); RLT; 68
sétimo; (num.); L2; 17
setor; (subst.); L4; 40
seu; (pron.); L2; 11
sexo; (subst.); L2; 13
sexta-feira; (subst.); L4; 36
sexto/a; (num.); L2; 17
sexual; (adj.); L4; 35
short; (m. subst.); L3; 22
show; (m. subst.); L1; 05
sigla; (subst.); L2; 17
significa; (vb. significar); Lex4; 97
significado; (subst.); L2; 19
silêncio; (subst.); L2; 16
sim; (adv.); L1; 08
símbolo; (subst.); L6; 57
similar; (adj.); L2; 17
simpatia; (subst.); L1; 01
simpáticos/as; (adj.); L2; 17
simples; (adj.); grav.; 145
sinaliza; (vb. sinalizar); L3; 29
sincero/a; (adj.); Lex6; 123
sincretizada; (adj.); Lex6; 120
sindicato; (subst.); grav.; 142
sinhazinha; (subst.); L4; 38
sinta; (vb. sentir); grav.; 141
sintética; (adj.); L3; 22
sinto; (vb. sentir); L1; 01
sistema; (m. subst.); Lex5; 115
site; (m. subst.); L5; 46
sítio; (subst.); L6; 60
situação; (f. subst. -ões); L4; 41
situado; (adj.); L4; 38
só; (adj.); L1; 02

sob; (prep.); L6; 64
sobrancelhas; (subst.); L1; 10
sobre; (prep.); L1; 01
sobrenomes; (subst.); grav.; 145
sobretudo; (adv.); L4; 38
sobreviver; (vb.); L5; 49
sobrinho/a; (subst.); L4; 33
sociabilidade; (f. subst.); Lex1; 75
sociais; (adj.); L2; 13
sociedade; (f. subst.); L2; 18
sofá; (m. subst.); L4; 36
sofrendo; (vb. sofrer); grav.; 142
sofrer; (vb.); Lex4; 105
sogro/a; (subst.); L4; 33
soja; (subst.); L6; 56
sol; (m. subst.); L5; 45
sola; (subst.); Lex3; 91
solar; (adj.); grav.; 144
solene; (adj.); L4; 39
solidário/a; (adj.); Lex1; 76
solo; (subst.); REX; 129
soltar; (vb.); L6; 59
solteiro/a; (adj.); L2; 17
solto; (adj.); L6; 59
solução; (f. subst. -ões); L5; 50
some; (vb.); Lex3; 92
somente; (adv.); Lex3; 93
somos; (vb. ser); grav.; 141
sonhar; (vb.); L5; 45
sonhos; (subst.); L5; 45
sono; (subst.); L1; 04
sonora; (adj.); L5; 50
sopra; (vb. soprar); grav.; 141
sorriso; (subst.); L3; 31
sorte; (f. subst.); L4; 33
sou; (vb. ser); L4; 35
soutien; (m. subst.); Lex3; 93
sozinho/a; (adj.); L5; 44
suavemente; (adv.); Lex2; 86
subdistrito; (subst.); Lex4; 95
subir; (vb.); Lex3; 91
sublinhadas/os; (adj.); Lex6; 119
sublinhe; (vb. sublinhar); L3; 21
substantivo; (subst.); Lex4; 108
substituir; (vb.); L5; 50
subtraia; (vb. subtrair); REX; 125
subtropical; (adj.); Lex6; 117
sucesso; (subst.); L3; 21
suco; (subst.); L5; 51
sucrilhos; (subst.); L6; 65
sudeste; (subst.); L6; 56
sudoeste; (subst.); Lex6; 117
suficiente; (adj.); L4; 41
sugerir; (vb.); Lex4; 102

sugestão; (f. subst.); L5; 46
suicidando-se; (vb. pronominal suicidar); Lex2; 85
suínos; (adj.); L6; 56
suja/o; (adj.); Lex4; 100
sujeito; (subst.); grav.; 143
sul; (subst.); L5; 45
Sumaré; (subst.); L3; 28
sumiu; (vb. sumir); L5; 49
sunga; (subst.); L3; 22
superfície (f. subst.); Lex2; 85
superior; (adj.); L2; 13
Superlativo; (subst.); Lex1; 75
supermercado; (subst.); L6; 61
suportar; (vb.); L6; 58
suporto; (vb.); grav.; 143
supra; (vb. suprir); Lex4; 95
suprema/o; (adj.); Lex6; 121
surfar; (vb.); L5; 44
surfe; (m. subst.); L1; 09
surpresa; (subst.); L5; 47
sustentar; (vb.); L2; 18
sutiã; (m. subst. -ãs); L3; 22

tá; (forma abrev. do vb. estar – está); grav.; 143
tabaco; (subst.); L6; 56
tabela; (subst.); L5; 47
tablete; (m. subst.); L6; 65
taí; [forma sincopada de está (vb. estar) + aí (adv.)]; L6; 58
Tai chi chuan; (m. subst.); L1; 09
tal; (pron.); L6; 64
talvez; (adv.); L1; 08
tamanho; (subst.); L3; 23
também; (adv.); L1; 04
tanto/a; (pron.); L2; 19
tão; (adv.); L1; 02
tarde; (adv.); L1; 04
tardinha; (subst.); L5; 52
tarefa; (subst.); L2; 12
tatu; (subst.); L6; 62
taxa; (subst.); L3; 30
táxi; (subst.); Lex3; 91
Tchau; (interj.); grav.; 144
te; (pron.); Lex4; 101
teatralização; (f. subst. -ões); L6; 64
teatro; (subst.); L5; 43
tecido; (subst.); Lex1; 77
técnica; (subst.); L5; 51
técnico; (subst.); L2; 18
tecnológico; (adj.); L4; 40
Teco-teco; (m. subst.); Lex2; 86

telefonar; (vb.); L4; 37
telefone; (m. subst.); L3; 25
telefono; (vb. telefonar); grav.; 147
telescópio; (subst.); Lex2; 88
televisão; (f. subst. -ões); L1; 04
têm; (vb. ter); grav.; 145
temas; (m. subst.); L1; 02
temáticos/as; (adj.); L4; 42
temerários/as; (adj.); L4; 40
temos; (vb. ter); grav.; 142
temperado; (adj.); L6; 63
temperamento; (subst.); Lex6; 120
temperos; (subst.); L6; 63
tempo; (subst.); L2; 14
tendência; (subst.); Lex4; 96
tênis; (subst.); L3; 21
tensão; (f. subst. -ões); L2; 14
tentar; (vb.); L1; 08
tentativa; (subst.); L5; 49
ter; (vb.); L1; 04
terceiro; (num.); L2; 13
terço; (subst.); L2; 13
terminar; (vb.); L3; 28
término; (subst.); L6; 64
termo; (subst.); L2; 20
termômetro; (subst.); Lex2; 88
termos; (subst.); L2; 13
terno; (subst.); L3; 22
terra; (subst.); L5; 45
terremotos; (subst.); Lex5; 114
térreo; (subst.); REX; 129
território; (subst.); Lex6; 122
terrível; (adj.); L2; 19
tesoura; (subst.); Lex2; 88
testa; (subst.); L1; 10
teste; (m. subst.); Lex1; 75
testemunha; (subst.); Lex2; 85
testemunho; (subst.); Lex4; 95
teve; (vb. ter); Lex3; 90
texto; (subst.); L1; 09
tia; (subst.); grav.; 142
Tietê; (subst.); L5; 49
tímido; (adj.); L1; 08
tinta; (subst.); Lex2; 88
tio/a; (subst.); L3; 30
típico/a; (adj.); L2; 18
tipo; (subst.); L1; 08
tirar; (vb.); L6; 60
título; (subst.); L4; 40
tô; (forma abrev. do verbo estar); grav.; 142
toadas; (subst.); L6; 64
toalha; (subst.); L3; 32
toca; (vb.); L6; 61
tocar; (vb.); Lex4; 104
todo/a; (adj.); L2; 12

tomar; (vb.); L1; 04
tomates; (m. subst.); L6; 65
tons; (m. subst.); Lex5; 113
toque; (vb. tocar); grav.; 141
tornar; (vb.); L2; 13
torne; (vb. tornar); grav.; 145
tororão; (subst.); L5; 47
torta; (subst.); L6; 65
tosse; (f. subst.); L1; 04
total; (adj.); L2; 16
trabalhador/a; (adj.); Lex6; 123
trabalhadores; (subst.); L2; 13
trabalhar; (vb.); L1; 04
trabalho; (subst.); L2; 11
tradição; (f. subst. -ões); L6; 64
tradicional; (adj.); L4; 35
tradutor; (subst.); Lex4; 102
traduza; (vb. traduzir); L6; 61
tragédia; (subst.); L4; 38
trago; (vb. trazer); grav.; 145
trajes; (m. subst.); L6; 55
trajetos; (subst.); Lex2; 86
tranquilidade; (f. subst.); L5; 52
tranquilo/a; (adj.); L2; 14
transatlântico; (subst.); Lex4; 102
transcorre; (vb. transcorrer); L5; 51
trânsito; (subst.); L2; 19
transmita; (vb. transmitir); L2; 18
transportados/as; (adj.); Lex6; 118
transportar; (vb.); Lex2; 86
transporte; (m. subst.); L2; 13
traseira; (adj.); Lex2; 85
traslado; (subst.); L5; 46
tratado; (adj.); Lex6; 121
tratar; (vb.); L4; 37
trator; (subst.); Lex2; 88
travessa; (subst.); L2; 17
trazer; (vb.); L4; 35
trecho; (subst.); L5; 49
trem; (m. subst.); grav.; 144
três; (num.); Lex2; 88
tribuna; (subst.); Lex2; 88
tributária; (adj.); L2; 20
trigésimo; (num.); L2; 17
trigo; (subst.); L6; 56
trilha; (subst.); L5; 43
trinta; (num.); grav.; 147
triplo; (num.); L5; 47
triste; (adj.); L1; 04

tristeza; (subst.); Lex6; 121
trocar; (vb.); L4; 40
troncos; (subst.); L4; 40
tropicais; (adj.); Lex6; 119
tropical; (adj.); L5; 45
trovões; (m. subst. -ão); Lex6; 121
tubo; (subst.); L6; 65
tucano; (subst.); RLT; 68
tudo; (pron.); L1; 02
tufões; (m. subst. -ão); Lex5; 114
turbante; (m. subst.); L6; 55
turismo; (subst.); L5; 43
turistas; (m/f. subst.); L5; 46
turístico/a; (adj.); L5; 45
turnos; (subst.); L1; 09
TV; (f. subst.); Lex2; 82

Uai; (interj.); grav.; 144
ué; (interj.); grav.; 144
ulbra; (subst.); L5; 45
ultimamente; (adv.); L1; 04
último/a, -s; (adj.); L2; 17
ultraleve; (m. subst.); Lex2; 86
unanimemente; (adv.); L4; 38
unhão; (m. subst.); L4; 38
único/a; (adj.); L2; 18
unidos/as; (adj.); Lex5; 114
unificado/a; (adj.); L2; 13
uniforme; (m. subst.); L3; 25
universitário/a; (adj.); L4; 39
uns; (num.); L4; 34
urbano/a; (adj.); L2; 13
urgência; (subst.); L3; 30
usar; (vb.); L3; 23
usina; (subst.); L5; 50
usos; (subst.); Lex2; 84
úteis; (adj.); L1; 07
útil; (adj.); L1; 07
utilizar; (vb.); L5; 50
utilize; (vb. utilizar); grav.; 145
utópico/a; (adj.); L5; 50
uva; (subst.); L6; 65

vaga-lume; (m. subst.); Lex6; 122
vagem; (f. subst.); REX; 129
vai; (vb. ir); grav.; 145

Vaidosa/o; (adj.); Lex6; 120
vale; (vb. valer); Lex4; 100
valia; (vb. valer); Lex4; 99
valor; (subst.); L2; 13
valorizadas/os; (adj.); L2; 18
vamos; (vb. ir); L1; 05
vantagem; (f. subst.); L5; 51
vão; (vb. ir); L1; 08
vapor; (m. subst.); L4; 40
vaqueiro; (subst.); L6; 64
variações; (f. subst. -ão); L5; 44
variar; (adj.); L2; 20
variedade; (f. subst.); L1; 09
vários/as; (adj.); L2; 20
vastos; (adj.); Lex5; 114
vatapá; (m. subst.); L6; 63
vazio/a; (adj.); L2; 16
vegetal, -ais; (adj.); L6; 56
veículo; (subst.); Lex2; 86
vela; (subst.); Lex1; 76
velho/a; (adj.); L2; 19
vê-lo; (vb. ver); Lex4; 101
vem; (vb. vir); L3; 26
vencedor/a; (adj.); Lex4; 105
vendas; (subst.); L2; 17
vendedor; (subst.); L2; 11
vender; (vb.); L5; 54
vento; (subst.); L5; 52
ver; (vb.); L1; 02
veraneio; (subst.); Lex4; 104
verão; (m. subst. -ões); L3; 22
verbo; (subst.); L2; 15
verdade; (f. subst.); L2; 17
verdadeiro; (adj.); Lex2; 85
verde; (adj.); L3; 21
verduras; (subst.); Lex1; 77
verdureiro; (subst.); REX; 129
verifica; (vb. verificar); Lex4; 99
vermelho/a; (adj.); L1; 02
vertical; (adj.); Lex6; 124
vesícula; (subst.); Lex4; 105
vestir; (vb.); L3; 23
vestuário; (subst.); L2; 13
Vesúvio; (subst.); L4; 38
vez, -es; (f. subst.); L1; 08
vi; (vb. ver); Lex2; 81
viagem; (f. subst.); L4; 36
viajantes; (m/f. subst.); L5; 46
viajar; (vb.); L2; 16
vibrante; (adj.); L6; 64
vida; (subst.); L2; 14
vidro; (subst.); L6; 65
vigésima; (num.); L2; 17
vinagre; (m. subst.); L6; 65

vinculadas; (adj.); L2; 20
vindo; (vb. vir); grav.; 142
vinho; (subst.); L3; 25
vinícolas; (subst.); L5; 45
vinte; (num.); L3; 24
vir; (vb.); L2; 15
viril; (adj.); Lex6; 121
visita; (subst.); L3; 29
visitar; (vb.); L3; 27
vista; (subst.); L6; 60
visto; (vb. vestir); L3; 27
visual; (adj.); L5; 50
vitae; (subst.); L2; 17
vitais; (adj.); L2; 13
vítima; (subst.); Lex2; 85
viu; (vb. ver); L1; 01
viúvo/a; (adj.); L2; 18
viver; (vb.); L2; 12
vivos; (adj.); Lex1; 73
vizinho; (subst.); L2; 16
voar; (vb.); L4; 34
vocabulário; (subst.); RLT; 70
vogais; (subst.); L3; 24
vôlei; (subst.); L1; 09
voltar; (vb.); L4; 38
voluntariosos/as; (adj.); Lex6; 121
volúpia; (subst.); Lex5; 113
voluptuosas/os; (adj.); Lex6; 121
vontade; (f. subst.); L3; 23
voo; (subst.); Lex2; 85
voz; (f. subst.); L4; 38
vulgar; (adj.); L5; 53

WC; (m. subst.); REX; 129
windsurf; (m. subst.); L5; 44

xadrez; (adj.); L3; 22
xampu; (subst.); Lex1; 77
Xangô; (subst.); Lex6; 121
xingar; (vb.); L6; 62

zelador; (subst.); REX; 129
zero; (num.); L5; 49
zona; (subst.); L5; 49
zoológico; (subst.); Lex5; 116
Zootecnia; (subst.); Lex2; 88

Créditos

iStockphoto

Página 1 – dima_sidelnikov, master1305, Deagreez

Página 3 – rbv, diegograndi, Hugo Cordeiro

Página 5 – unomat

Página 6 – monkeybusinessimages

Página 7 – yacobchuk, aiex_ugalek, Dilok Klaisataporn, RusN, DisobeyArt

Página 8 – Khosrork

Página 11 – Deklofenak, Prostock-Studio, Bobex-73, g-stockstudio, AndreyPopov, Wavebreakmedia, Estradaanton, Viktor_Gladkov, Ugur Karakoc, lucamato, LanaStock, AlexRaths, monkeybusinessimages

Página 12 – KatarzynaBialasiewicz, Bogdanhoda, Photos Danny

Página 13 – RafaPress

Página 19 – Nopphon Pattanasri, Lyndon Stratford, jacoblund

Página 20 – Matheus Silva

Página 21 – NYS444, White Bear Studio, master1305

Página 22 – kobeza, OksanaKiian, CarlaNichiata, BONNINSTUDIO, TorriPhoto, margostock, Tarzhanova, Katsiaryna Shautsova, NYS444, NadiaCruzova, grinvalds, Elnur, urfinguss, khvost

Página 23 – monkeybusinessimages, DragonImages

Página 24 – ronstik

Página 25 – John Hancock Photography, AaronAmat

Página 26 – LeManna

Página 28 – DragonImages

Página 31 – Prostock-Studio, photominus

Página 33 – Ridofranz, monkeybusinessimages, Nattakorn Maneerat

Página 34 – Choreograph, lawcain, kzenon, natalie_board

Página 35 – digitalskillet, SanneBerg, Ridofranz, lawcain, kevinruss, Mladen Zivkovic

Página 39 – ribeirorocha, Youngoldman, Saadetalkan, Prostock-Studio, bigairphoto, strike0, pixelliebe, artoleshko, shironosov, MDVisuals

Página 41 – Tashka

Página 42 – KaterinaKr

Página 43 – evgenyatamanenko, superoke, Bret-Barton

Página 45 – ribeirorocha, Rafaella Mendonça, Phaelnogueira, Samuel Azambuja Kochhan, Daniel Andis, Uwe-Bergwitz, absynthh

Página 49 – Nick Dale

Página 50 – yyyahuuu

Página 51 – Rafael Serathiuk

Página 52 – jovan_epn, kertu_ee, Songbird839, Utopia_88, monkeybusinessimages, MarioJorgeMarques, Konoplytska, Paulo José Lima Gomes

Página 55 – R.M. Nunes, FooTToo, Samuel Azambuja Kochhan, William Rodrigues dos Santos, Halfpoint

Página 56 – Oleksii Liskonih, Jambeiro, FelipeGoifman, FerreiraSilva, Alfribeiro, MikeMareen, diegograndi, Ildo Frazao, Cvandijk, PJ66431470

Página 58 – advjmneto, dislentev

Página 59 – MR1805, christianphotographer

Página 62 – Rodolpho Reis, DDurrich, Julio Ricco, a_namenko, Anatoliy Sadovskiy, Virginia Yunes, SuziMcGregor, xeni4ka, Zé Martinusso, Fred_Pinheiro, Renata Angerami, EriCatarina, Ivanildo Sgura, William Rodrigues dos Santos

Página 63 – bhofack2, Luis Echeverri Urrea, slpu9945, PrasongTakham, bhofack2, okskaz

Página 64 – xeni4ka

Página 65 – eyewave, Tim UR, phanasitti, scisettialfio, bergamont, Tim UR, OLEKSANDR PEREPELYTSIA, Nataliia Pyzhova, ilyarexi, Krasyuk, Coprid, Waeel Quttene, Afonkin_Yuriy, fotofermer, Ruta Lipskija, Yoyochow23, jaschaasadov, goolyash, Cavan Images, VladimirFLoyd, etienne voss, Michael Burrell, DmitriyKazitsyn, pioneer111, Hyrma

Página 66 – Coprid, aguirre_mar, laudioVentrella, eyewave, vbacarin, Pogonici, alenkadr, Lufter, OLEKSANDR PEREPELYTSIA, Andrii Kyselov, Freer Law, blackcatimaging, Cavan Images, chengyuzheng, SednevaAnna, AnnaBreit, EasternLightcraft, THEERADECH SANIN, Azure-Dragon, Coprid, Claudio Rampinini, Maksym Narodenko, Inna Tarasenko, Magone, nemirkovic, karayuschij, Albert_Karimov, repinanatoly

Página 67 – Ridofranz, diego_cervo, AlexRaths, pierivb, PumpizoldA, CarlosDavid.org, Wand_Prapan, MangoStar_Studio, Ridofranz, shakzu, LightFieldStudios, shironosov, Maryviolet

Página 69 – Bogdan Kurylo, Odhram

Página 74 – RyanKing999

Página 75 – hikesterson, Alvaro Hernandez Sanchez, monkeybusinessimages

Página 77 – Solovyova, Wavebreakmedia, mtilghma, SerrNovik, nickp37, master1305, IPGGutenbergUKLtd, Petr_Joura, shock, Ridofranz, Ridofranz, Nicholas77, SolisImages, BVDC

Página 84 – Pinkypills, Circle Creative Studio, m-imagephotography

Página 88 – RGtimeline, simpson33, Ridofranz, Jevtic, Harbucks, RossHelen

Página 90 – jacoblund

Página 94 – azuki25, Buriy, lucato, kokoroyuki, farakos, Lisovskaya

Página 99 – KatarzynaBialasiewicz, dragana991

Página 102 – Olga Nikiforova, nicky39

Página 103 – Kwangmoozaa, Merlas, Drazen Zigic

Página 104 – RobertoDavid, EvgeniiAnd, Lisovskaya

Página 105 – juffy, Javier_Art_Photography, Maridav, pjrimages

Página 106 – Manuta, LightFieldStudios, Sabine Hortebusch, lolostock

Página 113 – Julia_Sudnitskaya

Página 114 – drferry

Página 116 – Ronda Brady, kynny, Kirill Busargin, Thais Ceneviva, Bigandt_Photography, sidneydealmeida, AlexRaths

Página 118 – Thaisa Pfaff, Alessandro Biascioli, DisobeyArt

Página 125 – slowmotiongli

Outros casos

Página 2 – Obras de Arte: Abaporu, de Tarsila do Amaral; Morro Vermelho, de Lasar Segall; Monumento às Bandeiras, de Victor Brecheret

Página 3 – Obras de Arte: Adolescentes, de Sonia Ebling

Página 40 – Fotografia: Navio Kasato Maru

Página 41 – Fotografia: Sra. Yoshiko Ishihara, de Tokiko Ishihara

Página 47 – Hotéis em Porto de Galinhas, fotos de divulgação

Página 49 – Rio Tietê em Pirapora

Página 59 – 14 BIS, fotografia de Fábio Pozzebom/ABr